비즈니스

명상

비즈니스

명상

서광용 지음

당신은 어떻게 살고 있는가

스스로의 삶의 방식에 흐뭇해 하는 삶을 살아가고 싶지 않은가?

내가 '나'라는 특수성에 갇혀 있으면 속상한 일이 많아진다.
'나'로부터 떨어져 스스로를 바라볼 수 있을 때
비로소 삶의 행복이 찾아지고 경영의 해법이 보인다.

이제 한 발 떨어져서
과학을 기반으로 생각의 틀을 고찰해 보고,
그 고찰을 바탕으로 삶을 명상하며,
이것을 기반으로 어떻게 일하여야 하는지를 생각해 본다.

필자는 '어떻게 일해야 하는지'에 대하여 비즈니스 경험담과 경영학적 명상 원리 속에서 풀어내려 애썼다. 그래서 무언가를 꿈꾸는 사람들에게 아름다운 삶, 성공하는 삶을 위한 도움이 되고자 하였다. 이제 나조차도 가끔 마음이 혼란하여 길을 찾지 못할 때, 이 글을 보며 마음을 잡곤 한다. 이 책은 나처럼 왜, 무슨 일을 어떻게 해야 하는지 고민하는 누군가를 위한 것이다.

본래 '사이언스 명상'이 앞부분이고, '비즈니스 명상'이 뒷부분이었지만, 집필 과정에서 순서를 바꾸었다. 왜냐하면 비즈니스는 지금 이 순간 우리의 당면 과제이고, 사이언스 명상은 영화의 BGM처럼 배후에 깔리는 성찰이기 때문이다. 과학이 어렵다면 굳이 2부 '사이언스 명상'은 읽지 않아도 좋다. 1부 '비즈니스 명상'만으로도 충분히 필자의 경험과 의견을 녹여냈고, 여러분의 직장 생활과 경영에 도움이 될 것으로 믿는다.

그러나 이공계를 전공하였거나 삶의 근본에 대해 고민하는 독자라면 '사이언스 명상' 부분도 정독하기를 권한다. 다소 어렵게 느껴질 수도 있지만 여러분이 어디에서도 듣기 어려운 삶의 근원에 대한 이야기를 들을 수 있을 것이다. 다만 '사이언스 명상'은 한 호흡으로 읽어야 한다. 마치 추리소설처럼 앞부분의 지식과 가정이 다음 부분의 논리를 이끌어가고 있기 때문에 이어서 읽으면 저자의 논리적 추론을 이해하기 쉬울 것이다.

나는 내가 이 책을 쓸 수 있었다는 것에 대해 신께 감사한다. 그리고 진리를 찾아 배회하던 시절 내게 영감과 가르침을 주신 여러 선각자들께도 마음 깊이 감사의 말씀을 드린다. 또한 오늘이 있기까지 함께 근무하며 많은 깨우침을 주신 과거와 현재의 직장 동료, 상사, 후배님들에게도 그 도움과 인연에 감사한다. 이러한 만남과 관계 속에 이 책이 잉태되었으므로 어쩌면 이 책은 그 삶속에서 우리 함께 한 스토리라고도 느껴진다.

2020년 12월

차례

제2부 사이언스 명상

제1부 비즈니스 명상

들어가는 말

필자는 모 회사의 전문경영인이다. 신입사원에서 시작하여 한 단계 한 단계 진급하여 올라가고 때때로 다른 회사로 이직해 가면서, 그렇게 고민 속에 당면한 문제들을 풀어 가며 살아왔다. 그런 시간을 통해 익혀온 나의 감각들이 지금 이 순간의 창의적 문제 해결에도 도움이 되고 있을까? 기존의 경험의 틀에 갇혀서, 새로운 상황임에도 불구하고 철 지난 해결책을 들이대는 타성에 젖게 되지는 않았을까? 나는 나의 직원이나 후배들의 질문을 함께 고민하며 스스로를 돌아보게 된다. 그들의 질문 또는 하소연은 주로 이런 것이다.

"사장님, 시장 전략을 계속 유지해야 하나요?"
"A와 B, 어떤 결정을 해야 할까요?"
"큰 일 났습니다. 문제가 생겼는데 어떡할까요?"

"이렇게 했다가 잘 안 되면 어쩌지요?"
"우리가 할 수 있을까요?"

또, 때로는 이런 상담도 있었다.

"저 힘들어요. 회사 그만 두겠습니다."
"직원이 이렇게 하는데 정말 화가 나요."
"잡생각이 많아서, 몰두할 수 없어요~."
"팀원들 관리하기 너무 힘들어요. 어떻게 하면 그들을 잘 이끌 수 있을까요?"

이제 지천명을 훌쩍 넘긴 나이에 하는 지금의 직장생활은 내가 그동안 공부하고 현장에서 깨달았던 노하우를 후배들에게 아낌없이 나누며 코칭해 주는 시간으로 생각하며 근무하고 있다. 동시에 현 상황에서 '내가 판단하는 것'이 정답이 아닐 수 있다는 것을 인정하고 함께 토론하려고도 애쓰고 있다.

나는 대학에서는 자연과학을 전공하였고, 한때 자연과학자를 꿈꾸던 순수한 청년이었다. 그러다가 동양철학과 단전호흡, 명상 등을 접하며 젊은 시절을 보냈다. 그리고 동시에 직장생활을 시작하여 대기업·외국계기업·중소기업 등 다양한 규모의 회사에서 일하고, 화학·제지·목재·전자재료·뷰티·광학제품 등 여러 업종에 종사하여 왔다. 경영학 석사와 경영컨설턴트를 거치며 다양한 비즈니스 개선 기법을 활용하였으며, 여러 회사의 임원·사업부장·경영총괄을 거쳐서 현재는 한 회사의 전문경영인 사장으로 일하고 있다.

이러한 삶의 과정과 경영의 소용돌이 속에 여러 가지 고뇌를 하면서 필자는 과학·동양철학·경영학의 공통된 원리를 생각하게 되었고, 그러한 배경에서 비즈니스 경영을 더욱 잘하는 방법을 고민하고 수정하며 적용해 왔다. 필자는 이것을 비즈니스 명상이라고 부른다. 이것은 명상의 방법론과 경영학적 방법론을 통합한 것인데, 그 개념을 간단히 설명하고 본론으로 들어가면 여러분의 이해에 도움이 되리라 생각된다. 일단 이 책에서 언급하는 '비즈니스' 혹은 '일'을 개념 정리하고, '명상'의 과정이 의미하는 것을 설명하고 난 후, '비즈니스에 대한 명상'을 이야기하겠다.

1. 일, 비즈니스란?

일의 단어적 의미는 대가를 받고 직업을 수행하는 과정을 말하지만, 비즈니스 명상에서의 일 또는 비즈니스란 무언가를 부가가치 있게 하는 '어떤 활동'을 총칭하는 것이다. 물론 이것은 이 책에 국한된 정의이다.

그리고 여기서 '어떤 활동'이란, 사업·학업·프로젝트 등 넓은 의미의 가치 있는 모든 활동을 이야기한다. 이러한 '어떤 활동(사업·학업·프로젝트)'은 단순한 그 단어 자체의 의미보다는 그것을 왜 하고, 어떻게 할 것이냐 하는 광의의 개념까지 포함된 것으로 본다.

예를 들면, '제빵 사업'이라고 말하더라도, 이 책에서의 의미는 단순히 빵을 만들어서 판매하는 일보다는 그 속에 녹일 수 있는 '왜?', '어떻게'까지를 중심으로 이야기할 것이다.

나는 빵을 '왜' 만드는 것일까?

⇨ 어디에서도 맛보지 못한 맛있는 빵을 먹으며 즐거워하는 고객의 모습을 보고 싶기 때문에.

그것을 위해서 '어떻게' 할 것인가?

⇨ 매월 한번 새롭고 특이한 빵을 만들어 시식하도록 하자.

이런 식으로 왜 어떻게 할 것인지의 가치를 부여할 수 있다.

이렇듯 '제빵 사업'이라는 단어에는 그 일에 대한 사전적 의미 외에 각자가 부여한 의미, 또는 철학이 포함되어 있으며, 이것을 통칭하여 이 책에서는 제빵 산업이라고 이야기하는 것이다.

사람은 일을 통하여 의미를 찾고 보람을 느끼게 되므로 삶이란 일을 통하여 가치를 실현하는 것이며, 우리가 직장인으로서 하는 일, 사업가로서의 일, 프리랜서로서의 일 등은 물론이고, 무형적 보람이 대가인 육아·모임·공익활동 등 어떤 목적성을 가진 활동은 모두 일이요 비즈니스라고 본다. 또한 특정 프로젝트Project의 수행, 학습이나 시험, 국가적 헌신, 정책 수행 등 모든 가치 있는 노력도 포괄한다. 그런 면에서 어쩌면 이것은 삶 자체라고 말해도 좋을 것 같다.

우리는 일을 통하여 자신의 가치를 발현하며, 그런 측면에서 '살아 있음'이란 크든 작든 무언가 가치 있는 일을 하고 있다는 뜻이라고 말할 수 있다. 그러므로 일 혹은 비즈니스를 잘 한다는 것은 우리의 삶을 잘 산다는 뜻이고, 우리 삶을 가치 있고 의미 있게 하는 일이다. 그러니 비즈니스를 위한 매력적인 방법론이 있다면, 세상에, 얼마나 기분 좋은 일일까?

2. 명상이란?

'명상'이라는 용어에 대하여 선입견이 있는 분들이 있을 것 같다. 이 책에서의 명상은 전혀 종교적이지 않으며, 평정심 속에서 혜안을 구하는 과정을 말한다. 이것은 외부에서 어떤 도움을 구하는 것이 아니라, 자기 자신의 내공 속에서 답을 찾으려 하는 것이다. 이런 접근은 일반인에게 도움이 되는 것은 물론이고, 다양한 종교를 가지고 있는 분들에게도 자신의 생각을 실천하는 삶의 길에서 많은 실질적 혜안을 주리라 믿는다.

명상은 여러 종류가 있지만, 가장 대표적인 것으로 인도의 전통 수련 방법인 사띠Sati를 들 수 있다. 사띠Sati를 중심으로 한 명상은 중국 철학에도 영향을 많이 끼쳤으며, 한자로는 명상冥想이라고 한다.

여기서 명상冥想의 단어적 의미로 '冥'은 '어둡다'는 뜻이라기보다는 어스름한 해 뜰 무렵 밝지도 칠흑처럼 어둡지도 않은 은은한 상태를 말하며, '想'은 무언가를 적극적으로 고민하고 고뇌하는 것이 아니라 그저 생각이 깨어 있는 상태를 뜻한다. 따라서 명상은 은은하게 생각이 깨어 있는 상태를 의미하는 것이다.

사띠Sati는 '사마타Samatha'라고 불리는 집중명상과 '위파사나Vipassana'라고 알려져 있는 통찰명상을 동시에 진행하는 것을 의미하며, 수행자들에게는 깨달음을 얻는 수행법으로 알려져 있다. 명상의 종류는 매우 많지만, 특히 '위파사나'는 'Mindfulness', '마음 챙김', '알아차림', '깨어 있음' 등으로 번역되어 서양에도 많이 보급되었다.

명상은 영어로 'Meditation'이라고 하는데, Med-는 중간을 의미하는 접두사이다. 'Medical'이라는 단어도 Med-라는 접두사를 쓰는데,

이 역시 몸의 바이오Bio 상태가 과하지도 부족하지도 않은 적절한 상태를 지향한다는 것으로, 중간이 가장 이상적이며 건강하다는 의미로 쓰인 것으로 보인다. 그래서 'Meditation'이 암시하는 의미는 '중간', '중도'를 뜻하며 부족하지도 과하지도 않은 자연스럽고 편안한 상태를 말하는 것으로 이해할 수 있다. 그런 중도의 상태에서 스스로 깨어 있게 되는 과정, 그렇게 마음 평형을 갖게 되는 과정을 'Meditation'이라고 한다.

이 'Meditation'은 최근 동양보다 미국과 유럽에서 더 붐을 일으키고 있다. 우리가 잘 아는 스티브 잡스Steve Jobs도 인도 여행 중 마음 챙김 명상을 접하고 이후 오랜 동안 명상을 이어갔다고 전해진다. 유발 하라리Yuval Noah Harari의 영향을 받아 명상을 시작하였다는 빌 게이츠Bill Gates는 '명상은 신앙과 관계없으며, 집중하는 법을 알려주는 마음 운동이다'라고 말하고 있다. 최근에는 미국, 유럽 주류 사회, 학교, 기업 등에서 1,000개 이상의 메디테이션 클리닉이 운영 중이며, 한 설문조사에 따르면, 미국 인구의 25% 이상이 명상 훈련을 접한 바가 있다고 한다. 특히 구글·애플 등 실리콘밸리의 앞서가는 기업들이 명상을 도입하여 직원들의 마인드 힐링healing을 추구하면서 명상의 붐은 더욱 확장되는 추세로 알려져 있다. 이와 같이 동양보다는 서양에서 오히려 명상이 더 붐을 일으키게 된 것은, 과학적 접근을 통해 실증적으로 효과를 입증하고, 쉬운 용어로 이해하기 쉽게 설명한 것이 그 중요한 이유라 할 것이다. 다양한 논문에서 입증된 명상 효과의 예를 들자면, 스트레스가 감소하고, 심리적 고통 증상이 경감되며, 정서 지능이 향상되고, 면역력이 증강되고, 정신적·신체적 활력이 증대되고, 창의력·집중력·기억력 등이 향상되었다고 한다.

명상, 특히 집중명상을 통하여 우리는 은은하게 집중된 상태를 유지할 수 있는데, 이런 상태를 삼매Samadi, 사맛띠라고 부른다. 그것은 산속에서 수련하는 수도자들만 가능한 것이 아니라 누구나 본래 가지고 있는 능력이며, 그다지 어려운 것이 아니다. 다만 우리 일반인들은 생존을 위하여 항상 쫓기고 긴장하며 살다 보니 한 가지에만 집중된 상태 그대로 있기가 어려울 뿐인 것이다. 하지만 이것은 선천적 능력이기에, 정도의 차이는 있지만, 조금만 노력하면 누구나 마음이 집중되며 깨어 있게 할 수 있다.

집중 또는 삼매는 잡념을 떠나 오직 한 생각에 몰입Focus된 마음 상태를 말하는데, 공부할 때는 학습 삼매, 스포츠를 할 때는 스포츠 삼매, 일 할 때는 일삼매에 빠지면 가장 좋은 효율과 성과를 기대할 수 있다. 이렇게 집중하고 있을 때 마음의 잡념이 사라지고 맑고 밝아지며, 정신적·육체적으로 지혜와 능력이 증폭되기 때문이다.

이러한 명상의 상태는 과거에 대한 얽매임이나 미래에 대한 걱정에서 벗어나 자유로운 마음으로 크게 바라볼 수 있도록 도와준다.

3. 비즈니스 명상이란?

'비즈니스 명상'이란 명상에 사용되는 원리를 비즈니스에도 적용하여, 비즈니스를 더욱 효과적이고 의미 있게 진행하려는 방법론이다. 이것을 가능하게 하는 명상의 기본 원리로서 아래의 몇 가지를 들 수 있다.

첫째, 명상을 통해 중요한 일에 집중할 수 있고, 이것을 위한 에너지를 증폭시킬 수 있다.

둘째, 명상을 통한 통찰력 있는 정신을 바탕으로 일에 대한 방향 설정과 창의적 아이디어 도출 등을 통해 자신의 영역에서 훨씬 큰 성과를 낼 수 있다.

셋째, 명상으로 스트레스를 해소하고, 마음을 맑게 하여 포용력을 기르면, 우리의 일을 더욱 사랑하며 즐겁게 할 수 있다.

인간 세상에 태어난 이상, 우리는 무언가 이루고 싶고 가치로운 성취를 하고 싶은 것은 당연한 일이다. 그것은 사회적으로도 의미로운 일이고 개인적으로도 행복한 일이며 그 과정에서 자신을 더욱 성장하고 성숙하게 하는 길이기도 하다. 이 험난한 과정에서 때때로 어찌하면 좋을지 고민하고 방황할 당신에게, 평생을 두고 되새기며 사용할 수 있는 '방법론'이 있다면 참으로 든든할 것이다. 그래서 다양한 상황에서 어떻게 판단해야 하는지, 당신의 철학과 대중의 지지 사이에서 어떤 선택을 해야 하는지 삶의 이해와 경영의 원리를 바탕으로 설명해 보려 한다. 그래서 이 책 서두의 질문에 대하여 보다 당신답게 이야기하고, 경영 상황에 보다 적절하게 대응하며 행동하는 데 도움이 되고자 한다.

비즈니스 명상의 대상인 사업, 경영, 직장생활, 정책 수행, 자영업, 학습과 시험, 프로젝트 등 다양한 분야에서 이 방법론을 적용하여 많은 분들이 자신의 꿈을 이루고 삶의 보람을 찾기를 기대한다. 필자 스스로도 이 방법을 통하여 현재 비즈니스를 이끌어가고 있을 뿐만 아니라, 과거를 되짚어보더라도 알게 모르게 이 방법론에 좀 더 가까

윘을 때 더 좋은 성과를 내었었다. 그뿐 아니라 성공한 사업가들과 매우 가까이에서 함께 일하면서, 그들의 성공 요인을 관찰한 결과도 녹여내려고 애썼다. 그것을 다양한 사업의 분야에 적용될 수 있도록 공통적인 것을 추려 객관화하려고 노력하였으니 여러분에게도 분명히 도움이 되리라 믿는다.

당신이 원하는 것을 이루는 과정에서 이 책이 힘이 되었다면, 마지막으로 내가 바라는 것은 당신의 행복한 마음을 주변과 나누는 것이다. 그렇게 그 따스함이 퍼져나갈 수 있다면 우리는 참으로 행복할 것이다.

제1장 현재에 살기

1. 지금 여기, 진화의 스토리 라인에서 움직이는 현재에 살아라

일을 할 때, 제일 먼저 해야 할 일은 나의 마음이 지금 여기에 머물도록 하는 것이다. 일을 하거나 공부를 할 때, 생각이 딴 곳에 가 있다면 집중도 안 되고 효율도 없을 것이다. '현재에 살라'는 말은 여러분의 주의가 현재 지금 여기에 집중되어 있어야 한다는 뜻이다. 주의가 집중되면 여기에 바이오 에너지가 모여들고, 다시 그 에너지가 축적되고 증폭되어 자신이 할 수 있는 역량의 크기가 커지게 된다. 나의 주의력이 한 곳에 집중되면 그 집중된 내용을 중심으로 생각도 집중된다. 예를 들어, 시계 초침 소리에 집중하면 그 소리가 유난히 크게 느껴지지만, TV에 집중하면 더 이상 시계 소리가 들리지 않는다. TV

에 주의를 집중하면 여러분의 감성과 생각도 그 주제를 중심으로 움직이게 된다. 그러나 TV를 끄고 소파에 누워 있다면 다양한 생각과 감성이 일어났다가 사라지곤 한다. 이렇게 산란된 사고의 상태에서는 힐링은 될지 모르지만, 무언가를 하는 데 필요한 에너지가 증폭되지는 않는다. 주의는 생각이라는 말을 끌고 다니는 말고삐라고나 할까? 무언가를 하려면 현재를 중심으로 생각이 집중되어야 하고, 지금 이 상황을 중심으로 생각이 일어나야 한다. 그러려면 우선 여러분의 주의를 지금 여기, 특정 주제에 머물도록 해야 한다.

혹자는 이렇게 물을 수 있을 것이다. '현재에 산다면, 과거와 미래는 의미가 없고 무시해도 좋다는 뜻인가?'라고. 과거의 삶과 경험을 통하여 현재의 인간 관계가 형성되고, 현재의 역량을 갖추게 되었는데, 과거가 의미가 없을 수는 없을 것이다. 또한 미래는 우리의 꿈이요 희망이며 그 꿈을 꾸며 우리는 살아가는 힘을 얻는데, 이 또한 의미가 없을 수는 없겠다.

그런데 생각해 보면 과거가 의미 있는 것은 현재에 영향을 미치기 때문이며, 또 현재가 쌓여 그 결과로서 미래가 언젠가 또 다른 현재로 우리 앞에 나타나는 것이다. 결국 현재가 있기에 과거가 의미 있고, 미래도 의미를 갖게 된다는 것을 알 수 있다. 과거와 미래는 현재가 없이는 하나의 몽상과 같아서 실재가 없다. 그저 우리 머릿속에 남은 불완전한 기억으로 구성된 과거와, 주관적으로 생각하는 관념에 불과한 미래가 있을 뿐이다. 그리고 그것은 결국 과거와 미래의 진실Fact이 아니라 자신의 관념 속에서 재구성된 왜곡된 사고가 되어 자신의 의지를 제한하고 자신에게 마음의 속박이 되곤 하는 것이다.

이 속박에 매여서 굳이 남과 비교하여 자신의 상황이 나쁘다고 생각하지 말아야 한다. 자신이 남보다 머리가 나쁜 것 같다든가, 여러 핸디캡이 있다든가, 그런 생각으로 스스로를 움츠리게 할 필요가 없다. 그런 것은 어차피 당신 머릿속에 관념에 불과한 것이고 실재는 아니다. 다만 당신이 그렇게 믿는 순간 이제 그것은 관념이 아니라 점점 실재가 되고 진짜로 그렇다는 증거 사례evidence가 쌓여 가게 된다.

그러므로 당신은 굳이 스스로를 과소 평가하거나 현재의 가능성을 단념할 필요가 없다. 그저 최대한 평정된 마음으로 나의 상황을 있는 그대로 이해하고 마주 바라보면 된다. 당신이 기억하는 사실들, 그리고 지금 현재 당신이 보고 느껴지는 것들에 대하여 감정을 투입하지 않고 그저 지긋이 바라보고만 있어도 어느 순간 혜안이 생긴다. 사람의 능력은 실로 무한한데, 보고 느끼고 생각하고 고민하고 걱정하고 등등 수많은 곳에 그 능력을 나누어 쓰고 있어서 그 능력이 분산되고, 본래 크기의 역량만큼 발휘하지 못할 뿐이다. 그저 편안한 마음으로 사실을 가만히 바라보고 있으면 어느 순간 집중이 되고, 그러면 능력이 증폭되어 상황이 보이고 통찰력이 생긴다. 감정을 개입시키지 않도록 해야 한다. 감정이 개입되면 에너지가 급격히 분산되고 분산된 에너지는 쓸 데 없는 곳으로 마구 흘러가게 된다. 그 과정에서 이성은 이렇게 감정이 하는 쓸모없는 일을 정당화한다. 그러므로 감정을 개입시키지 말고 맑은 정신으로 바라만 보고 있도록 하라. 만일 그것이 잘 안 된다면 5장에서 다루게 될 '알아차림' 명상 수련을 해 보자. 자신의 감정이 일어남을 알아차리고 그저 바라만 보고 있어도 자연스럽게 그 감정은 가라앉게 된다. 이 부분은 5장에서 자세히 설명하게 될 것이다. 명상의 기초로서 지금 여기에 마음을 머무르게 하는 법, 집중하는 법, 통찰하는 법, 그리고 자기암시, 기도, 자존감 강화 등 여러분의 마음을 키우는 부분에 대해 이야기하게 될 것이다.

그러나 연습이 쌓이기 전이라도, 자신의 능력껏 지금 여기, 현재에 마음이 머물도록 노력해 보라. 과거에 집착 말고 미래를 걱정 말고, 현재를 호흡하며 살도록 해 보라. 당장 잘 안 돼도 괜찮다. 점점 익숙해지고 내공이 깊어질 테니까. 그리고 그런 마음으로 현실을 파악하라. 지금 여기, 현재 이 상황을 깨닫고, 현실을 받아들여라.

그리고 현실을 파악하고 나면, 이제 그 현재를 더 좋은 당신의 스토리 라인Story Line에 세워 넣자.

필자가 S사 소속 공장에서 관리직으로 근무하고 있을 때 일화를 몇 가지 소개하겠다. 필자의 후배 중에는 키 크고 잘 생긴 직원이 하나 있었는데, 어느 날 찾아와 공장을 그만 두겠다고 했다. 이유를 물어보니 공장생활이 잘 안 맞아 그만두고 항공사로 이직하여 스튜어드가 되려 한다는 것이었다. 필자는 잡지 않았다. 다만 한 가지 조언을 해 주었다.

"그래, 맞지 않으면 그만 두어야지. 하지만 모든 일에는 어려운 점이 있다. 여기 일을 할 수 있는데 더 높은 이상을 향해 가는 것은 좋지만, 여기서 적응 못하여 떠난다면 너는 이 시간을 통해 키운 역량이 없다는 뜻이고, 그러면 다음에도 성공의 보장은 없다."

다소 냉정한 말이었고, 화내며 떠날 수도 있었건만 그는 남았다. 그리고 마치 자기가 할 수 있는데 떠나는 사람임을 확인시키려는 듯 더 열심히 하였다. 그는 인정받았고, 미국 파견 교육 대상자로 선정되었으며, 교육 후 복귀하여 촉망받으며 잘 근무하고 진급하였다. 그리고 그 경력을 바탕으로 얼마 뒤 외국계 기업의 임원으로 이직하였다.

'지금 여기'에서부터 하겠다는 의지가 있으면 문제를 푸는 시작점에 선 것이며 그것으로 이미 반은 한 것이다. 어떤 선택을 하였다면 아웃사이더로 맴돌지 말고, 언제까지인지는 몰라도 그 동안은 오로지 나의 길이라고 생각하고 마음을 여기에 두어야 한다.

또 다른 예를 들도록 하겠다. 필자가 신입사원으로 채용한 직원 중에 기억에 남는 직원이 둘 있다. 한 명은 입사 전에 개인사업으로 쇼핑몰을 운영했던 친구였다. 공장이라는 문화상 유통 자영업을 하던 이 친구가 잘 적응하여 근무할 수 있을까 걱정이 되기도 했다. 그래도 의지가 커서 채용이 되었고, 필자는 팀장으로서 일의 방향을 알려 주고 특정 프로젝트에 대하여는 책임 있게 하도록 기회를 주었다. 그는 야간에 이루어지는 현장 생산 실험까지 끝까지 확인하며 밤새 떠나지 않았다. 그렇게 빠르게 역량을 쌓아갔고, 회사의 인재로 무럭 무럭 성장하여 다른 부서에서도 탐내는 인재가 되었다. 그는 이후로도 오랜 동안 회사에서 중요한 역할을 해 왔다. 그리고 회사에서 떠난 지금, 과거의 일과는 전혀 다른 개인 사업을 하고 있는데, 이번에는 또 이 일에 몰두하여 현재 사업이 점점 성장하고 있다고 들었다. 자신이 과거에 무엇을 했든 지금 이 순간에 충실한 자세에서 비롯된 성공담이라 생각된다.

또 한 명의 직원은 상당한 스펙을 가지고 있던 신입 공장 관리자였다. 그는 채용 인터뷰 시 열심히 하겠다고 약속했으나, 생산부서에서 근무한 지 몇 달 되지 않아서 그만두겠다고 했다. 아마도 현장 작업 관리 중심의 생산 근무환경이 그가 적응하는 데에는 힘겨웠던 모양이다. 그래도 자신의 배경과 당장의 현실을 비교하여 실망할 일이 아니라, 좀 더 현실을 긍정적으로 보면 어땠을까 하고 생각한다. 그에게는 많은 기대와 가능성이 있었던 만큼, 좀 더 버티어 성과를 내면 회사의 핵심으로 성장할 수 있었을 텐데 말이다.

필자가 보아 온 성공한 사람들은 공통점이 있다. 한 곳에서 몰입하여 열심히 했던 사람이 다른 직종이나 직장으로 바꾸어서도 열심히 하고 성공한다는 것이었다. '이직하지 말라'는 뜻은 아니고, '지금 이 순간 주어진 것을 소홀히 보지 말라'는 것이다. 주체적인 인생을 살며 가치 있게 자신의 철학을 구현하고 싶은 사람이라면, 지금 이 순간 여기에서 날갯짓을 시작하자.

마음이 지금 여기에 머물게 하여 감정 없이, 평가 없이, 은은하게 그저 사실을 바라보는 마음으로 있어 보라. 그러면 이 상황을 있는 그대로 바라보고 인정하고 이해하게 된다. 그럼 이제 이 현재가 더 좋게 발전되도록, 당신이 꿈꾸는 미래와 연결된 스토리 라인에 세울 수 있게 된다. 그리고 나면 지금부터 당신은 진화의 스토리 라인에서 움직이는 현재에 살 수 있는 것이다.

현재가 쌓여 그 결과로서 미래가 새로운 현재가 될 뿐, 미래 자체는 손댈 수도 없고 바로 연결되거나 컨트롤되지 않는다. 미래가 아닌 지금 여기에 자의식을 두면 더 수월하게 현실적 개선책에 집중할 수 있고, 그 결과로서의 미래도 통찰할 수 있게 된다. '현재에 살아라'라는 말은 '지금 여기에 생각과 의식이 머무르게 하라'는 것이다. 세상은 마음이 그린 대로 보여지는 것이므로, 현재를 인정한 후 그 가능성을 긍정적으로 포장하여 받아들이는 것에서 시작해야 한다. 현실을 긍정적인 그림으로 그려서 받아들여라.

현재를 긍정적으로 보라는 것은 현재 이 상황 자체가 만족스러워서가 아니라 미래와 연결될 현재가 나름의 의미가 있고, 현재에 그런 가치를 부여함으로써 현실을 부정적 의미만 있는 실패한 현실이 아닌 잠재적 가치가 있는 소중한 현실로서 받아들이라는 뜻이다. 그러기 위해서 현 상황에 감정을 투입하거나 남들과 비교평가를 하지 말아야 한다. 나의 현재는 개성 있고 독특한 나만의 현재일 뿐이다. 그리고 나의 현재를 더 낫게 개선하겠다고 생각하고, 좋아질 수 있는, 발전하는 경로 위에 현재 상황을 세워 놓기를 바란다. 긍정적인 자세를 견지하여, 더 잘되는 라인선상에 현실을 세워라. 그렇게 자기 암시하고 현재에 살면 그렇게 노력하게 되고, 여기로부터 이루어 가는 여정을 시작하게 된다.

회사에서 근무하다 보면, 가끔 선배 직원이 퇴사하여 사업을 시작하고, 그 상품을 판매하기 위하여 회사를 찾아오는 경우가 있다. 필자는 그런 선배를 여럿 보았는데 대부분의 공통점이 있다. '내가 과거에 누구였다', '그런데 이렇게 찾아와서 좀 미안하다'라는 표정이 그 얼굴에 쓰여 있다. 필자가 대리쯤 되었을 때, 과장님이나 부장님들은 이런 선배 앞에서 쩔쩔 맸다. 그분들이 과거의 전설이었기 때문이다. 하지만 그 물건을 쓸지 말지 보고서는 필자가 작성하도록 미루었다. 필자도 그분과 미팅할 때에는 레전드에 대한 존경과 깍듯함에 부족함이 없도록 애썼다. 그러나 사용 여부는 대부분 'No'였다. 그것은 객관적으로 가격과 품질을 비교해 보았을 때, 기존 제품이나 경쟁사 제품 대비 우수하지 않았기 때문이다. 결과적으로 담당의 이러한 리포트에도 불구하고 그 물건을 사도록 조치하는 위험한 부서장은 없었다.

한편 필자의 선배 중에 폐수처리를 담당하는 과장님이 계셨는데, 이분도 회사를 그만두고 사업체를 차려 약품을 납품하러 왔다. 그런데 그 약품의 단가가 기존보다 저렴하고 품질도 대등했다. 게다가 기존의 네트워크를 통하여 폐수처리의 정보·기술 등 많은 도움을 지속적으로 주고 있었다. 이분의 약품은 채택되어 오랜 동안 회사에 납품되었고, 서로 간에 윈윈Win Win하는 관계로 발전할 수 있었다. 새로운 사업을 시작했다면 과거에 '누구'였더라도, 지금까지 그 마음에 구속되어 있지 않기를 바란다. 현재의 일에 충실한다면 성공할 것이다. 그러나 영향력 없어진 과거 인연에 호소하여 도움을 바란다면 쉽지 않은 일이다. 무슨 일이든 오로지 지금 여기, 나의 현실에 마음이 머물도록 해야 하는 것이다.

과거, 미래가 관념에 불과할 뿐 실재하는 것은 현재밖에 없다고 말했다. 그러나 생각해 보면 사실 현재도 잡을 수가 없다. 현재라고 생각하는 순간 그것은 과거가 된다. 시간은 빛처럼 빨리 흘러가서 인간의 인지로는 도저히 따라잡을 수 없는 것이다. 그래서 시간은 결국 과거·미래·현재로 구분할 것이 아니라 하나의 연관된 관계의 덩어리, 변화의 과정으로 이해해야 한다. 과거가 원인이 되어 현재가, 또 현재를 바탕으로 미래가 구성되는 것이다. 그럼에도 불구하고 인간이 무언가를 할 수 있는 것은 현재밖에 없음으로, 이 소중한 현재를 통해서 과거의 문제를 풀어내고, 미래의 가능성을 심어야 한다.

따라서 우리는 현재에 충실해야 하며, 계획하고 전략을 세울 때에는 과거, 현재와 미래를 함께 바라보더라도, 실행하고 행동할 때에는 마음과 생각이 항상 지금 여기에 머물도록 해야 한다.

만약 상황이 너무나 안 좋아 긍정할 수 없는 나쁜 일이 일어날 가능성이 매우 높다면, 두려움에 마음이 갇혀서 진화의 스토리 라인을 구성하는 데 어려움이 있을 수 있겠다. 이럴 때에는 먼저 최악의 상황을 상정하고, 이를 받아들일 마음의 준비를 하라. 그리고 그것을 좀 더 좋아지게 하려고 노력하라. 최악의 상황은 지속되지 않는다. 모든 것은 변하며 관계도 바뀐다. 당신이 효과적인 노력을 한다면 이 순간이 지난 후 상황은 개선되어질 수 있을 것이다. 아무리 힘든 상황에서도 계획을 세울 수 있고, 그 계획을 바탕으로 개선하는 지금이 미래를 바꿀 것이다.

내가 존경했던 공장장님이 계셨다. 우리가 어려운 일에 봉착했을 때, 그분이 조언을 해 준 말이 있어 다음과 같이 공유하고자 한다.

"앞길에 천 길 낭떠러지가 나타났다고 조급해 하거나 허둥대지 마라. 나는 수많은 낭떠러지를 직면하여 왔지만, 낭떠러지 가까이 가면 반드시 빠져나갈 작은 길이 있었다. 그러니 절대 좌절하거나 당황하지 말고 담담하고 꿋꿋하게 그 길을 찾아라."

만약 그래도 지금 여기에 마음을 머물게 하기 어렵고, 그렇게 머문 마음을 유지하는 것이 힘겹다면 5장의 마음 관리를 참고하여 연습해 보는 것을 권한다.

2. 과거의 구애됨에서 벗어나 가치 있는 결정을 하라

우리가 이 세상에 태어나 살아가는 것은 무언가 하고 싶은 것이 있기 때문이다. 그것을 미션Mission, 사명, 명(命)이라고도 하고 비전Vision, 원(願), 꿈이라도 한다.

많은 사람들은 자신의 미션Mission 혹은 꿈Vision을 명사라고 생각한다. 즉, 대통령·의사·기업가·연예인·변호사 등 무언가가 되는 것이라고 생각한다.

그러나 사명Mission이나 꿈Vision은 명사, 즉 무언가가 되는 것이 아니다. 그 일을 '왜' 하며, '어떻게' 하겠다는 서술형의 목표가 되어야 한다. 즉 대통령이 되는 것이 사명Mission이요 꿈이 되어서는 아니 되며, 그렇게 되어서 이룰 수 있는 가치로운 것들, 예를 들어 '국민을 편안하고 행복하게 하겠다'는 것이 미션Mission이 되어야 한다. 좀 더 'How to'로 내려가면, 항상 국민의 소리를 듣고 마음을 열고 대화하는 것을 즐기는 사람이 되겠다는 것이 꿈이어야 한다. 마찬가지로 의사가 되는 것이 미션이 아니라, 아픈 사람을 치료해 주고 위로해 주겠다는 것이 미션이어야 한다. 혹은 'How to'로 가서 아픈 사람들의 얘기를 친절하게 들어주고 그 마음을 나누는 사람이 되겠다는 것이 꿈이어야 한다. 그렇게 된다면 그 사명은 혹시 의사가 아니어도 대통령이 아니어도 계속될 수 있다. 그러면 그 꿈은 무엇이 되는 것으로 성취된 것이 아니라 살아가는 과정에서 항상 그 성취를 이루어가고 있는 것이 된다. 그러므로 꿈은 어떻게 살겠다는 것이 되어야 하고, 그 세부 계획으로 '무엇'이 되어 그렇게 해 보겠다고 생각할 수는 있겠다. 하지만 그 '무엇'은 상황에 따라 바뀔 수 있는 것이므로 너무 집착할 필요는 없다. 그러면 그 '무엇'이 안 되는 상황에서도 꿈은 바뀌지 않고, 또 다른 '무엇'을 통해 그 꿈을 계속 꿀 수 있게 된다. 가치로운 것은 '어떻게' 하며 사느냐 하는 것이지, '무엇'을 하며 사느냐, 다시 말해 무슨 직업을 가지고 사느냐가 아니다.

이러한 가치를 가지고 자신이 하고 싶고 이루고 싶은 미션과 비전을 추구해 가는 것이 인생인 것이다. 나는 그런 가치관을 가지고 있지 않다고 생각하는 분도 있겠지만, 사실 누구나 그런 가치관을 가지고 살아간다. 다소 관념적이거나 희미해서 처음에는 스스로 인지하지 못하더라도 인생을 살아가면서 변화하고 업그레이드되고, 결국 스스로의 신념으로 뿌리게 내리게 되는 것이니, 뿌리가 얕다고 없다고 말할 일은 아닐 것이다. 당신의 꿈이 '무엇이 되는 것'이라면 잡기가 힘들 수는 있지만, '어떻게 하는 것'이라면 그것은 가능하다.

예를 들어 '장관 아빠, 부자 아빠가 되겠다'라는 꿈은 이루기 어렵지만, '다정한 아빠', '소통으로 행복을 나누는 아빠'라는 꿈은 대부분의 상황에서, 당신이 마음만 있다면 이루지 못할 꿈이 아니다. 당신이 부자 아빠가 되고 싶은 꿈이 만일 아이들과 행복하기 위해서라면, 어쩌면 후자가 더 중요한 핵심가치가 아닐까? '부자 아빠'란 여러 방법론 중 하나일 뿐이다

기업에도 일의 방식에 대한 좌우명이 있는데, 그것을 핵심가치Core value라고 부른다. 마찬가지로 개인도 세상을 살아가며 추구하는 철학과 가치가 있다. 그런데 기업의 핵심 가치도 사명Mission과 마찬가지로 '무엇'을 말하는 경우는 거의 없고, 대부분 '어떻게'에 대한 가치를 추구한다. 예를 들어 '정직'·'열정'·'창조' 등 우리가 자주 보는 기업의 가치는 어떻게 하는지에 대한 가치관을 보여주는 것이다.

이렇듯 비즈니스나 일에서나 자신의 가치관에서 볼 때 충분히 가치 있는 결정을 해야 한다. 그러기 위해서 우리는 어떻게 해야 할까?

무언가를 결정할 때 우리는 무엇(what to do)보다 왜(Why to do) 혹은 어떻게(How to do)를 먼저 물어야 한다. 가치는 '무엇'에 있는 것이 아니라 '왜' 또는 '어떻게'에 있기 때문이다.

그런데 대다수의 사람들은 그 '어떻게(How to)'를 결정할 때 과연 내가 그것을 할 수 있을까 하는 의문과 망설임을 가진다. 필자가 겪어 본 바로는 세상의 일이란 우습게 볼 만큼 쉬운 일은 하나도 없었지만, 또한 사람이 하지 못할 정도로 불가능한 일도 별로 없었다. 어려운 일이라는 것도 하나하나 쪼개서 이루어갈 계획을 수립하고, 필요한 자원을 조달하고, 적합한 인력을 배치하면 모두 진행이 되었다. 반면 쉽다고 생각하고 대충 덤벼든 일은 의외의 난관에 부딪히고 애를 먹어야 하는 경우도 많았다. 그러므로 '과거에 내가 어떻게 했었는데…' 하는 트라우마에 갇혀서 지레 겁먹고 하지 못할 것이라고 움츠릴 필요가 없다. 우리가 할 수 없는 것은 그 부정적인 마음 때문일 따름이다. 그 마음이 에너지를 흐트러뜨리고 용기를 잃게 하고 창의적 아이디어를 저해한다. 그리고 그 부정적인 마음은 대개 과거의 실패에 기인하여 형성된 것으로, 적극적 도전에 방해가 되고 스스로를 한계 짓게 한다.

혹시 그런 부정적인 마음이 나를 방해하고 있다면 그럴 때에는 과거의 성패는 모두 내려놓고, 그저 그 업무 자체만을 바라보라. 감정 없이 바라보다 보면 그 업무는 과거와 연결되지 않은 그 문제 하나로 만 객관적으로 보이고 그 문제를 해결할 수 있는 새로운 힘이 생겨난다. 필요하다면 자기 암시 혹은 긍정적 자기 대화를 통해 자신의 마음을 보듬어주자. 그렇게 과거의 속박에서 벗어나 자유롭고 가치 있는 업무를 향한 도전을 다시 시작하라.

어릴 때 필자의 꿈은 부끄럽지만 좀 거창했다. 필자의 오랜 꿈은 우리가 사는 세상이 도대체 무엇이며, 삶의 진리는 무엇인지 깨닫는 것이고, 그래서 그것에 대하여 사람들과 얘기 나누고 알아낸 것을 전하며 함께 생각하는 삶을 살고 싶었다. 그 과정에서 'How to'로써 과학자, 동양철학 연구자, 수도자, 직업인, 경영인, 경영 컨설턴트, 사업가 등을 거쳐 왔고, 그 과정들을 통해 한 단계 한 단계 나의 꿈에 다가가기 위해 노력했다. 과학자로서 물리학·화학·생물학 등을 공부하고, 동양철학학회 멤버로서 각종 세미나에 참가해 근본을 연구하고 토론했으며, 경영을 하면서 사회 관계의 원리와 그 성공의 방법론을 생각했다. 그런 모든 과정 속에서 무엇이 진리라 일컬어질 수 있으며, 우리가 왜 어떻게 살아야 하는지를 항상 생각했다. 때로는 나의 꿈에 부합하는 선택이기도 하고, 때로는 그렇지 못할 때도 있었지만, 시간이 흐르고 각각의 노력이 서로 연결되면서 조금씩 이해의 바탕이 형성되어져 온 것 같다. 그리하여 지금에 이르러서 그런 것들을 엮어 이 책을 쓰게 된 것이다. 혹시 '세상이 무엇인가?'에 대한 필자의 생각이 궁금한 독자가 있다면, 제2부 '사이언스 명상'을 먼저 읽어보는 것도 좋을 것이다.

〈왜 사는가?〉

왜 사느냐고 물으면 '행복하기 위해서'라고들 한다. 그럼 '행복이란 무엇인가?' 이 질문에는 대답을 망설이는 경우가 많다. 행복의 개념이 매우 추상적이라서 뜻이 잘 와 닿지 않는다. 게다가 그 개념은 주관적이기까지 하다. 그러므로 이해하기 쉽게 다소 일반적이며 평범한 명제에서 생각해 보자. 행복이란 무언가 자신의 니즈needs가 충족된 상태이며, 어떤 욕구를 충족하면 행복해진다는 것이 일반적으로 받아들여지는 얘기인 것 같다. 그래서 때로 스스로를 목마르게도 하곤 하지 않던가? 목마르지 않을 때 마시는 물은 맛있지 않다. 그러나 운동 후 갈증의 상태에서 마시는 물맛은 어디에도 비교하기 어렵다. 그래서 욕구가 없다면 만족이나 행복이라는 것도 찾기가 어렵다. 다시 말하면 삶의 미션이나 꿈이 없다면, 그렇게 이루고 싶은 바가 없다면 욕구의 충족이라는 의미에서의 행복은 없다.

행복하고자 하면 욕심을 버리고 무욕의 세계에서 자연인처럼 살라고도 하는데, 욕구가 없으면 행복이 없다니 그건 또 무슨 말인가? 무욕의 마음이 되라는 것은 마음에 속박되지 말라는 뜻이다. 욕심이 일으키는 경쟁·갈등·고뇌·번민 등의 속박에 갇히지 말라는 뜻이다. 그러나 욕심과 욕구는 구분할 필요가 있다. 욕심은 정당한 노력 없이 더 많은 것을 바라는 것이다. 합당한 노력을 하고 합당한 결과를 기대하는 것은 욕심이라기보다는 정당한 욕구라 해야 할 것이다. 무욕의 세계에 이르는 것조차도 그렇게 되려는 욕구와 욕구에 따른 노력이 필요하다. 세상에 저절로 되는 것은 없다. 그러므로 우리가 무언가 가치로운 것을 추구하는 욕구는 우리에게 행복을 주는 필요조건이 되는 것이다. 설사 그것을 성취하지 못했더라도 그것을 추구하는 과정에서 우리는 느끼고, 성장하고, 행복할 수 있다. 내적 성장은 그것을 실행하는 과정에서 오는 것이기 때문이다. 욕구가 정당하고, 그것을 위해 노력하는 과정을 통해 많이 깨달았다면 이미 당신은 많은 성취를 한 것이니 너무 단기적 결과에 연연하지 말자. 쉽게 얻은 성공, 부나 명예는 아무런 내적 성장을 이끌어주지 못한다. 행복하고자 한다면 자신의 어떤 욕구를 가치 있게 인정하고 추구할 것인지를 생각하고, 이를 이루려는 과정에서 '어떻게' 자신의 가치관을 일에 녹여내게 하는지 깨우치는 것이 중요하다. 따라서 우리는 우리의 정당한 욕구에 대해 잘 이해해야 하고 그것을 추구하는 일에 보다 당당할 필요가 있다.

그런 측면에서 본다면, 오랜 이론이지만 매슬로우Maslow의 욕구 단계설을 잠시 참고해 보는 것도 좋을 것 같다. 여기에서 생리적 욕구, 안전의 욕구보다 상위의 욕구는 사회적 관계의 욕구이며, 이보다 더욱 상위의 욕구는 자아실현의 욕구이다. 생리적 욕구, 안전의 욕구가 우선 해결의 욕구이지만, 그런 것만 추구하고 누리고 살다가는 것은, 동물이 아닌 인간으로서는 많이 아쉬운 삶이다. 사회적 관계를 중요시 하는 삶은, 남도 나와 같이 생각하고 존중하고 공감하며 살아가는 가치로운 삶이다. 그리고 자아 실현하는 삶이란 자기가 믿는 가치와 신념을 실현하는 삶이다. 곧 자신의 미션Mission을 실현하는 삶이다.

나는 비즈니스 명상이 사람들 마음속에 따스하게 자리 잡게 되기를 바라고, 그것을 통해 좀 더 살기 좋은 세상이 될 것이라고 생각한다. 그것을 실현하는 것이 나의 자아실현이다. 여러분도 여러분의 미션을 추구하는 과정에서 사회적 관계를 통해 가치를 형성하고 자아 실현하는 삶을 살기를 바란다. 미션, 즉 삶의 'why'를 묻는 삶의 과정에서 사회적 관계 향상과 자아실현을 위한 길을 찾을 수 있을 것이다.

드디어 자아실현까지 완성되면 이제는 더 이상의 욕심이 없으니, 무욕의 기쁨, 깨달은 자의 기쁨을 향해 가는 것이며 그것은 성현의 길이다. 하지만 나를 포함하여 대부분의 사람들은 욕심과 욕구의 세계에서 살고 있는바, 시시각각으로 일어나는 욕심을 조절하는 것만으로도 쉬운 일은 아니다. 차라리 바르고 합리적인 선에서 욕구를 충족하고, 그 과정 속에서 자아실현을 추구하며, 인간적인 삶의 길을 걷는 것이 유연한 자세가 아닐까 싶다. 우리 일반인에게는 그게 더 현실적인 것 같다.

'Why'는 매슬로우가 설명하고 있지만, 결국 만족은 무엇을 얼마만큼 했다는 정량적인 것이 아닌 정성적인 것이 좌우하며, 정성적인 것은 '어떻게(How to do)'임을 잊어서는 안 된다. 결국 가장 중요한 것은 'How to do'이고, 그 길을 찾아갈 때 비즈니스 명상의 방법론이 참고가 될 것이다.

이렇게 선택은 크게는 살아가는 사명Mission과 꿈에 대한 것일 수 있지만, 그보다 작은 프로젝트Project, 혹은 작은 사안에 대한 결정도 있을 수 있다. 나의 삶에 대하여 오너owner요 리더leader인 우리는 수많은 상황마다 판단하고 의사결정을 해야 한다. 그래서 내 삶의 리더로서 살고자 하는 여러분을 위해, 어떻게 결정하는지에 대해 얘기하고 넘어가기로 한다.

1) 왜 가치 있는 결정이어야 하는가?

인생의 미션Mission과 꿈은 욕심이 아닌, 인간이라면 누구나 지니고 있는 마음이며 태어난 이유이다. 이는 곧 세상에 내가 존재하는 이유를 갖는 일이며, 나의 삶의 연속성을 통해 축적된 장점을 활용하는 일이고, 콘셉트가 있는 삶의 무대를 만드는 일이다.

사람이 간절히 추구하는 삶의 목표는 어쩌면 수도자의 관점에서는 어리석은 욕심이요 집착의 결과라고 말할지 모르겠지만, 어차피 인간 세상에 태어난 우리는 무언가를 원함으로써 그 과정에서 배우고 성장하며 자아를 진화하여 나아가게 된다. 이곳에서 원하지 않음은 머무르거나 오히려 후퇴함을 의미한다. 따라서 우리는 원하는 것을 이루기 위해 살아가는 것이고, 그것을 달성하기 위해 좋은 결정이 필요한 것이다. 그리고 앞에서 말했듯이 그렇게 노력하는 과정을 통해 내적 성장 또한 이루어지게 된다. 사람은 원하는 것이 있어 태어나는 것이니 그 원함(꿈, Vision)과 미션(사명)을 다하는 과정에서 우리는 진화하고 발전하는 것이다. 오랜 동안 한 맺힌 것이 있다면 해결해야 다음 발전이 있는 것이고, 굳이 과거에 맺힌 것이 없다 하여도 새로운 꿈을 위해 노력하는 과정을 통해 우리는 성장하는 것이다. 올바르고 성실하게 추구한다면, 그 바람이 간절할수록 성취와 진화의 더욱 큰 계기가 되므로 비전과 미션은 모든 것의 출발점이 될 것이다.

그렇게 결정된 꿈은 한평생 일관성이 있으면 더욱 효율적이지만, 그렇다고 경직된 자세로 그 꿈에 너무 집착하는 것은 좋지 않다. 우리의 생각과 희망과 꿈은 때때로 변화할 수 있다는 것을 깨닫고 굳이 자신의 과거 꿈에 갇혀 있을 필요는 없다. 과거에 꾸었던 꿈은 현실이 바뀌면 달라질 수 있다. 그러므로 과거에 집착하지 말고 현재하는 일을 사랑해야 한다. 특히 나의 꿈을 무엇(what to do)이 아니라, 왜(why to do) 혹은 어떻게(How to do)로 잘 정립했다면, 현재하는 일이 바뀌어도 나의 꿈은 계속 이어지게 할 수 있다. 예를 들어, 아픈 사람에 도움을 주는 삶을 사는 것이 나의 사명Mission이었다면, 간호사로서 아픈 사람을 치료하고 위로할 수도 있지만, 심리상담사로서 마음의 아픔을 치료하고 위로할 수도 있고, 심지어 일반 기업 직원으로도 주말에 환자에 대한 사회봉사를 하면서 삶의 의미를 나눌 수도 있는 것이다. 그렇게 한다면 현재 하는 일을 통하여 그 가치를 지켜 낼 수 있고, 그 일을 사랑할 수 있게 된다. 그러면 이제 그 현재가 만들어낼 내일의 현재도 애정을 가지고 품을 수 있게 된다.

2) 어떻게 가치 있는 결정을 하는가?

우선 삶의 미션Mission을 얘기해 보자. 자신의 삶을 왜, 어떻게 살 것인지를 생각해 보라. 무엇을 하며 살아야 하느냐 하는 현실적인 고민은 잠시 뒤로 미루어 두고 '왜'와 '어떻게'에 대해 질문을 해 보라. 그리고 자신의 내면의 깊은 목소리가 들릴 때까지 고요하게 자신의 마음을 바라보라. '내면의 목소리'라는 말이 의미하는 것은 다른 사람의 기대, 평판 등에서 벗어나고, 과거의 성패로 인한 심적 구애됨에서도 벗어나 내가 살고 싶은 삶, 가치 있다고 느끼는 삶을 향한 가슴속 느낌을 의미한다. 그렇게 솟아나는 내적 감성을 말한다.

가치는 하나일 수는 없다. 가족의 행복만이 우리의 가치는 아니다. 그것이 매우 중요한 가치이긴 하지만 우리는 또 다른 가치들도 품고 있다. 일을 통한 자기실현, 사회에의 기여, 개인의 취미와 여가 등등 또 다른 가치가 왜 없겠는가? 그런 것들의 균형Balance이 중요하다. 은은하게 집중하면 그런 것들을 가능하게 하는 방법들을 찾아 볼 수 있게 된다.

한동안 찾아보아도, 계속 시간이 흘러가도 자신의 답을 구할 수 없다면 그동안 고민하며 축적된 내공의 마음을 바탕으로 이제 방향을 선회해 보자. 지금 내가 하고 있는 현재의 일과 살고 있는 환경 속에서 답을 찾아보라. 항상 답은 가까이에 있는 것이기 때문이다.

내가 하고 있는 일이 가치 없다고 느껴진다면, 그 일 '자체'가 주는 느낌과 감성이 아니라 그 일을 '왜' 하고, '어떻게' 하느냐 하는 '서술형'으로 표현할 수 있는 느낌과 감성을 들여다보자. 이를테면 내가 현재 하고 있는 일이 헤어디자이너라면, '나는 사람들에게 아름다운 자기연출을 통한 자신감을 갖도록 하겠다'(why to do)라거나 '나는 항상 사람들에 맞는 스타일을 연구하고 적용함으로써, 그들의 표정에 나타나는 반응을 즐길 것이다'(how to do)라는 마음으로 다시 돌아보자. 이렇게 도출된 'why to' 혹은 'how to'가 내 삶의 미션Mission임을 자기 암시하라. 헤어디자이너라는 직업에 'why to'와 'how to'가 붙는다면 그 직업이 훨씬 가치 있게 느껴지며 그 꿈을 일관되게 유지할 수 있게 될 것이다. 헤어디자이너뿐만 아니라 변호사든 경영인이든 어떤 직업인이든 마찬가지인 것이다.

이러한 'why to'와 'how to'를 찾기 위해서 우리는 내가 왜 이 일을 하려고 했는지에 대한 원리와 근본에 질문을 던져야 한다.

사람은 대상을 인지할 때 먼저 오감으로 정보를 받아들이게 된다. 오감으로 받아들여진 정보는 감성적인 느낌으로 나에게 들어온다. 그 다음에 논리와 생각이 따라오며 그렇게 우리의 인식 체계가 구축된다. 그러므로 모든 것의 시작인 자신의 감성, 느낌에 대하여 무시하지 않기를 바란다. 자신의 감성을 기초로 가치로운 스토리를 써라.

본래 감정은 욕심과 분노를 일으키며 깨달음을 방해하는 것이라 그것을 내려놓고 그저 바라보아야 명상하는 자세가 된다. 그런데 인간이 세상에서 살아가는 이유는 사실 원하고 바라는 것이 있기 때문이며 이것은 감성을 기반으로 한다. 이러한 감성을 희망을 향해서 쓰자. 즉, 미션과 비전을 향해서, 그리고 그 길 속에서 필요한 열정과 에너지를 북돋기 위한 용도로 쓰자. 어떤 결정을 실행에 옮기고자 하는 의지를 북돋기 위하여 감성을 활용하자. 이루는 과정에서 또는 이룬 후 내가 누릴 행복과, 관련된 사람들이 누릴 즐거움과, 세상이 발전됨을 바라보는 기쁨 등 우리의 긍정적 감성은 나에게 새로운 에너지를 공급해 줄 것이다.

그렇게 자신만의 미션을 그렸다면, 이제 이것이 내가 가장 좋아하고 사랑하는 일이며, 가치 있는 일이라고 스스로에게 암시하듯 이야기하자. 마음이 모든 것을 결정한다.

그리고 그 속에 잘 어울리는 자신만의 'How to(철학, 신조, 가치관)'를 찾고 나면, 이를 기초로 자신만의 규칙을 만들라. 예를 들어, 방금 예를 든 헤어디자이너라면 '한 달에 최소 한 번 이상 새로운 스타일을 만들어 고객에서 보여주겠다'든가, '최신 디자인 콘텐츠를 제공하는 사이트를 주 1회 이상 방문하여 리뷰해 본다'든가, '설사 새로운 스타일에 대한 고객의 반응이 별로라 해도 끊임없이 노력을 계속하겠다' 든가 하는 규칙을 만드는 것이다.

이제 자신의 삶을 꿰뚫는 가치 있는 결정을 했다면, 그 가치를 실현시키기 위한 구체적인 일 또는 사안에 대한 의사결정을 해야 한다. 이것은 자신의 꿈과 미션에 따라 구체적으로 무엇을 어떻게 하겠는지 전략을 세우는 과정을 말한다. 그것은 무언가를 하기 위한 방향 설정에서부터 시작된다. 전략을 세울 때에도 명심할 것은 How to가 더 중요하다는 것이다. '무엇'은 항상 바뀔 수 있다.

경영학적 전략 수립에는 일반적으로 SWOT 분석을 사용한다.

SWOT 분석이란 강점strength, 약점weakness, 기회opportunity, 위협threat의 네 가지 요인을 잘 분석하여 이를 토대로 전략을 세우는 기법을 말한다. 보통은 기업의 전략을 세우는 방법으로 쓰지만, 요즘에는 개인의 의사결정 과정 등에도 폭넓게 사용되고 있다. S.W.O.T. 중에서도 나의 장점과 시장 기회의 일치점을 찾는 것이 중요하다. 기회는 관계 속에서 타인의 필요성needs이고 장점은 그것을 도와줄 나의 역량이다. 이렇게 연결하면 보다 성공하기에 용이한 목표를 수립할 수 있다. 장점은 지난날 나의 연속성이 축적해 온 역량이 현재에 미치고 있는 연관성이고, 기회는 현재의 노력이 가져올 미래의 열매를 바라보는 것이기 때문에 이 둘의 조합(SO전략)이 가능한 일, 사업, 프로젝트Project, 도전 과제라면 성공할 확률이 더 높다. 그런데 때로 시장의 기회라는 것을 판단하기가 명확하지 않거나, 명확하더라도 진입 장벽이 너무 높을 수도 있다. 이러한 경우에는 내가 더 잘 이해하고 있는 나의 '장점'이 확실한 분야가 있다면 그것을 기준으로 시장에서의 기회를 찾는 것이 더 중요하다. 장점이 기회보다 더 우선이라고 나는 생각한다. 자신이 좋아하는 일이 있다면 거기서 자신의 장점이 무엇인지 찾아보거나 혹은 그 장점을 개발하는 것도 좋다. 아주 작은 장점이라도 떠오른다면 그것을 더욱 개발하고 노력하여 자신의 강점으로 만들어 보라. 본인이 부족한 부분을 끌어올려 평균에 맞추려 하는 것보다는 자신의 작은 장점을 강점으로 키우는 것이 기회를 잡기에 유리하다. 이렇게 당신만의 강점과 시장에서의 기회가 만나는 점을 찾았다면 다시 '왜'를 묻고 뜻을 세워라. 이제 그것을 이루기 위한 진화의 여정을 시작할 수 있게 된다.

필자는 말을 잘 못하는 편이라고 생각했다. 게다가 전문 강사도 아니고 달변가도 아니다. 그런데 우연한 기회에 회사에서 여러 강사 중 한 명이 되어 강의를 해야 하는 상황이 주어졌다. 교육 내용도 흥미가 적은 안전 교육인데다 다른 강사들처럼 남을 웃기며 이야기하는 재주나 연극하듯 이야기를 끌어내는 스킬도 없었던 필자는 강의를 앞두고 고민이 깊어졌다. 하지만 이야기의 핵심을 논리적으로 잘 전달하는 것에는 자신이 있었고 어려운 개념을 잘 풀어서 설명할 수는 있었기에 그 부분을 집중적으로 연습하여 강단에 서게 되었다. 의외로 필자의 강의는 많은 박수를 받았고, 사후 투표에서 최고의 강의로 뽑히게 되었다. 다른 좋은 강사들의 강의가 있었지만 나 또한 나만의 방식으로 성공적인 강의를 해 낼 수 있었던 것이다. 이때의 경험을 바탕으로 직장에서도 나의 색깔을 가지고 대화하려고 노력하여 왔다. 이제 필자는 한 회사의 CEO가 되었고 경영자로서 수많은 사람들을 만나서 대화하고 설득해야 하는 일들이 더욱 많아졌다. 여전히 필자는 달변가는 아니지만 이러한 논리적인 대화 능력은 이제 필자의 강점이 되었다. '나는 어떤 사람이고 어떤 단점이 있다'라고 규정하는 것은 아무 의미가 없다. 그저 그 시절의 내 모습일 뿐이며, 스스로 규정한 나의 관념일 뿐이다. 그 관념의 속박에서 벗어나기 위한 노력을 하는 순간 더 이상 그것은 나의 단점이 아닌 것이다. 논리성이라는 작은 장점을 설득력 있는 강의라는 강점으로 끌어내어 좋은 강사가 된 것처럼 말이다.

3. 결정을 했다면
　　세부 계획을 세워 미래를 현재와 연결시켜라

　인생의 미션, 꿈, 핵심 가치를 세웠다면 이제 그것을 현실에 적용시키는 데 많은 노력이 필요하다. 그래서 실행 단계Action step에서의 How to가 더욱 중요해진다. 삶의 미션이 why에 대한 것이라면 비전은 how to 중에서도 Big How에 관련된 것이며, 실행 단계에서의 how to는 small how에 대한 것이다. 이때 how의 대상이 무엇(what)이 되며, '무엇'은 그 자체로서는 별 의미가 없고 how를 적용할 때 비로소 그 가치가 부여되는 것이다. 그러므로 모든 가치를 창출하는 원천은 디테일 Detail의 How to에서 비롯된다. 그렇지 못한 가치는 실행되기 어려우며 그저 공염불로 끝날 수도 있다.

　흔히들 '공자 왈', '맹자 왈' 한다는 표현을 한다. 옳은 소리이긴 한데 탁상에 앉아서 이론적인 얘기만 하는 경우를 빗대어 하는 말이다. 기업의 운영에서도 아무리 좋은 미션과 비전, 핵심가치가 있으면 무엇하겠는가. 그것을 실현시켜 나갈 실행 스텝에서 치열한 고민을 하지 않는다면 그 가치는 현실에서 분리된 '따로 가치'가 될 뿐이다. 당신이 정치인이든 기업인이든 프리랜서이든 자영업자이든 간에, 당신의 꿈과 가치관을 현실 속에서 효과적으로 구현해 낼 연구를 하지 않는다면 당신의 꿈은 이루어지지 않는다. 그 꿈이 '무엇이 되는 것'이 아니라, '어떻게 하는 것'이라면, 당연히 그 실행 스텝에서 어떻게 적용하고 실행할 것인가를 고민하고 찾아내야 하는 것이다. 예를 들어 어떤 정치인이 '세계에서 가장 선진적인 문화를 가진 나라를 만들겠습니다'라는 선거 공약을 걸었다고 하자. 그런데 그것을 실행할 계획이 없다면, 혹은 계획이 있더라도 달성 가능성이 희박하다면 그의 말은 표를 얻기 위한 정치 구호는 될 수 있어도 진실로 실현되지는 않을 것이다.

또 다른 예로서, 어떤 기업인이 '우리 회사는 원칙 경영을 합니다'라는 말을 언론에 발표했다고 하자. 그 회사에 구체적으로 원칙 준수를 위해 어떻게 해야 하는지에 대한 세부 지침과 상세 계획이 없다면 그 또한 허언을 하고 있을 뿐이다. 이 세상의 많은 일은 트레이드 오프Trade-off가 있다. 한 원칙을 따라 할 경우에 다른 원칙들과 충돌되는 상황에서 '어떻게' 하라는 지침도 없이 회사가 직원에게 원칙을 준수하라고만 했다면 그것은 책임만 전가하는 꼴이다.

필자가 다녔던 P사에서도 '원칙 준수'를 핵심가치로 운영했는데 상당히 성공적인 기업문화로서 자리 잡게 되었다. 회사는 상세 지침을 제시했고, 정기적 교육을 통해 직원들에게 끊임없이 회사의 가치관이 몸에 배이게 했다. 특히 구체적 사례 교육을 통해 그레이존을 없애고 이해하기 쉽게 명료히 했을 뿐 아니라, 원칙을 위반 시에 어떠한 벌칙을 받는지 경고도 했다.

'원칙'이라는 개념이 그냥 단순한 방향성이나 속성을 말하는 게 아니라 비즈니스 행동의 원리로 회사 전반에 대한 것들을 강력하게 규제하고 있었던 것이다. 그 회사는, 특히 정직성의 원칙을 중요시했는데, 이에 위배되는 직원은 심하면 해고까지 했다. 그래서 회사에 근무하면서 직원들이 가장 두려워하는 지적은 '당신이 정직성의 원칙을 위반한 것 아니냐' 하는 것이었다. 직원을 중시하고 직원을 매우 챙기는 회사였지만, 원칙을 위반하면 바로 예외 없는 징계가 이루어졌기 때문이었다. 정직성을 고수하는 결정을 하여 경영이 어려워진다면 부정직하게 기업을 살리느니 차라리 해당 사업부를 접는 것을 선택할 정도였다. 하나의 사업장의 유지보다는 전 세계 사업장의 문화 유지가 더 중요하다고 보았기 때문이었다. 결국 회사에서 설정한 원칙은 대부분 그대로 지켜졌다. 그것이 회사에 얼마나 큰 이익으로 되돌아오는지 나중에 알 수 있었다. 기업 HR의 설명에 따르면, 그것이 P사가 200년간 유지할 수 있었던 이유라고 했다. 이익을 찾아 원칙을 위반하고 부정직하게 행동하면 단기적으로 이익이 증가할 수는 있지만, 장기적으로는 더 큰 위험에 빠질 수 있기 때문이다. 큰 파도가 지나갈 때 부정직한 회사는 그 파도를 넘지 못한다. 그것을 오랜 경험을 가진 P사가 알고 있었던 것이다. 그런 경영 원칙이 없었다면 전 세계에 퍼져 있는 P사의 사업장들에 일관성 있는 문화를 유지하며 안정적으로 이끌어가기가 어려웠을 것이다.

그렇게 모든 것은 구체적인 실행 방법을 찾고, 실제로 실행하는 과정을 통하여 꽃피우게 된다. 기업의 미션, 비전, 핵심가치처럼 개인도 인생의 미션·꿈·가치관이 있다. 기업이 그 핵심가치를 기업의 세부 실행 단계에 모두 녹여내야 하고, 그럴 계획과 수단이 있어야 하듯이, 개인도 자신의 미션과 가치관을 자신이 수립한 전략, 장기 계획, 세부 실행 단계에서의 의사결정에 동일하고 일관성 있게 적용해야 한다. 그러한 실행 단계에서 효율성과 성과 또한 중요하기에 현실에서 우리의 가치관인 'How to'를 녹여내기 위해서 많은 노력을 해야 하고, 때로 깊이 있는 지식이 필요하여 전문가의 도움을 받아야 할 때도 있고, 스스로 숙고를 거듭하고 의견을 청취하며 넓게 고려해야 하는 경우도 있다. 이것이 기업과 인생의 성패를 가르는 가장 중요한 요소이며, 승부는 항상 치명적 한 순간의 디테일Detail을 어떻게 처리했는지 로부터 온다. 그러한 치열한 고민을 해 보지 않고, 그저 가치만을 이야기하는 사람은 허언을 하는 것이다. 누구나 정직하고 올바르게 살고 싶다고 말한다. 그러나 실행 단계에서 다른 가치, 이익, 효율 등과 충돌하는 경우 어떻게 풀어나갈지에 대한 진심 어린 노력과 노하우가 축적되지 않은 상태에서의 그런 말은 하나마나 한 이야기가 될 것이다.

일반적으로 기업이 갖는 전략 구조를 개인에게 비추어 재해석해 본다면, 자신의 미션Mission, 꿈Vision, 전략의 구조를 다음과 같이 요약해 볼 수 있다.

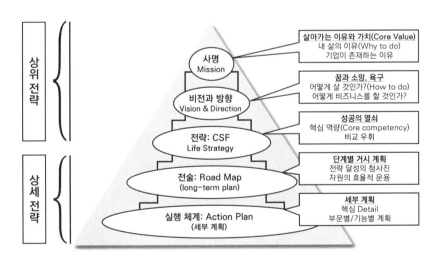

이렇게 계획해서 미래의 꿈이 현재에 뛰게 하라. 미래 꿈의 인연이 현재로 이어져, 내가 미래의 꿈속이 아닌 현재의 리얼한 세상에서

뛰게 하라. 목표와 계획을 세워 내 마음이 현재에서 뛰게 하라. 과거와
미래에 있는 마음을 계획을 통해 현재에 머물게 하라.

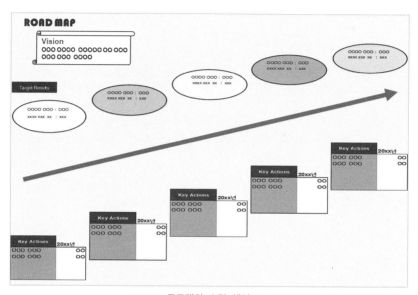

로드맵의 수립 예시

계획을 쪼개고 현재까지로 나누어 계획하라. 첫 번째, 중장기 계획
과 로드맵road map이 일의 방향성을 위해 필요하다. 위 그림을 참고하
여 자신 인생의 장기 로드맵을 그려 보자. 이때에 중요한 것은 목표치
target result가 아니라 핵심 활동key action이다. 어떻게 할 것인지에 대한
장기적 전략이 그 길을 갈 수 있느냐를 결정하는 것이며, 목표치는
그저 핵심 활동의 유효성을 확인하도록 하는 것일 뿐임을 잊지 말아
야 할 것이다. 핵심 활동이 적절하다면, 목표치는 따라오는 것이다.
이런 장기 계획long-term plan이 수립되면, 이에 의거하여 목표를 쪼개
고 구체적인 실행 계획action plan을 수립하여 충실히 수행해야 한다.

기업에서는 보통 이것을 KPI^{Key performance indicator}라고 부르는데, 업무 계획을 수립하고 수치화된 목표를 수립하는 것을 의미한다. 여기서의 실행 계획은 로드맵에서의 key action(전략 과제)과는 달리 보다 구체적이고 상세한 계획(small how)을 의미한다.

KPI표 양식

우선순위	전략 과제	Action Plan	Target (측정법)	일정 (기한)	담당자

KPI를 수립하면, 이제 그 세부 계획을 수행하는 현재를 충실히 살아야 그것이 쌓여서 미래가 된다. 그러므로 최종적으로는 현재가 중심이 된 계획, 바로 실행할 수 있는 세부 계획을 짜라. 그럼으로써 현재가 과거(축적된 나의 장점)와 미래(시장의 기회)의 스토리 라인 속에서 뛰뛰게 하라. 계획을 수립하고 나면, 이제 변화하며 발전하는 현재만 남는다. 미래의 목표가 계획을 통해 현재에서 뛰게 하라. 현재에 살게 하라. 그러면 오로지 현재의 실행에만 집중하여도 효과적으로 나의 장점을 살리고 미래의 성과를 자연스럽게 잉태할 수 있게 된다.

〈KPI에 대한 설명과 비판〉

매년 연말이 다가오면, 회사마다 올해의 성과를 점검하고, 내년의 전략을 짜며 그 전략에 따라 구체적인 실행 계획을 수립하느라 분주해진다. 1년의 실행 기간이 종료되면, 개인은 그 KPI에 대한 달성 정도에 따라 능력과 성실도를 평가 받고, 자신의 승진과 급여 인상, 인센티브도 달라지는 경우가 많다. 그러나 연말마다 직원들을 평가해 보면 항상 KPI를 통한 평가 방식이 공평하지 않다는 불만을 가진 직원들이 나타난다.

필자는 기업 생활을 하면서 오랜 동안 KPI를 수립하고 중간 점검하며 이에 기준하여 직원들을 평가하고 포상하며 지내왔다. KPI는 직원들의 성과를 편견 없이 객관적으로 측정하고 평가하는 유효한 기법임에는 틀림없지만 이에 수반되는 부작용이 있다. 사람의 성과를 어떻게 단순한 수치로만 평가할 수 있겠는가? 이것을 보완하기 위해서, 역량 평가나 다면 평가를 일부 반영하기도 하지만, 여전히 평가시스템은 완벽하지 않다. 왜 그럴까?

생각해 보자. 비즈니스가 한 번 수립되면 적어도 1년 이상은 꾸준하게 추진되는 사업 환경에서는 이러한 관리 시스템이 매우 유용하다고 생각된다. 적어도 지난 시대까지는 그랬다. 그런데 요즘에는 일 년에도 몇 번씩 사업 환경이 바뀌지 않는가? 우리를 둘러싼 정책·경제·사회·기술의 환경이 우리를 계획대로 가도 되도록 놔두지 않는 경우가 많다. 게다가 목표의 적절성, 목표 달성의 용이성, 그리고 상황의 변화 등 반영해야 할 변동성이 너무 많다.

KPI는 큰 전략과 세부 실행 계획의 일사 분란한 통일성과 상호 부서간, 개인 간 업무의 시너지를 위하여 도움이 된다. 특히나 장치산업,

생산 공장 등 비교적 안정적인 기반의 비즈니스에서는 매우 합리적인 관리 방법인 것 같다. 하지만 외부 상황이 급변하는 비즈니스일수록, 창의성을 요하는 부서의 업무일수록 이러한 관리 시스템은 많은 의문을 제기하게 한다. 적어도 신속한 대응력과 자발적 창의성이라는 측면에서는 회의감을 키우고 있다.

최근에는 대부분의 비즈니스와 산업 군에서, 변화에 대한 신속한 대응과 창의성을 요하는 업무 성향이 커지는 트렌드를 보이고 있다. 과거 안정적 기반에서는 강력한 주도권Initiative을 갖는 리더가 중요했다면, 이제 이렇게 개인의 '창의성'이 중요해진 사업 환경에서는 직원에 대한 '배려심Consideration'을 갖는 리더가 더 중요해지고 있는 상황이다. 이제 이 격변의 시기를 맞아, 우리는 더 이상 우리의 훌륭한 직원들을 통제하고 점검해서 성과를 내고 있는 시대에 살고 있지 않다는 것을 깨달아야 한다. 당신이 대기업의 경영자이든, 30명의 소속 직원이 있는 부장이든, 10명 이하의 소속 직원이 있는 과장이나 대리이든, 혹은 직원 1~2명을 둔 소상공인이든 그것은 상관이 없다. 여러분은 이제 더 이상 그들을 통제해서 성과를 내기 어려운 환경에 있음을 이해하고 받아들여야 할 것이다.

전략을 세우고, 장기적 로드맵Road Map을 그리고 전략 과제를 선정하는 것은 중요하다. 하지만 구체적인 action plan을 수립하고 추진할 때에는 환경 및 상황 변화가 시시각각 일어날 수 있음을 염두에 두고 융통성 있는 변화 체제를 겸비해야 한다. 로드맵도 바뀔 수 있다. 이런 변동성을 고려한다면, 너무 기계적인 KPI 성과 분석 체제를 고수하는 것보다는, KPI의 틀은 유지하되 직원의 노력에 대하여 존중하고 칭찬하며 배려하려는 마음이 우선되어야 한다. 이것을 위하여 상황에 대한 통찰과 직원에 대한 자애심이 필요하다(이것은 뒤에서 설명할 것이다). KPI를 중심으로 업무를 추진하되 상황이 바뀌면 KPI도 유연하게 조정해야 한다. 상황 변화에 빠르게 대처하고, 창의성 있는 아이디어로 즉각적인 대응을 하기 위해서, 우리의 시스템도 다이내믹한 구조를 가져야 하는 것이다. KPI에 대한 집착이나 몰입보다는 그것을 수행하는 사람들에 대한 코칭·배려·교육·위임·애정 등이 더 필요한 시대가 된 것이다.

〈계획 수립을 위한 몇 가지의 질의 응답〉
전략과 계획을 수립하고 추진하는 과정에서 많은 의문이 생길 수 있을 것 같아서 몇 가지의 경우에 대한 설명을 부가하고자 한다.

√질문 1: 업무 추진 중간에 리스크가 감지되었다면 어찌해야 할까요?

계획을 수립하여 진행하다가 중간에 환경이 바뀌면 계획을 수정해야 한다. 계획은 살아 숨 쉬는 융통성 있는 방식이어야 하며, 그래야 노력이 최상의 성과를 거둘 수 있게 된다. 상황에 변동이 생기면 이에 따라 계획을 업데이트해서 추진하라. 계획 수립에서는 리스크 관리가 중요한데, 리스크는 피하는 것이 아니라 관리하는 것이다. 사업을 하는 사람은 때로는 운명을 걸고 한판의 큰 도전을 해야 하는 순간도 온다. 이것을 피하면 기회를 잃는다. 그러나 무리하게 추진하면 사업이 망하고 비참한 결과가 찾아온다. 그 결과는 당신이 상상하는 것보다 훨씬 더 참담하다. 항상 최악의 순간에 어떻게 할지 대책을 수립하고, 그런 순간도 견디고 뚫고 나가겠다는 마음의 준비가 될 때 운명을 걸어라. 이것이 내 인생의 마지막 도전이라는 생각으로 배수의 진을 친 채 추진하지 마라. 이 세상에는 당신만큼 유능한 사람들이 많이 있고, 이번엔 내가 내놓은 방식보다 경쟁사의 방식이 더 좋은 결과를 내게 될 수도 있다. 그러면 이번엔 밀렸더라도 원인을 파악해서 다음에는 성공할 수 있도록 가면 되는 것이다. 이번 한 번의 실패로 과도하게 좌절하는 경직성 있는 마음을 갖지 않도록 하라. 이제는 의지로만 성공하는 시대는 지났다. 의지도 중요하지만, 스마트하고 창의적인 아이디어가 더 필요하며, 이러한 시장에서는 편안하고 자유로운 마음의 유지가 필수이다. 강한 결의는 단기간은 약이 되지만, 오래 되면 스트레스가 되고, 경직함이 되어 오히려 장기적으로 독이 되기도 한다.

√ 질문 2: 비즈니스 인연의 시작점인 취업과 이직을 잘하는 방법을 알고 싶어요.

필자가 직접 많은 이직을 하여 겪어 보고 또 인터뷰를 통해 수많은 사람을 채용한 경험으로 말하자면, 취업 혹은 이직도 전략과 계획이 필요하다는 것을 강조하고 싶다. 상세한 것은 이 책의 범주를 넘으므로 가장 중요한 점을 말한다면, 자신의 핵심 경쟁력(장점)과 회사의 니즈 혹은 사업의 니즈를 연결시키라는 것이다. 그리고 자신의 핵심 경쟁력을 뒷받침하는 데 집중된 자신의 경력 스토리를 구성하라. 그리고 그 스토리의 핵심 키워드를 중심으로 마인드 컨트롤하고, 회사의 요구 사항(JD: job description)과 연결시켜라. 그리고 합격한다면 그 회사를 다니는 동안 그런 일관적 지향점을 가지고 근무하라. 그러면 자연스럽게 자신의 경력이 성장해져 간다.

　이직 문제와 관련해서는 사실 CEO로서의 고민도 있다. 타사에서 경력을 쌓은 직원을 채용하기도 하면서, 우리 회사 직원이 떠나는 것을 원망할 수는 없다. 더 필요한 곳으로 떠나고, 또 반대로 더 필요로 하는 회사는 더 대우하여 모셔 오는 것이다. 내 직원이 떠나지 않도록 평소에 최선을 다하지만, 그래도 떠나가는 직원에게는 그동안 투자하며 애정을 쏟은 마음에 아쉽기도 한 것이 사실이다. 그래도 사람과 회사의 인연은 맺어졌다가 다시 헤어지곤 하는 것이라 서로 탓할 필요는 없다. 퇴사가 확정되었고 떠나는 직원을 잡을 방법이 더 이상 없다면, 이제 나는 자세를 바꾼다. 고생하고 기여하며 함께한 인연으로, 그들이 이직 후 성공하기를 진심으로 바라며 나는 최종 상담exit advice을 해 왔다. 나 또한 그렇게 많은 이직을 한 선배로서, 이직 후 처신해야 할 부분과 어떻게 이직한 회사에서 실적을 내고 잘 안착할 수 있는지 경험을 바탕으로 조언도 해 주곤 했다. 특수한 일부의 사람을 제외하면, 일반적으로 사람의 본연적 능력은 비슷하다고 생각한다. 한국 사람들은 마음만 먹으면 모두 뛰어나다. 따라서 이직할 때에는 마음을 어떻게 먹느냐가 중요한 것이다. 특히 근무 초기는 내가 이직한 회사에서 마음먹고 제대로 역량을 발휘할 시발점이 되는 시기이다. 적극적 근무 의지가 없는 나 자신을 잘 포장하여 인터뷰에 성공했더라도, 그것이 본인의 진심으로 구현하지 못하게 된다면 곧 채용회사는 실망하게 된다. 반면 인터뷰했던 것과 같이 스스로 그렇게 일하겠다는 굳은 결심을 하고, 진실로 그런 마음으로 구체적인 초기 계획을 준비하고 책임감 있게 업무를 수행하면 주변이 먼저 그를 알아볼 것이다. 그리고 실제로 그런 마음으로 근무하면

실적을 낼 수 있다.

나는 내 회사의 인재들이 떠나지 않을 수 있는 회사 여건, 분위기, 기회를 만들려고 노력하고 있다. 회사는 생활의 기반이 되는 수입처의 의미도 있지만, 미래를 위한 역량을 키우는 장으로서도 중요하다. 나는 이 부분에서도 직원들에게 더욱 기회를 많이 주는 CEO로 기억되고 싶다. 그런 노력에도 불구하고 더 나은 기회를 제공하는 회사로 떠나는 직원이 생기면, 아쉽지만 그 직원의 퇴직 의견서Exit interview를 점검하며 스스로를 돌아보고 더 나아지려고 노력한다.

√질문 3: 계획 수립 시 고려해야 할 중요한 점들은 어떤 게 있을까요?

계획에서 가장 중요하게 고려할 점은 CSFCritical success factor 혹은 KSFKey success factor라고 부르는 핵심적 성공 요인이며, 다른 용어로 바꾸어 말하자면 핵심 역량Core competency이다. 이것을 무기로 하면 남들이 쉽게 쫓아오기 힘들어진다. 이 핵심 역량을 중심으로 SWOT 분석을 하고, 이에 따른 전략 방향을 수립하여, 이에 부합하는 부문별 전략을 수립하고 중장기 계획을 수립하며, 또한 이에 부합하는 일관성 있는 항목별 세부 실행 계획을 수립하여 전체적으로 통일성 있는 업무 추진이 되도록 해야 한다.

액션 플랜에는 구체적 항목별 실행 방향과 정량화된 목표가 설정되고, 이에 대한 중간 확인을 통해 꾸준히 진행할 수 있도록 해야 한다. KPI에서는 크게 고객(소비자) 관점, 자기(회사) 관점, 재무 관점의 세 범주category로 나누어서 균형 있는 업무 중심의 배분이 되도록 조절하기도 하고, 유지Maintain 항목, 개선Improvement 항목, 혁신Breakthrough 항목으로 범주를 나누어 일상적으로 중요하게 챙겨야 할 일, 개선을 통해 발전시켜 나갈 일, 혁신적이고 새로운 돌파구를 찾는 일 등으로 업무의 비중을 조절하여 진행하기도 한다.

계획에서 가장 중요한 개념은 S.M.A.R.T라는 약어인데, Specific하고 Measurable하며, Attainable하고 Relevant하며, Time-based해야 한다는 것이다. 다시 말하자면 구체적이고, 결과를 측정 가능하며, 현실적으로 할 수 있는 일이고, 전략과 일관성이 있으며, 기한을 정해 두고 추진해야 한다는 것이다. 이에 부가하자면, 업무별로 책임 있게 추진할 담당이 선정되어야 한다.

무엇보다 중요한 것은 나의 핵심 역량으로, 이를 바탕으로 시장의 기회를 박차고 나가는 전략과 이에 부합하는 일관성 있는 세부 계획이 필요하다는 것이다. 이것도 잘하고, 저것도 잘하겠다는 계획은 어느 것도 남보다 뛰어나지 않을 수 있다는 것을 의미한다. 나의 경쟁력을 더욱 잘하여 두각을 나타낼 수 있도록 하라. 그리고 기타 부족한 것은 낙제만 하지 않을 정도로 관리하는 우선순위 배분이 필요할 것이다. 기업은 뛰어난 경쟁력으로 성공하고, 낙제된 리스크 관리로 망한다. 부족한 점에서는 최소한 문제가 발생하지 않을 정도로 관리하라. 그런데 자신의 강점이라고 생각하는 부분에서 경쟁력을 잃으면 곧 큰 후폭풍이 따라올 것이다.

√질문 4: 사업이나 장사를 시작하고자 합니다. 어떻게 하면 좋을지 조언해 주세요.

예전에 동양철학에서 내려오는 이야기를 현대적으로 해석하여 간단히 설명해 보겠다.

역학에서는 삶의 성공 운세가 다섯 가지 요소, 즉 일문一門: 가문과 핏줄, 이택二宅: 음택과 양택, 삼명三命: 사주팔자, 사수四修: 수양과 공부, 오상五相: 관상과 인상 등에 따른다고 한다. 간단히 말하자면 가문과 풍수, 사주, 수련, 관상 등이 중요하다는 뜻이다. 이것을 현대 감각에 맞게 재해석하여 적용하면 자영업 혹은 사업을 어떻게 해야 하는지에 대한 방향을 잡을 수 있다.

첫 번째(일문)는 어떤 분야·업종·그룹에서 일(또는 사업, 학업)을 하느냐 하는 것으로 생각해 볼 수 있다. 앞으로 성장 가능성이 높고, 기회가 많으며, 잠재성이 높은 분야가 좋을 것이다. 하지만 이에 앞서 더 우선적으로 고려해야 하는 것은 당신의 역량, 성격과 잘 맞는 업종인가 하는 것이다. 당신에게 잘 부합하면서 전망이 있는 업종을 선택하라.

두 번째(이택)는 입지 조건을 말하는 것으로 해석할 수 있다. 소매점이라면 세부적인 점포 입지의 가시성·노출도·접근성 등이 중요할 것이며, 생산 공장이라면 교통이나 주변 노동력, 협력업체와의 거리, 지역적 규제 사항, 기간 인프라 등을 고려하여 입지를 선정해야 할 것이다. 또한 영업이나 유통사업의 경우에는 고객과의 지리적 접근성, 물류 동선 등을 입지 선택에서 중요 사항으로 검토해야 한다. 특히 판매점의 입지는 무조건 중심 상권, 유명 상권을 의미하는 것은 아니고 용도에 맞는 입지 선정이 중요하다는 것은 물론이다. 유동인구가 많아도 유속·속성 등을 고려하여 자신의 업종과 궁합이 잘 맞아야 한다. 온라인 사업의 입지는 '플랫폼을 어떤 것을 선택하느냐'일 수 있다. 온라인은 큰 비용 없이 다수의 채널에 입점할 수 있다는 점에서 상대적으로 입지 관련 비용에서 유리하다. 하지만 점점 경쟁이 치열해지면서 홍보에 많은 노력을 들여야 하는 점을 생각해 본다면 온라인은 플랫폼도 중요하지만 홍보 채널의 선택도 중요한 것으로 생각된다.

세 번째(삼명)는 트렌드Trend 혹은 시기가 잘 맞아야 한다는 것이다. 세계가 한 호흡으로 움직이면서 트렌드와 유행이 중요해지고 있고, 이것은 단순히 부정적으로만 볼 것이 아니라, 한편으로는 문화의 흐름이기도 하다. 내가 대기업이라면 스스로 막대한 홍보비용을 투입하여 트렌드를 만들어내기도 하지만, 일반적으로는 세상이 흘러가는 흐름에 맞추어 사업을 추진하는 것이 적은 비용으로 성공 확률을 높이는 방법이다. 너무 창의적이어서 시대를 너무 앞서가면 기술적 인프라가 부족하고 사회적 인지도 낮아서 성공하기가 어려워지기도 하므로 남들보다 반 발자국 정도 앞서가는 것이 중소기업으로서는 적절하다. 가장 주의해야 하는 것은 유행이 피크를 지나 쇠퇴하고 있는 시기에 사업을 시작하는 것이다. 당신이 뒤늦게 어떠한 사업에 뛰어들 생각이라면 이 사업의 유행이 앞으로 얼마나 유지될 수 있는지 잘 가늠해 보기를 바란다.

네 번째(사수)는 자신이 실력과 역량이 있어야 한다는 것이다. 여기서 실력은 자신의 상품이나 서비스의 품질이라는 의미로 생각해 볼 수 있다. 예를 들면, 음식점의 맛, 가수의 노래 실력, 제품의 품질 등을 말한다. 이러한 역량을 갖추는 방법으로 '일만 시간의 법칙'이라는 것이 있다. 자신이 남들보다 조금이라도 더 나을 수 있는 분야에서 오랜 시간 치열한 노력을 하면 뛰어난 역량을 쌓아 성공할 수 있다는 말이다. 당신이 정성스런 노력을 통해 제품과 서비스 품질을 향상시킬 수 있다면 시장에서의 본원적 경쟁력을 갖출 수 있게 될 것이다.

인터넷과 모바일의 정보화시대에 진입 장벽이 낮아지는 분야가 속출하고 있고, 개인적 신분이나 사회적 속박에서도 자유로워졌다는 점에서, 본질적 경쟁력은 과거보다 훨씬 더 중요도가 높아졌다고 볼 수 있다. 그러므로 이러한 본원적 경쟁력, 즉 능력과 품질 항목은 더 이상 네 번째가 아니라 첫 번째로 보아야 맞는지도 모른다.

그런데 놀랍게도 이런 본질적인 경쟁력이 성공에서는 다섯 개 중에 하나의 성공 요인에 불과하다는 것을 되새겨 볼 필요가 있다. 어떠한 사람이 한 업종을 한 곳에서 성공시켰다고 해서 다른 곳에서도 반드시 성공시킬 수 있는 것은 아니다. 나는 수많은 능력 있는 사람들이 꽃을 피우지 못하고 좌절하는 것을 보아 왔다. 자신의 능력이 모든 성공의 100% 인자는 아니라는 것은 명확하므로 설사 자신이 능력이 있더라도 자만하지 말고 그 능력을 발휘할 좋은 분야, 입지, 시기를 찾아 전력투구하는 것이 그에 버금가는 중요한 일임을 결코 잊어서는 안 된다.

다섯 번째(오상)는 자신, 자신의 회사 혹은 제품에 대한 이미지, 즉 느낌이 중요하다는 것이다. 필자는 기계적인 관상 해석에는 별로 동의하는 편은 아니지만, 총체적으로 사람의 모습에서 풍겨지는 느낌은 매우 중요하다고 생각한다. 제품과 서비스 그리고 그것을 제공하는 브랜드나 회사도 마찬가지이다.

사람은 대부분 감성으로 결정하며, 이성은 그 감성을 합리화하는 도구로 사용되는 경우가 많다. 즉 이성은 들러리이고 어떤 사람, 기업, 제품과 친밀한 관계가 형성되는 것은 주로 감성과 느낌에 의해서이다. 그래서 기업 홍보에는 감성 마케팅이 중요한데, 이것이 이성적으로 기능이나 품질을 설명하는 것보다 더 크고 강렬한 영향력을 갖는다. 사람의 느낌 혹은 감성을 일으키는 첫 번째 계기는 오감으로부터 시작되는 경우가 많으며 거의 모든 사업에 공통적으로 가장 중요한 것은 대체로 '시각적 요소'이다. 왜냐하면 사람들은 시각으로 세상을 파악하려는 속성이 강하고, 시각으로 보이는 것을 더 신뢰하며, 보이는 것을 실재라 믿기 때문이다. 많은 경우 사람은 시각에 더 감성적으로, 이성적으로 반응한다. 그러므로 비주얼 마케팅Visual marketing 혹은 이미지 마케팅Image marketing을 잘 활용해야 한다. 예를 들면, 음식의 플레이팅plating, 가수의 복장, 제품 디자인 등이 아까 네 번째 사수에서 말한 본원적 품질만큼이나 중요하다는 것을 말하고 싶다.

물론 다른 감성, 즉 후각, 청각 등도 이미지를 만든다. 특히 음식의 후각, 영화의 음악 등 사업 부문별로 다른 감각이 매우 중요해지는 경우도 많다. 그리고 그런 것들도 광의로는 제품의 이미지를 머릿속에 형성하게 만든다. 특히 특정 사업에서 더욱 그러하다. 하지만 일반적으로 다양한 사업에 공통적으로 중요한 것은 대체로 '시각적 요소'라는 것은 잊지 말아야 한다.

개인으로 보면 타고난 얼굴이나 모습도 중요하지만, 그 사람의 표정, 헤어스타일 등 연출된 이미지도 그 못지않게 중요하다. 자연스레 웃는 얼굴, 결연하게 굳은 얼굴 등 자기를 표현하는 다양한 표정은 얼굴 생김 이상으로 사람의 느낌에 중요한 영향을 미치고, 하는 일의 성패를 가르기도 한다.

'상'이란 어떤 형태가 주는 느낌을 말한다. 그저 예쁜 것보다는 느낌이 중요하다. 즉 잘난 것 예쁜 것보다는 청순하다거나 섹시하다거나 따뜻하다거나 즐거워 보인다거나 하는 느낌이 중요하다. 특정한 상황에서 공감할 수 있는 느낌이 감성을 움직인다. 더 나아가 자신만이 전해 줄 수 있는 개성 있는 느낌, 소울Soul이 있는 느낌이면 더욱 더 좋다. 그러한 자신만의 색깔을 가진 느낌으로 고객에게 다가간다면, 반응이 훨씬 좋게 나타난다. 대중에게 인기 있는 연예인이 예쁘고 잘 생기기만한 사람인지, 아니면 자신만의 특별한 개성을 가진 사람인지를 생각해 보면 이해가 쉬우리라 생각한다. 자신을 잘생기게 분장한 연예인보다는(그렇게 잘생긴 연예인은 너무나 많다), 자신이 고객에게 다가갈 캐릭터를 정하고, 일관성 있게 그 장점을 강조하며 느낌 있는 코디, 분위기, 말투, 표정으로 다가간 연예인이 호응이 좋은 것은 당연하다. 다만 그 느낌은 타깃 층이 공감할 수 있는 방법과 형태로 전달될 때에 그런 결과를 만들어낼 수 있다.

이러한 관점에서 본다면, 마케팅이란 소비자가 그 상품이나 서비스를 사용하여 자신이 향유할 수 있는 좋은 느낌을 상상하도록 도와주는 것이다. 소비자는 그 느낌을 실현하고자 제품과 서비스를 구입한다. 말하자면 자신이 선호하는 어떤 느낌이 있는데, 상품에 그 느낌을 투입한 후 그 느낌을 되사는 것이다. 그 느낌을 구현하기 위하여 제품을 사는 것이므로 제품은 그 매개체일 뿐이다. 또 그 느낌은 자신의 주관적 감성이지 그 제품의 필연적 감성은 아니다. 감각을 재료로 사람의 생각은 풍부해지고 그 생각을 통해 자신의 색깔을 담는다. 그런데 생각 자체를 제안하면 그것은 고객의 것이 되지 않는다. 그러므로 고객을 위한 여백이 있는 감성 마케팅을 해야 한다. 느낌 속에 구현될 수 있는 상세한 마음까지 구체적으로 표현하지 말고 핵심을 제외한 나머지는 고객의 몫으로 남기는 카피Copy 문구를 사용하는 것이다. 그러면 개인적 감성의 자유도에 따라서 그 상품이 제공하는 느낌에 공감하는 사람들이 많아질 수 있다. 따라서 고객에게 제안할 때에는 직접 표현보다는 간접적으로 어필하는 것이 고객의 느낌으로 수용하기에 자연스러운 경우가 많다. 간접적인 어필은 디자인이나 진열 등을 통해 시도해 볼 수 있다. '어떻게 디자인하고, 어떤 느낌으로 포장하고, 진열Display하느냐'는 구매 과정에서 고객의 상상력을 자극하여 본원적 품질을 더욱 빛나게 하는 매우 중요한 마케팅 수단이다. 우리의 고객이 상품에 대하여 자신이 누릴 수 있는 느낌을 잘 몰라서 사지 않는 경우도 많기 때문이다.

이미지가 갖는 느낌은 상대방의 감성에 영향을 준다. 사람의 외관·말투·성격·표정·분위기 등 다양한 이미지가 타인에 영향을 주고 이를 통해 자신의 삶을 바꾸어 놓는다. 그 중 대표 이미지로 각인된 것이 무엇이냐가 중요하다. 마찬가지로 기업도 브랜드 이미지, 기업 문화, 대표 상품의 느낌, 이슈화된 사안의 연상 특성, 모델이나 마케팅 비주얼 등 다양한 이미지의 영향을 받는다. 따라서 기업은 사업에 잘 맞는 대표 이미지를 설정하여 일관성 있는 이미지 마케팅을 해야 한다. 이것이 필자가 말하는 오상이다.

정리하자면 사업이나 자영업을 시작할 때에는 자신에게 잘 맞는 업종을 선택하고, 업종에 부합하는 좋은 입지를 선택하며, 적절한 시기에, 품질 좋은 제품을 가지고, 감성에 호소하는 이미지 마케팅을 하는 것이 성공의 전략이 될 것이다.

제2장 집중

1. 시작 전후나 고비에는 결의에 찬 집중을 하라

현재를 충실히 하기 위한 계획이 수립되었다면, 이제 실행의 단계로 넘어간다. 무슨 일이든 실천이 중요하다. 실행하지 않는 계획은 의미가 없다. 실행하는 과정에서 깨달음이 생기고 노하우가 축적된다. 명상도 이론보다 수련이며, 비즈니스도 계획보다 실행이다. 그러므로 상황을 통찰했으면 결정하고 실행하라.

만일 너무 상세하게 준비하다가 시작도 못하고, 실행이 되지 않는다면 모든 게 공염불이 되고 만다. 이럴 때는 일단 CSF핵심 성공 요소 혹은 CTQ핵심 품질 요인에 직접적 문제가 없는지 확인하고, 그것만 충족되었다면 나머지 부족한 부분은 그것이 초래할 리스크의 크기를 가늠해 보라. 그 리스크를 감당하거나 관리할 수 있다면 일단 시작하라. 시작은 완전하기 어렵기 때문에 부족한 계획은 하면서 업데이트update하면 된다. 시작이야말로 부가가치 창출의 시발점이며 모든 일이 있게 하는 계기이다.

그런데 일단 시작하기 전에 자신의 감성을 일깨워 용기와 에너지를 끌어올릴 필요가 있다. 당신이 무언가 가치 있는 결정을 했다면 이제 그것을 실행하는 용기는 감성에서 온다. 가슴 벅찬 결정, 가치로운 결정, 하고 싶은 꿈에 대한 감미로운 결정은 우리의 심장을 뛰게 하고 열정을 끓어오르게 한다. 이 감성의 힘으로 실행의 단계에서 결의에 찬 시작점을 만든다.

앞에서 필자는 사실에 감정을 투입하여 보지 말라고 말한 바 있다. 이때의 감정이란 주관적 의지가 특정한 기분에 휩싸이는 상태를 말하는데, 성난 마음, 집착하는 마음, 싫어하는 마음 등이 그런 사례이다. 이런 기분은 소모적 에너지를 분출시키고 사물을 객관적으로 바라보는 데 장애가 된다. 반면에 필자가 말하는 감성이란 이러한 소모적이고 부정적인 느낌의 감정을 뜻하지 않는다. 필자의 '감성'은 어떤 대상과의 관계에서 발생하는 감각적 느낌을 말하는데, 특히 엔도르핀, 세로토닌이나 다이돌핀 등 행복호르몬을 발생시키는 긍정적 느낌에 주목한다. 설레는 느낌, 편안한 느낌, 행복한 느낌 등 상대적으로 좋은 에너지를 갖는 느낌들을 추천한다. 물론 궁극적으로는 긍정적 느낌이든, 부정적 느낌이든, 감성이든, 감정이든, 그 어휘적 구분과 관계없이 마음에 파문을 던지는 이러한 것들은 객관적 통찰에 장애가 되는 것이기 때문에 모두 내려놓고 잊는 것이 좋다. 하지만 처음 시작할 때에는 긍정적 느낌을 통해 자기 암시를 하면 힘을 내서 자신이 꿈꾸는 방향으로 걸어가는 데 도움이 된다. 그래서 시작할 때에는 한시적으로 긍정적 감성의 느낌으로 자신과 대화하고 긍정적인 자기 암시도 하는 것을 추천한다.

처음엔 그렇게 새로움, 희망, 꿈으로 마음 설레는 시작을 하자. 새로운 꿈을 가슴에 담고, 그 꿈이 이루어지기를 바라는 소망으로 마음이 가득 차게 하자. 그런 마음으로 기도하고 발원하고 올바르고 뜻 깊게 하여 의미 있는 시작, 기대에 찬 시작을 하라. 위대한 크리슈나무르티Krishnamurti는 무욕의 삶을 살라고 했다. 그런데 그 무욕의 삶도 처음엔 그렇게 살겠다는 욕구를 발휘해야 하는 것이라고 라즈니쉬 Osho Rajneesh가 말했듯이, 처음엔 잠시 다소 욕심을 내어도 좋다.

당신이 미션과 꿈이 있고 그것을 관통할 가치관(핵심가치)을 가지고 있다면, 자신의 그 가치 있는 삶에 대하여 감성이 충만한 자기 암시를 하라. 그 과정이 가져올 스스로의 만족에 대하여 행복한 자기 암시를 하라. 그리고 그 가치 있는 삶의 '어떻게'가 적용된 구체적인 실행 단계에 대하여 결의에 찬 마음으로 바라보라. 자신이 어떻게 하겠다고 '일으킨 생각'에 대해 감성 어린 결의를 다져라. 실행의 힘든 역경 속에서도 스스로 이겨낼 수 있도록 초심 속에 피워지는 설레는 결의, 희열과 행복에 찬 결의를 다져라.

필자는 무언가 중요한 일을 하겠다고 결심하면, 먼저 그 결심으로 자신의 감성이 가득 차도록 하는 시간을 갖는다. 여행을 하고, 드라이브를 하며, 조용히 음악을 들으면서 그 감성을 누린다. 그렇게 자신의 마음이 그 결심과 하나가 되면 이제 그 길을 시작한다. 그러면 그 길을 걷는 초기에 느낄 수 있는 힘든 마음과 저항감을 다스릴 수 있고, 이겨낼 수 있게 되기 때문이다. 무언가를 하기 전에 자신에게 그 결심에 대하여 좋은 감성을 갖도록 하는 자기 암시가 필요한 것이다.

그리고 그런 긍정적 감성을 갖도록 스스로 마음이 움직였다면, 이제 '일으킨 생각'의 시작 전후 실행 스텝 속에서 강력한 집중, 결의에 찬 집중을 하는 것이다. '일으킨 생각'이라는 말은 크게는 자신이 하고자 하는 삶의 미션Mission, 꿈 혹은 가치관을 말하지만, 구체적으로 할 일을 정한 상황이므로 이제는 그 일(Business, Project, 도전 과제, 세부 실행 과제 등)이 이제는 '일으킨 생각'이 되고 집중의 대상이 된다.

결의에 찬 집중은 명상의 원리에서는 추천할 만한 것은 아니다. 명상은 '편안한' 상태에서 에너지를 집중하여 그 상태가 지속되도록 하는 것인데, 결의는 그 편안함을 방해하기 때문이다. '편안하게'란, 말하자면 골프를 칠 때 힘을 빼고 자연스럽게 스윙하는 것이 효과도 좋고 오래 할 수 있는 것과 흡사하다. 그러나 초기부터 그렇게 힘을 빼고 장타를 치는 것은 어렵지 않은가? 누구에게나 처음은 있고, 초기에는 어색하고 서툴다. 이럴 때 힘이 되는 것은 우리의 결의이고 욕구이다. 이것은 장기적으로는 장애가 되는 것임에 틀림없지만, 단기적으로는 포기하지 않고 지치지 않도록 에너지를 공급해 준다. 내 경험으로는 편안하게 시작한 일은 곧 장애를 만나 좌초되기 쉬웠다. 결의에 차서 시작한 일은 장애를 만나도 방법을 찾는다. 장애가 크더라도 이것을 상대할 나의 에너지 역시 크기 때문이다.

이러한 시간이 흐르고 내공이 쌓이면 결의에 차지 않아도 자연스럽게 이완 집중이 되지만, 그 전에는 어쩔 수 없이 강한 결의로 내공 축적이 필요한 시간의 고생을 수용해야 한다. 강한 결의를 통해 초기 힘든 시간을 이겨내야 한다.

기업에서는 무슨 큰 프로젝트를 시작하면 발대식을 거창하게 하곤 한다. 그게 어렵다면 멤버끼리 외부 공간에서 워크숍을 하거나 특별한 시간을 갖는다. 하다못해 함께 식사라도 같이 한다.

필자가 P사에서 근무할 때, 한 해의 계획을 수립하거나 중요한 새 프로젝트를 시작할 때에는 핵심 멤버들을 데리고 항상 외부에서 워크숍을 했다. 사안에 따라서는 전체 직원과 함께 외부에서 워크숍을 한 경우도 여러 번 있었다. 굳이 비용을 들여서 회사 외부에서 워크숍을 하는 이유가 있다. 회사 내부 공간을 떠나면, 자신을 둘러싼 분위기와 느낌이 달라지고 이에 영향을 받아서 좀 더 새롭고 창의적인 아이디어가 나온다는 사실이 첫 번째이다. 하지만 더욱 중요한 것은 그 워크숍을 통해서 같이 힐링도 하고, 맛있는 것도 먹고, 단체 운동이나 활동도 하면서 마음을 하나로 모으는 것이다. 새로운 일은 시작을 잘 하는 것이 중요한데, '마음을 세우는 것'이 그 시발점이기 때문이다. 분위기가 생기고, 붐업Boom-up이 되어 뜻이 모아지고, 결의에 차 있는 상태에서 시작한다면 어려운 프로젝트도 그 길을 뚫고 나갈 수 있게 된다. 일은 대개 초기의 집중된 노력으로 소위 비즈니스의 '길'이 나는 경우가 많다. 그러니 반드시 초기에 이러한 감성을 일으켜야 한다. 잘 안 되는 일을 뒤늦게 챙겨 보아야 이미 늦는 경우가 많은 것이다.

그러므로 시작 직전 혹은 직후에 일으킨 생각(일)에 대한 결의에 찬 집중을 하는 것이다. 이 '결의에 찬'이라는 표현은 자연스럽고 편안하지 않다는 의미에서 '다소 거친 상태'라고 표현할 수 있다. 현재 필요하지만, 장기적으로 추천할 만한 상태는 아니어서, 유의할 필요가 있다는 의미에서 '다소 거친 집중'이라고 부른다. 또 다르게 표현하자면 조금 긴장된, 약간 흥분된, 다소 감성적인 마음의 상태로 하는 집중을 말한다.

만일 일반적 자기 결의로 자신의 감성과 의지를 채울 수 없다면, 자기 대화, 자기 암시, 긍정적 상상, 자기 효능감 강화Self-empowerment 등의 방법을 찾아보라. 그래서 자신의 에너지와 용기를 북돋고 자존감을 키워서 자신의 삶 앞에 보다 당당히 서도록 노력해 보라. 자신의 노하우가 있다면 그것을 동원해서 그렇게 해 보라. 만일 그것이 잘 안 되면 뒤에서 언급될 5장의 조언을 참고하여 그 마음의 상태가 되도록 하기를 바란다.

또 하나 이러한 결의에 찬 집중을 해야 하는 때가 있으니, 그때는 바로 중요한 고비에 맞닥뜨렸을 때이다. 설사 안정적으로 비즈니스를 이룩시켰더라도, 그 이후 운영 과정에서 가끔 큰 리스크나 사업의 전환점이 발생한다. 자신의 경험으로 감당하기 어려운 일을 맞닥뜨렸는데, 그것이 정말로 중요한 일이라면 그 골든 포인트에서 긴장된 집중을 하라.

깨달음을 얻은 수행자처럼 항상 여유 있는 집중으로만 해결할 수 있으면 좋겠지만, 우리 비즈니스맨들은 그렇게 여유 있는 마음으로는 처리하기 어려운 치명적 문제가 생기는 경우를 자주 만나게 된다. 이 경우 골든타임을 놓치면 자신의 회사와 자신을 따르던 수많은 직원들과 함께 찬바람 앞에 놓이게 되는 경우가 발생한다. 이럴 때에는 에너지를 끌어올려 해결하기 위한 큰 집중의 노력을 하라. 허둥거리거나 성난 대응이 아니라, 강단 있지만 따뜻한 열정으로 비즈니스를 헤쳐가라.

이러한 결의에 찬 집중은 초기 혹은 위기 상황에서 파도를 넘기에 큰 도움이 되지만, 그렇다고 해서 그것을 너무 길게 하지는 않기를 바란다. 과도한 에너지를 쓰게 됨으로 인하여 심신이 지쳐 오래가지 못하고 급격히 피로 상태에 함몰될 수 있기 때문이다. 그러므로 긴장된 집중은 최대한 짧게 하라. 최대한의 집중력으로 안정된 궤도에 신속하게 이륙시키도록 하라. 이 결의에 찬 에너지는 이륙하기까지 혹은 위기에만 필요한 것이기 때문이다.

그런데 만일 어떤 여건으로 인해서 결의에 찬 집중을 계속해야만 하는 상황이 이어진다면, 중간 중간 힐링의 시간을 갖기를 권한다. 인간은 기계가 아니어서 지속적으로 강한 에너지를 쓸 수는 없다. 계속 긴장된 집중을 하게 되면 언젠가 지치고 소진되어서, 결국 그 일을 그만두거나 혹은 내가 쓰러지거나 둘 중의 하나를 겪게 될 것이다.

필자는 오랜 동안 근무한 회사에서 퇴사하여 새롭게 도전한 일이 기대와 달라서 고민 끝에 다시 재취업하기로 결심했다. 그런데 그것이 쉽지 않았고, 시간이 길어지면서 경제적 어려움과 걱정이 쌓여갔다. 그러던 차에 전혀 다른 업종이었던 L사에 취업이 성공하게 되었다. 그것은 당시 면접관이었던 L사의 사업부장님께서 품질 관리에 대한 내 의견에 공감하여 나와 함께하기를 원하셨기 때문이었다. 그러한 그분의 기대에 부응하고 싶기도 했고, 동시에 가장으로서의 책임감을 다하기 위해서도 이곳에서 꼭 잘해 내고 싶었다. 하지만 전혀 새로운 업종으로 이직하여, 새롭게 만난 인간 관계 속에서 나의 근무는 항상 긴장의 연속이었다. 나는 결의에 찬 집중으로 아침마다 이곳에서 꼭 살아남을 것이라고 스스로 다짐하며 별을 보고 출근하고 별을 보고 퇴근했다. 그 긴 근무 시간 오롯이 비즈니스에 집중했고, 단 하나도 놓치지 않으려고 애썼다. 부서장이었지만, 내가 직접 세부 업무의 진행과정을 살폈고, 고객 공정에서 발생한 품질 문제도 직접 방문하여 원인을 살피고 전면에 나서서 해결 방안을 모색했다. 또한 이 과정 속에서 수많은 나의 지시를 수행하는 직원들도 따스하게 품어주고, 내가 알고 있는 것을 잘 코칭해 주려고 노력했다. 나는 빠르게 성과를 낼 수 있었고, 많은 클레임과 공정 문제를 해결하여 품질을 향상시킬 수 있었다. 이런 과정을 통해 나는 그간 볼 수 없었던 새로운 업무 스타일을 그 회사에 보여주었다.

그렇게 하여 그곳에서 빠르게 정착할 수 있었지만 그 당시의 나는 힘을 줄 줄만 알았지 뺄 줄을 몰랐다. 내가 이 회사에서 적응하지 못하면 발생하게 될 경제적 어려움을 걱정하며 지속적으로 긴장된 집중을 했고, 이완의 집중 모드로 넘어가지 못한 것이다. 나는 점점 지치고 힘들어져 갔다. 그렇게 긴장된 집중으로 끊임없이 나의 에너지를 소진시켜 가던 차에 새로운 COO가 부임하게 되었고, 그는 더 많은 성과들을 나에게 기대했다. 결국 나는 그런 시간을 체력적으로 오래 버티기 힘들었고 에너지는 점점 고갈되어 갔다. 더 이상 견디지 못하게 된 나는 다른 곳으로의 이직을 진지하게 고민해 보게 되었다.

나는 긴장의 모드로 애써서 근무하면서 그 과정에서 많은 실적을 내었고, L사에서 오랜 동안 기억되고 회자되는 인물로 남을 수 있었지만, 결국 오래 버티지는 못하고 그곳을 떠나게 되었다. 이것은 초기의 긴장된 집중이 너무 길어지면 안 된다는 것을 몸으로 체험한 사건이었다.

그러므로 결의에 찬 집중은 너무 길게 오랜 동안 하지 말고, 그 단계가 마무리되면 긴장감을 내려놓고 이제 편안한 마음으로 집중을 해야 한다.

2. 가능한 빨리, 이완의 집중에 빠져 들어라

필자는 위에서 결의에 찬 집중은 폭발적인 에너지를 내지만 오래 지속되기 어렵다는 점을 말했다. 계속 그렇게 하면 결국은 지쳐 쓰러지거나 포기하게 될 것이다. 그러므로 오랜 동안 집중하려면 편안하고 여유 있는 이완의 마음으로 집중해야 한다. 따라서 비즈니스가 이륙하고 나면 장기적인 신념을 가지고 이완의 집중, 여유 있는 집중, 그저 집중하는 집중을 하라.

무엇이든 처음에 할 때에는 약간의 긴장된 집중을 하게 된다. 하지만 일단 스타트를 하고 나면 곧 은은한 집중으로 바꾸라. 그러다 위기 상황, 중요한 상황이 오면 때때로 긴장된 집중을 할 수밖에 없다. 그러나 그 긴장된 집중을 너무 오래 하지 말아야 한다. 빨리 끝나지 않는다면 잠시 잠시 힐링의 시간으로 리듬을 변화시켜라. 나만의 틀에 빠지지 않기 위해서라도 힐링 프로세스가 함께 준비되어야 한다. 그것을 통해 자신을 다스려 편안한 마음으로 감성을 변화시킬 수 있다.

과도한 긴장의 연속을 컨트롤하기 위해서 나는 명상하는 것을 추천한다. 하지만 명상이 싫다면 기도도 좋고 자기 암시도 좋다. 차선책으로 힐링의 매개체들, 즉 음악 감상도 좋고 숲속이나 자연에서 휴식을 취하는 것도 좋고, 공원 산책도 좋다. 이러한 힐링 방법을 통하여 이제 긴장된 마음, 결의에 찬 마음을 좀 내려놓는다. 사람이 계속 결의에 차 있을 수는 없다. 그러다가는 쓰러진다. 폭발적 에너지가 필요한 시기가 지나고 나면 이제 좀 더 마음을 여유롭게 하고, 대신 생각을 깨어 있게 하여 통찰하면서 편안한 집중을 하자. 편안하게 비즈니스를 바라보며 집중하자. 나의 비즈니스를 객관적으로 바라보며 편안하고 은은하게 집중하라. 집중해도 크게 피로하지 않고, 오히려 신바람 나는 그런 여유 있는 집중을 하라.

은은한 집중을 하게 되면 주변을 바라볼 수 있게 되고 합리적인 판단이 가능해진다. 명상이라는 방법의 원리도 결국 은은한 상태에서 집중하여 에너지를 유지하고 맑게 통찰하는 상태에 이르는 것을 의미한다.

어떤 일의 시작 단계에서는 결의에 찬 집중을, 긴 호흡에서는 은은한 집중을, 그리고 중요한 변곡점turning point에서는 긴장된 집중을 하는 것, 그것이 '비즈니스 명상'의 집중하는 방법이다. 은은하게 바라보면서 집중하는 것이 어렵다면, 명상을 통해 집중하기 위한 방법을 연습하라. 그 방법론은 5장에서 다룰 것이다.

처음에는 다소 긴장되고 흥분된 기분 좋은 마음으로 실천했지만, 이제 좀 궤도에 오르면 곧 은은한 집중으로 바꾸라 했는데, 그러면 여전히 사업은 잘 될 수 있는 것일까?

편안히 안정된 마음으로 은은하게 지속적으로 비즈니스에 집중하면, 힘들이지 않고 항상 비즈니스를 효과적으로 이끌 수 있게 된다. 해당 업종과 사람 및 상황에 맞는 방법을 스스로 알게 되고, 굳이 사업 성공 비결을 따로 배우지 않아도 자신의 스타일에 맞는 방법을 찾게 된다. 이완된 집중으로 오히려 더 효율적으로 그리고 지속적으로 비즈니스를 키울 수 있다.

산에 왜 오르느냐, 거기에 산이 있기 때문에.

이 대답은 자칫 성의 없어 보일지 모르지만, 그가 이완의 집중을 하고 있을 때 나타나는 현상이라고 생각한다. 등산이라는 활동에 이미 집중해 있기 때문에 초심자처럼 왜 하는지, 가치가 무엇인지 고민하는 단계를 지난 것이다. 이 상태에서는 집중해서 하는 것만이 남아 있기 때문에 더 이상 'why?'를 묻지 않고 'How to'에 집중하고 있는 것이며, 그것이 바로 고수들이 하고 있는 '현재에 사는' 방식이다.

왜 사느냐…… 삶이 주어져 있기 때문에…….

위의 설명과 마찬가지로, 진짜 충실하고 열심히 집중해서 살아가는 사람에게는 이미 삶의 의미를 물을 필요가 없을 것이다. '무엇을 얻거나 되고자 하는 삶'은 낮은 단계의 욕구를 만족하는 삶인 경우가 많다. '어떻게 하고자 하는 삶'이 바로 사회적 관계나 자아실현과 같은 상위의 욕구를 만족하는 삶이다. 마음의 여유를 가지고 '가치로운 어떻게'에 집중하는 삶을 산다면 사는 것 자체가 의미 있는 가치이기에, 또 다른 먼 곳에서 허울뿐인 가치를 따로 찾을 필요가 없는 것이다.

나는 부산의 회사를 떠나 수도권 회사의 경영총괄 COO로 이직하였다. 새롭게 주어진 COO로서의 위치에서 회사의 성과를 내기 위해 이곳에서도 역시 나는 초기에 결의에 찬 집중으로 업무에 임했다. 자다가도 생각이 떠오르면 눈을 비비고 일어나, 아이디어가 잊히기 전에 메모하고 다시 잠잘 정도로 현실에 몰입해 있었다. 현상을 파악하여 전략과 계획을 수립하고, 효과적 실행을 위하여 초기에 많은 노력을 퍼부었다.

현장 작업자의 리더들로 구성된 프론트 라인 리더십팀^{FLT: Front line}

leadership team을 구성하여 매일 현장 미팅을 주재했다. 직접 미팅을 주재하면서 공정의 중요성을 함께 공유했고 필요한 지원의 우선순위도 직접 챙겼다. 매일 토의했고 개선해 나갔다. 이런 노력이 축적되면서 현장은 조금씩 개선되기 시작했다. 이에 따라 세부 업무에 대한 많은 향상이 있었고, 그 결과가 나타나면서 차츰 품질과 생산성이 향상되었다. 공정 불량률은 1/4 수준으로 떨어졌다. 이렇게 집중된 노력으로 생산 부분에서의 성과가 나타나자 이 미팅은 생산부장에 위임하고 나는 이완의 집중 상태로 개선된 생산성 향상이 잘 지속되는지만 꾸준히 살폈다. 이제 큰 힘을 들이지 않고도 그간의 코칭과 시스템으로 품질은 유지되었고 직원들은 스스로 관리를 할 수 있게 된 것이다.

이렇게 제품의 품질이 좋아지자 다음으로 영업 부분의 강화를 시작했다. 초기에는 적극적으로 새로운 판매 루트를 개척하려 고민했고, 기존 1개의 고객사에서 4개 이상의 고객사로 납품이 확대되는 등 매출과 손익이 개선되었다. 유능한 담당 팀장이 책임감 있게 업무를 진행하였고, 이렇게 확보된 고객사와의 관계를 꾸준히 유지하여 이어서 새로운 상품들을 출시할 수 있었다. 또 이 관계는 이후에 브랜드 콜라보 등 다양한 비즈니스 관계로 발전하는 연결점이 되었다. 당장의 작은 노력 하나하나는 큰 힘이 없고, 그 가치를 잘 모를 수도 있다. 그러나 이런 노력 하나하나가 쌓이면 큰 성취가 된다. 빨리 성과가 나지 않는다고 서두르지 않고 꾸준히 노력한 것이 결국은 결실을 맺은 것이다. 당시 나는 너무 경직되지 않은 마음으로 하나하나의 일에 대한 과정에 집중하는 시간을 보냈다. 그 과정이 쉽지는 않았지만 큰 스트레스나 부담이라고 생각하지는 않았다. 오히려 그런 과정 자체가 행복이요 그 시절 삶의 의미라고 생각 들기도 했다. 일하는 과정 속에서 지속적이고 일관된 집중을 하기 위하여 몸과 마음이 이완되도록 하면, 덜 힘들이고도 효과적으로 이끌어갈 수 있다.

일이 일단 궤도에 오르면 긴장감을 빼고 디테일에 집중하라. 일과 내가 구분되지 않을 만큼 그저 집중 자체를 하는 것이다. 그러면 이제 더 이상 의미를 묻지 않아도 된다. 미션Mission과 계획을 통하여 이미 의미는 찾았고 시작하였다. 그렇다면 이제 실천 단계만 남게 된다. 이 오랜 시간의 실천의 기간에는 편안하게 아무 생각 없이 그저 집중 자체, 그 일 자체를 하라. 한편으로 통찰하고 관조하며 이완의 집중을 하는 것이다. 그렇게 함을 누리고 그 '은은한 과정'을 즐기자. 그 과정의 작은 기쁨과 행복을 느끼자. '어떻게'만 조금 조정하면 행복은 어디나 있다.

그러다 다소 힘든 마음이 되면 힐링할 수 있는 자신의 방법으로 잠시 쉬어주면 된다. 다른 생각하지 않고 이것에 집중하다가 힘들면 잠시 힐링하자. 일하고 때때로 힐링하자.

단, 마음의 이완과 게으름은 구분되어야 한다. 마음을 이완하더라도 정신이 깨어 있지 못하면 게으름과 타성에 빠지게 되어, 가치 있게 일을 할 수가 없게 된다. 이완의 집중이란 깨어 있는 정신으로 여전히 비즈니스에 집중하고 있지만 다소 여유롭고 편안한 마음가짐을 가지고 있는 상태를 말한다.

만일 이완의 집중에서 자신의 마음가짐이 게을러지고 흐트러지게 된다면, 매일 매주 일정한 계획을 세워서 기록으로 남기고, 그 계획을 지켜 실행하며, 또한 실행이 잘 되었는지 점검할 수 있도록 하라. 혹시 잘 지켜지지 않고 흐트러진다면 다시 결의를 되새기고 집중하라. 잘 안 되는 것은 아직 실행의 습관화가 덜 된 것이다. 실행이 습관화가 되고 당연시 될 때, 이제 편안한 마음으로 오랜 시간의 이완 집중을 쌓아 가라. 그렇게 내공이 쌓이면 당신은 이미 그 분야의 고수가 되어 있어, 이젠 힘들이지 않고도 원하는 것들을 잘할 수 있게 될 것이다.

보통 긴장된 집중의 상태에 있는 사람을 보고 '열정이 있다'라고 말하는 경우가 있다. 그러나 그런 상태로는 오래가기 어렵다. 아무리 수입이 많아도, 스트레스가 많고 긴장의 연속인 직업을 가진 사람은 그 직업을 오래 지속하기 어렵다. 사람의 체력은 한계가 있어서 과도한 힘과 에너지를 쓰면 지치기 때문에, 돈과 명예의 힘으로도 그 상태를 유지하기 어렵기 때문이다.

같은 열정이 있는 상태라도 열정이 나에게 체화되어 내 성격이 그렇게 형성되거나, 내 행동 습관이 그렇게 익숙해질 때에만 자연스럽게 지속될 수 있다. 즉 그 열정의 상태가 편안한 나의 것이 되었을 때 지속될 것이다. '이완의 집중'을 통해 비즈니스 중심 사고와 행동이 이어지게 되면 그렇게 습관화되고 편안해진다. 따라서 열정이 있더라도 '지속적 열정'의 상태를 유지하고 싶다면 '편안한 집중', '이완된 집중'을 해야 한다.

명상이란 편안하게 이완된 마음으로 하나의 무언가에 집중하고 있는 상태를 말한다. 따라서 비즈니스에 필요한 '지속적 열정'을 발휘하기 위해서는 '이완의 집중'을 하는 명상 방법론처럼 '편안한' 심적 상태에서 비즈니스를 실행하도록 하라.

3. 정성을 다하라

삶의 미션, 꿈, 가치를 세우고 장기 계획, 세부 계획 등 실행 계획에 따라 실행을 하되 집중해서 해야 한다고 했다. 결국 모든 일은 세부 계획의 이행에서 이루어지고 완성된다는 것은 자명한 일이다. 모든 과정에서 How to(어떻게)가 중요하지만, 특히 세부 실행 계획에서 하우 투가 더욱 중요하다. 이 '어떻게'는 최종적으로 작은 디테일Detail로서 실행되고, 결과는 그 디테일을 어떻게 했는지에서 판가름이 난다.

따라서 일을 할 때에는 집중해서 하되, 디테일에 대하여 정성을 다해야 한다.

정성스러운 몰입 속에서 사람의 에너지가 집중된다. 건성으로는 집중이 잘 되지 않고, 에너지도 잘 모여지지 않는다. 따라서 결의에 찬 집중이든, 이완의 집중이든 모든 집중에는 정성이 깃들어 있어야 한다. 특히 중요한 프로젝트에는 소소한 디테일에도 정성을 기울여서 집중해야 한다. 많은 비즈니스 성과는 디테일에서 결정되는 경우가 많다. 조금 잘못해서 큰 낭패를 보는 경우도 종종 생기고, 다른 사람보다 조금 잘해서 큰 성공을 누리는 경우도 많다. 따라서 중요한 일에는 작은 일에도 더욱 정성을 다해야 한다. 이 중요한 작은 일이 전체적 방향에 맞게 이루어질 수 있도록 세심하게 챙겨야 한다.

중요한 작은 일을 파악하는 것은 통찰과 연관성이 있다. 때로 일에 대한 몰입에서 눈을 떼어 좀 떨어져서 보면 객관적인 입장에서 여러 사안들의 관계가 한 눈에 들어오고, 그러면 중요한 디테일들이 무엇인지가 좀 더 쉽게 파악된다. 이 중요한 디테일을 놓쳐서는 안 된다. 비즈니스의 승부는 이 작은 디테일에서 비롯된 경우가 많다. 그러므로 중요한 디테일을 소홀하게 생각하고 그냥 넘겨 버리지 않도록 해야 한다.

작은 일에 정성을 다하면, 작은 일 하나하나의 품질이 좋아지게 된다. 작은 일이 모여서 큰 일이 이루어진다는 점을 고려하면 작은 일이 얼마나 중요한지를 알 수 있는 것이다. 이러한 디테일의 과정을 챙기면 결과는 자동적으로 따라오게 된다.

이런 측면에서 과거 필자가 S기업에서 진행했던 TQM 운동을 생각해 볼 수 있다. TQM이란 Total Quality Management를 말하는데, 경영 전반의 작은 일들을 품질 있게 하려는 운동이다. 문제점을 개선하기 위한 작은 제안들을 중요시했고, 소집단 활동을 비롯하여 현장 중심의 자율적 개선 활동을 진행했다. 이 과정에서 항상 '처음부터 올바르게'라는 슬로건을 통해 디테일을 챙기려고 노력했다. 공정에 대한 검사뿐 아니라, 다음 공정의 작업자가 필요로 하는 사안을 미리 알아서 챙기는 문화를 구축하려 애썼다. 다음 공정이 나의 내부 고객으로 생각하고 그 공정 작업자의 VOC고객의 소리를 듣고 반영하도록 한 것이다. 이것은 회사의 모든 부서, 모든 업무로 확장되었으며, 불필요한 비용을 줄이고 회사의 자원을 고객의 니즈needs를 맞추는 데 집중하여 디테일을 챙기도록 했다. 이러한 TQM 운동은 전반적으로 회사 제품의 품질 수준을 향상시키는 데 큰 기여를 했다고 생각한다.

요즈음에는 품질관리시스템은 Six sigma나 ISO 시스템이 더 대세인 것 같다. 한국에서는 본래 KS규격이 더 중요한 품질 기준이었다. 그런데 KS가 결과적인 제품 품질 기준 중심이었다면 ISO는 업무 과정에 대한 품질 기준이다. 여기에는 과정이 품질 지향적이면 결과는 당연히 품질에 부합하게 된다는 생각이 담겨 있다. 그래서 대세는 품질 규격에 따른 사후 규제가 아니라, 상세 업무 과정에서 사전에 품질 지향성을 갖도록 하는 것이다. 이 점에서 변화된 KS의 흐름, ISO system, GMP 등 대부분의 품질 시스템의 방향이 일치하고 있는 것 같다. 과정의 디테일을 올바르게 챙기는 것이 결과의 품질을 담보하게 되는 것이다.

모든 결과에는 원인이 있다. 그 실타래같이 엉킨 문제를 해결하기 위해서는 차근차근 문제를 쪼개어 풀어나가야 한다. 그러기 위하여 한 스텝 한 스텝 지극한 정성을 기울이는 것 이외에는 다른 답이 있을 수 없다.

문제의 원인이 무엇인지를 찾는 기법으로는 여러 가지가 있다.

첫째는 4M 기법인데, 이것은 불량의 원인이 Man사람, Method방법, Material재료, Machine기계 등 4가지로 대별된다. 거기에 Measurement측정, Environment환경를 부가하여 5M 1E라고도 한다. 혹시 문제가 있다면 이런 범주에서 원인을 찾아보기를 바란다. 단, 제조업이 아닌 경우에는 Machine 대신에 업무 성과를 양산하는 System을 넣어 보는 것도 좋다.

둘째로는 변경점 관리Change Management라는 것이 있다. 여러분의 업무 공정이 동일하다면 Input이 바뀌면 Output도 바뀐다. Input에서 중요한 변경 사항이 있다면, 이것 때문에 발생할 Output 결과에 대한 영향을 점검하는 것을 변경점 관리라고 한다.

이 외에 통계적 공정 관리라는 개념도 있다. 공정에 대하여 분석한 후 최적점을 설정하고 이것을 공정 표준Center line으로 정한다. 그리고 이 표준에 영향을 미치는 주요 input 인자를 공정 변수control parameter로 선정하여 관리하면 일정한 품질을 얻을 수 있다. 이때 공정 변수를 관리하는 것을 컨트롤 플랜control plan이라고 한다. 공정별로 주요 공정 변수를 정하여 점검하고 이상 수치가 되면 조정하는 것이다. 이러한 것은 생산 공정에 사용되는 것이지만, 일반적인 업무 체계에도 응용할 수 있다. 예를 들면, 재무 분야에서 각종 지표(성장률, 원가율, 한계이익률, 투자율, 유동률 등)를 측정하고 점검할 수 있는데, 이러한 지표는 마치 공정 변수와 같아서 상황별 주요 지표 값을 선정하여 관리하면 경영의 방향성을 건전하게 가져갈 수 있게 된다.

이렇게 문제를 풀어가는 여러 가지 디테일들이 있는데, 이것은 주로 품질 관리 관점에서 바라본 것들이다. 이 외에도 회사의 각 기능별로 전문적인 문제 해결 방법론들이 많다. 마케팅 기법, 영업 기법, 개발 기법, 구매 기법 등 분야마다 고수들이 많은 방법론들을 개발해 놓았으니 참조하여 활용하면 디테일의 문제 해결에 도움이 될 것이다.

그런데 그 디테일Detail이란 상당히 많은 업무를 지칭한다. 결국 그 수많은 디테일을 어떻게 하느냐가 그 일의 성과를 만들어내는 것이다.

어떻게 하면 그 수많은 디테일을 잘할 수 있을 것인가? 어떻게 그 수많은 업무를 모두 정성을 다해서 전문적으로 할 수 있다는 말인가? 완벽이란 이상적 지향점일 뿐이고 우리는 다만 최선의 노력을 다할 따름이다. 이 최선을 위하여 필요한 것이 몇 가지 있다.

첫째, 우선 중요한 것은 효과적인 업무 분장과 권한 위임이다.

비즈니스에서의 세세한 일들을 자신이 다 처리할 수는 없으므로 직원들의 역량을 성장시켜서 위임하고, 자신은 좀 더 큰 그림을 통찰해 나가는 것이 좋다. 회사가 커지고 일이 많아질수록 사소한 일까지 모든 것을 직접 챙기려고 해서는 안 된다. 사안이 상대적으로 덜 중요하고 우선순위가 낮은 경우에는 위임Delegation해야 한다. 그리고 그 일의 리스크를 통찰하고 점검하며 이완된 마음으로 코칭과 소통을 하면 된다. 이에 따라 직원을 잘 코칭하고 동기 부여하는 것도 중요하다.

예전에는 오너십ownership을 중요시했었다. 이것은 한국어로 '주인의식'이라고 번역되어 사용되었는데, '내가 오너가 아닌데 왜 오너 의식을 가지라고 하느냐?'라는 반론을 제기하는 경우도 종종 있었다. 그러나 글로벌회사였던 P사에서는 'owner'란 담당자를 지칭하는 용어였다. 그래서 오너십이라는 것은 회사의 주인인 것처럼 행동하라는 뜻이 아니라, 각자가 담당한 상세 업무에 대하여는 담당이 가장 잘 알고 그래서 가장 큰 책임과 권한을 갖는 '주인'이라는 의미였다. 의사결정에는 항상 담당의 의견이 가장 중요했고, 그의 의견이 전체적인 전략이나 맥락에 반하는 것만 아니라면 대부분은 담당의 의견대로 결정되었다. 그런 의미에서 오너십이란, 회사의 주인이 아닌데 주인처럼 행동하라는 말이 아니라 담당하는 일이나 프로젝트에 대하여는 그 업무를 오롯이 담당자가 소유한다는 의미로 그 업무에 대한 '위임'을 의미하는 것이다.

그럼에도 불구하고 오너십에 대한 용어에 거부감이 있는 직원들에게는 '인게이지먼트engagement'라는 개념을 적용하는 것도 괜찮다. 그것은 마치 약혼한 것처럼 서로 간에 책임과 사랑이 있는 몰입 관계를 의미한다. 회사는 직원을 존중하고 배려하며 사랑하고, 직원은 자신의 정성을 다하여 최선의 업무를 수행하는 관계이다.

직원들이 책임과 권한을 가지고 일하도록 하기 위하여 상명하복의 문화는 개선해 나갈 필요가 있다. 과거에 사람의 노동력을 중심으로 작업하고, 그 작업의 생산성이 중요했던 대량 생산 체제의 문화에서는 엄격한 통제 관리가 효과가 있었던 것 같다. 하지만 이제 우리의 경제시스템은 선진화되었고, 일의 양보다는 질이 중요한 단계로 발전했다. '일을 얼마나 많이 했느냐'보다는 '얼마나 창의적으로 하느냐'가 중요하다. 그런 문화 풍토를 위하여 보다 자유롭고 독특한 시도를 지향하는 기업 문화를 가꾸어 나가야 한다. 엄격한 근무 복장, 근무 시간, 잔업 수당 등의 노무 관리보다는 휴가를 통한 리프레쉬Refresh, 창의적 아이디어에 대한 포상, 개방적 토론 문화 등으로 근무 문화의 변경이 필요하다. 특히 전통 제조업보다는 마케팅이나 개발이 중요한 회사라면 더욱 더 그렇다.

이렇게 오너십 혹은 인게이지먼트 문화와 창의적이고 자유로운 문화가 융합될 때 직원들에게 위임한 업무들은 더욱 빛나는 성과가 되어 돌아온다.

둘째는 업무의 중요도 구분이 필요하다.

모든 일을 다 잘할 수는 없다. 중요한 일을 선정Prioritize하여 적어도 그 일에는 당신과 당신의 직원들이 디테일까지 지극한 정성을 기울이도록 하라. 내가 모두 할 수 없다면 누군가가 나 대신 섬세하게 챙길 수 있도록 하라. 여기에서 중요한 일이란 성과에 큰 영향을 미치는 일이거나 리스크 관리에 관련된 일을 말한다.

치명적으로 중요한 우선순위의 일에 대하여는 위임한 디테일도 직접 챙겨볼 필요가 있다. 이런 일은 일의 하우투How to, 즉 어떻게 진행했는지 또는 진행할지를 확인하고 함께 통찰해야 한다. 다시 말하거니와 모든 업무를 그렇게 디테일까지 챙기라는 뜻은 아니며 우선순위에서 뒤처지는 일반 사안에서도 디테일까지 리더가 관여하라는 뜻은 아니다. 직원들의 몫은 항상 남겨 두어야 하고, 그들이 오너십을 가지고 임할 수 있도록 의사결정권을 주어야 한다. 당신 혼자 각 부문의 전문가라고 할 수 있는 직원들의 아이디어와 창의력을 능가할 수 없다는 것을 인정해야 한다.

하지만 중요한 VOC^{Voice of customer: 고객의 주요 needs} 혹은 CTQ^{Critical to Quality: 핵심 품질 요소}에 관련된 것, CSF^{Critical success factor: 핵심 성공 동력}에 관련된 것은 그 디테일까지 직접 챙겨서 완전하게 해야 한다는 것이다.

필자가 회사를 다닐 때, 이렇게 '작은 일에도 정성을 다하자'라는 슬로건으로 일한 적이 있었다. 그것을 보고 방문객이 혼잣말로 시니컬하게 말하는 것을 필자가 들었다. '말은 좋지~.'

그렇게 말하는 방문객의 심정을 이해는 한다. 하지만 그 좋은 말을 실제로 가능하게 할 수 있다.

일에는 우선순위의 설정이 필요하다. 리더로서 필자에게 중요한 CSF 업무는 필자가 직접 챙기고 확인한다. 나머지는 팀장들에게 위임하고, 문제가 생겼거나 생길 가능성이 있는 경우에만 업무 중간에 보고를 받는다. 상황 통찰을 위한 정기 업무 미팅 시의 보고를 제외하면, 문제가 없는 경우는 팀장들이 알아서 결정한다.

마찬가지로 팀장들도 중요한 업무는 직접 챙기지만, 나머지는 담당에게 위임한다. 담당은 문제가 있거나 그럴 리스크^{Risk}가 있을 경우에만 보고 한다. 또한 담당도 업무의 우선순위가 있어서 중요한 일에 좀 더 집중하여 정성을 다한다. 그럼으로써 그 수많은 업무에 대해 전반적으로 정성을 다한 업무 진행이 가능해지는 것이다.

필자는 그렇게 하려고 항상 노력하고 있다.

다만 조건이 있다. 리더는 오케스트라의 지휘자처럼, 모든 업무를 통찰하고 있어야 하고, 이상음을 감지해 내야 한다. 리스크를 예방하고, 그 모든 것을 조화롭게 풀어나가기 위하여 뒤에서 이야기할 '통찰'이 필요한 것이다.

통찰력이 없는 리더는 업무를 위임하기 어렵다. 위임하지 않고도 디테일을 잘 하고자 한다면, 스스로에 걸리는 부하가 너무 커서 아마도 몸과 마음이 그 무게를 견뎌내기 쉽지 않을 것이다. 그러고도 결국은 무언가 놓치는 중요한 일이 생길 것이다.

디테일을 잘하기 위해서 필요한 것은 지극한 정성이다. 이 세상은 수많은 변수들의 총화로서 여러 요인으로 복합된 상황과 다양한 이해관계자들의 역동적인 네트워크이다. 이것을 계획한 대로 변화시켜 나가기 위해서는 오로지 정성을 다해 실행하는 길밖에 없다. 그 실행이란 항상 디테일들의 총합이고 보면 누군가 그 실행 스텝 하나하나를 정성 들여 수행한 결과로 우리는 어떤 결실을 맺게 되는 것이다. 멀리서 보면 잘 보이지 않더라도 실행 속의 한 과정 한 과정 그 상세한 내용들이 결과를 내는 것이며, 비록 알아주지 않아도 그 과정 과정마다 묵묵히 그것을 실행해 온 누군가의 정성으로 비즈니스가 완성되는 것이다. 그러니 그 한 사람 한 사람의 노고를 알고 공감하는 것은 리더의 필수 덕목이다. 리더가 그들의 노고를 알아줄 때 그들은 정성을 다해 줄 것이지만, 리더가 그들을 무시하게 되면 결국 예기치 않은 곳에서 비즈니스가 무너지기 시작할 것이다.

나와 직원들의 따뜻하고 잔잔한 정성을 바탕으로 비즈니스를 헤쳐가라.

제3장 통찰

1. 일상 속 항상 '마음 챙김'하여 객관적으로 통찰하라

사람은 항상 자신의 틀에 갇혀서 현상을 바라본다. 나의 경험, 나의 철학, 나의 지식 등등 자신의 사고의 틀에서 세상을 바라보면 세상은 온통 틀린 것투성이고 화낼 일투성이며, 반대로 나를 유혹하는 일투성이고, 자원을 투입할 프로젝트 투성이다. 하지만 이 세상은 수많은 사람들이 이루어내는 관계의 네트워크network 결집체이며 당신의 사고로서 바라보는 것은 그저 당신의 관념일 뿐이다.

세상은 당신이 보고자 하는 대로, 그렇게 믿는 대로 보인다. 우리는 우리의 사고의 틀 안에서 판단하고 화내고 슬퍼하고 기뻐하지만, 그 것이 객관적 현실과 얼마나 사실적 연계성을 갖느냐는 또 다른 문제이다. 사람이 자신의 입장에만 매몰되어 생각하는 것을 개체성에 입각한 사고라고 한다. 현명한 결정을 위하여 이러한 판단의 개체성으로부터 벗어나려는 노력을 해야 한다.

우리는 항상 타인의 의견을 점검해야 하며 내가 정답이 아닐 수 있다는 가능성을 겸허하게 열어 두어야 한다.

필자는 이 큰 우주에서 나 홀로 나만의 인식을 하며 살아가고 있다는 것이 두렵다는 생각을 한 적이 있다. 나중에 깨달은바, 그렇게 두려웠던 것은 개체의식이 커져서인 것이다. 만일 절대 객관이 있다면, 그래서 그것과 나의 인식이 합일된다면, 나는 더 이상 우주에서 격리된 하나의 관점이 아니고 우주 마음 자체가 되는 것이고, 그러면 더이상 두렵지 않을 것이다. 나의 인식은 마치 모든 것을 포괄하는 듯 세상을 보고 듣고 판단하지만, 나라는 인식 주체는 철저히 고립된 개체로서 스스로를 인식했던 것이다. 그러면 나와 관계없는 나 이외의 세상은 나에게 도움이 되는 것만 의미 있고 나머지는 아무짝에 쓸모없는 것처럼 느껴지게 된다. 그리고 내가 고립된 개체이므로 나만의 소멸을 염려하고 그 후에도 존재할 우주에서 자신이 소외될 것이 두려워진다.

내가 전체와 합일된 마음, 나 아닌 외부의 세계와 합일된 마음이 되면 더 이상 감정이 개입될 여지가 없을 것이다. 전체의 마음으로 나를 바라본다면 나의 인식은 나만의 것이 아니라 외부 세계와 함께 하는 것이다. 아니 처음부터 우리는 외부 세계와 함께하여 왔는데, 자의식이 발달하면서 개체성의 강화로 구분하려는 분별심이 발달한 것이다. 그렇게 개체성 중심의 마음이 욕심과 두려움과 슬픔과 아픔을 느끼고, 상대방에게 화내는 어리석은 짓을 하는 이유가 된다. 반면 자신의 마음을 외부 세계로까지 확장함으로써 자신의 입장에서만 모든 것을 보는 경직성에서 벗어나면 내 마음이 좀 더 편안해질 수 있다.

동양철학에서 '깨달았다'라고 하는 말은, 자신의 개체성에 갇혀서 자신의 시각으로만 생각하고 판단하지 않고, '전체적인 스케일Scale'로 상황과 사실을 바라볼 수 있는 상태에 이르는 것을 말한다. 자기를 벗어난 시각의 스케일로 깨달음의 정도를 가늠한다면, 국가와 민족의 스케일로 세상을 바라보는 위대한 위인의 깨달음이 있을 수 있고, 인류와 전 세계의 스케일로 세상을 바라보는 성인의 깨달음이 있을 수도 있다.

하지만 우리 일반인은 아직 외부 세계의 마음과 자신의 마음이 완전히 합일할 만큼의 포용력을 가지고 전체 스케일에서 세상을 바라볼 수 있는 수준은 아니다. 그래도 나의 역량에 맞게 객관적인 시각을 갖도록 노력하며, '적절하게' 외부 세계와 공감하며 살아가야 할 것이다. 그러면 나는 더 편안한 마음으로 현명한 의사결정을 할 수 있고, 더 많은 사람들이 그런 나를 지지하고 도움을 주게 될 것이다. 단, 이때 '적절하게'라는 단어를 오해해서 그저 적당히 하는 것으로 생각하고, 자기 합리화하거나 고무줄 잣대로 사용하여서는 안 된다. 적절해야 한다는 기준은 전체를 위하여 큰마음에서 바라보고 결정하는 대의적인 것이어야 한다.

통찰을 한다는 것은, 육체의 눈처럼 마음에도 눈이 있다고 생각하고, 상상의 눈으로 나를 전체의 한 부분으로 바라보는 연습을 함으로써 키워질 수 있다. 이런 통찰을 관觀이라고 부른다. 넓은 객관의 눈으로 치우침 없이 꿰뚫어본다는 뜻이다. 집중력 있는 역량을 바탕으로 하여 통찰력 있는 시각으로 개체성을 탈피하여 바라보는 것이 '관'의 핵심 요소이다. 이렇게 객관적으로 바라보는 연습을 하는 것을 '마음 챙김' 혹은 '알아차림'이라고 부른다.

비즈니스에서는 적어도 나의 회사, 나의 제품, 나의 입장에서 벗어나, 경쟁사와 고객 그룹 전체 그리고 주변 사회 여건 등 보다 넓은 스케일로 상황을 보려고 노력해야 한다.

얼마나 많은 리더들이 자신의 생각, 개인의 기호에 갇혀서 어리석은 판단을 하고 어리석은 행동을 해 왔는지 역사가 증명하고 있다. 그들의 잘못된 판단에 따라서 죄 없는 많은 사람들과 국민들이 고통의 삶을 살아야 했고, 심지어 죽음을 맞이하기도 했다. 그런데 지금도 마찬가지로 잘못된 경영자의 의사결정으로 열심히 일한 직원들이 성과를 거두지 못하고, 때로는 회사를 떠나야 하고, 찬바람을 맞아야 하는 상황이 빈발하고 있다. 인간이기에 최선의 노력을 했다면 비난하기는 어려울 것이다. 그러나 자신의 기호, 자신의 관념에 갇혀서 주관적인 판단을 이어갔다면, 그는 매우 위험한 경영자라고 생각된다. 그러므로 늘 한 발 떨어져서 자신의 판단이 타당한지를 살펴야 한다.

○○회사에서는 그간의 노력으로 품질과 생산성 향상으로 비즈니스가 좋아졌고 단기적 실적도 개선되었다. 그러나 잠시 이런 기쁨의 시간이 지나고 난 뒤, 미국에서 중국산 저가 제품들이 홍수를 이루면서 매출의 대부분을 차지하던 수출의 길이 막히고 말았다. 갑자기 매출은 1/3로 하락되었고, 기업의 존립이 위협받는 상황에 이르게 되었다. 나는 그제야 깨달았다. 내 눈 앞의 품질 개선, 생산성 향상에만 몰두하느라 좀 더 넓게 통찰하지 못하고 있었다는 것을….

통찰하지 못하는 집중은 결국 비즈니스를 크게 키우지는 못한다는 것을 알게 되었다. 나는 열심히 했는데 외부 환경에서 문제가 발생하여 그렇게 되었다고 푸념해 보아야 아무 소용이 없다. 그조차도 내가 통찰하고 대비하거나 혹은 적극적으로 해결해야 했을 분야였던 것이다.

○○회사에서 수출 길이 막힌 후 우리는 회사의 비즈니스를 핵심 역량부터 다시 검토했고, 회사가 성장할 수 있는 새로운 방향으로 브랜드 비즈니스를 시작했다. 회사는 특정 분야에서 오랜 노하우를 가지고 있었고 검증된 상품도 있었다. 그래서 그 상품을 중심으로 브랜드를 유통하는 사업을 런칭하게 된 것이다. 해외에서도 그 효과가 입증되었던 '체험' 홍보 방법을 채택했고, 좀 더 많은 사람들에게 빠르게 다가가기 위하여 홈쇼핑을 통한 유통 사업도 병행했다. 이 두 가지 방식이 시너지를 내면서 판매 곡선이 가파르게 올라갔고 입점 채널도 점점 확대되었다. 무無에서 유有를 창조하듯이 새롭게 런칭한 브랜드를 통해 2년이 되지 않아 과거 OEM 매출의 몇 배 이상을 달성했고 많은 흑자를 내었으며, 이를 통해 직원 성과급을 지급하고 급여 역시 크게 인상되는 등 회사와 직원 모두가 윈윈하는 결과를 만들 수 있었다. 회사의 CSF핵심 성공 동력를 통찰하고, 핵심역량 중심으로 기업 운영과 마케팅에 집중하는 것의 중요성을 깨닫게 한 대목이었다.

또한 이 과정의 디테일 속에서도 상황을 객관적으로 보려고 노력했다. 매주, 매월 판매 분석을 통하여 시장에 대한 전략을 조정해 갔다. 판매 데이터를 기초로 시장에서 선호하는 디자인을 결정하고, 각 디자인별 재고 관리도 연동하여 진행했다. 수많은 SKU를 운영했고, 판매가 저조한 디자인은 Out시키고 잘 팔릴 신규 디자인의 상품으로 교체

하여 판매하면서도 재고를 최소화할 수 있었던 것은 데이터에 기초한 관리 덕분이었다.

회사의 규모가 나의 감각으로 가늠하기 어려워지기 전에 객관성을 담보할 수 있는 과학적 분석, 통계적 해석에 기초한 의사결정 시스템을 갖추는 것은 매우 큰 도움이 된다.

이렇게 객관적으로 스스로를 보고 판단하는 것은 회사의 로스를 줄이고 효과적인 시장 전략을 구사하는 데에 필수적인 것이다. 최대한 객관적인 데이터를 수집하여 과학적인 의사결정을 해야 한다.

일상 속에서는 항상 '마음 챙김'을 하여 객관적으로 바라보려고 노력해야 한다. 그리고 과학적인 데이터를 기초로 객관적으로 현상을 해석해야 한다. 이 말은 개체성에 갇혀서 자신의 입장에서 보는 것이 아니라, 사실을 기초로 전체의 관계 속에서 보라는 뜻이다. 개체는 서로 다름을 이해하고 인정해야 한다. 의견은 항상 다를 수 있다. 그래서 개체이다. 그러나 그 근본 원리는 서로 같으며, 그래서 또 어떤 면으로는 전체와도 부합해야 한다. 각자의 눈을 통해서 보면, 각자 지식과 사고의 프레임Frame에서 보게 된다. 자기가 보고 느끼고 생각한 내용을 객관과 연결하기 위해 다른 사람과 토론하라. 내가 눈으로 보았더라도 그게 전부라고 믿지 말고 그 해석을 토론하라. 신뢰할 수 있는 사람이 보았다고 설명하더라도 중요한 사건에 대하여는 그 의미에 대하여 토론하라. 그래서 보다 더 객관적으로 바라볼 수 있도록 하라. 나는 보통의 사람이므로 저절로 모든 것을 다 알아 한눈에 통찰할 수는 없다. 통찰하기 위하여 주관적 사고에서 벗어나 객관적 사실들의 관계를 인식하고 그것을 동시에 바라볼 수 있어야 한다.

그러려면 다양한 객관적인 사실들과 데이터에 항상 귀를 열고 있어야 한다.

나와 직원뿐 아니라 고객의 눈으로, 경쟁자의 눈으로, 다수의 눈으로 바라보고 해석해 보라. 특히 고객의 눈으로 해석하는 습관을 들여라.

사실을 보다 객관적으로 판단하기 위하여 그림이나 도표로 그리거나 시각화Visualize하여 한 번에 파악하기 쉽게 자료를 정리하는 것은 큰 도움이 된다. 모든 것은 현재 여기, 현장에서 일어난다. 비즈니스는 현장 확인이 중요하다. 현장(판매 현장, 생산 현장, 개발 현장 등)이 말하는 스토리를 읽어라. 현장 확인을 통해 현실감 있게 토론하는 것은 필수적이다. 현장을 파악할 때 직접 눈으로 확인하되(Visual) 편협한 주관에 갇히지 않게 합리적으로 해석하라. 앞에서 언급한 실행 과정을 통해 역량이 향상되었다면, 직접 확인한 내용의 객관성이 더 향상된다. 만일 아직 내 역량이 부족한 분야가 있다면 그 분야에서는 그 '눈'을 가진 사람의 의견을 소중히 들어야 한다.

필자는 직접 현장을 나가서 순회하는 것을 게을리 하지 않으려고 노력한다. 과거 생산 현장에서는 매일 현장 투어Tour를 하곤 했다. 그래서 현장에서 일어난 일을 직접 보고 느끼는 것이다. 판매 현장도 마찬가지이다. 판매 현장에 나가 보거나, 혹시 그렇지 않더라도 판매 사원의 이야기는 직접 들으려고 애쓴다.

과거 수십 명의 판촉 사원을 운영하기도 했는데, 필자는 한 달에 한 번 정기적으로 이 직원들을 모아서 이야기를 듣는 시간을 가졌다. 그래서 이들에게 마케팅 방향이나 신제품 속성도 설명했지만, 더 많은 시간을 할애하여 공을 들인 것은 그들이 현장에서 보고 들은 이야기에 대한 청취였다. 이 이야기를 통해서 고객의 생생한 VOC고객의 소리를 전해 듣고 영업의 방향성을 정하곤 했다. 직접 판매하지 않는 직원들은 본사의 입장에서 생각한다면, 판매 직원은 고객의 입장에서 고객의 마인드로 사안들을 본다. 그리고 시장에서 성공하는 것은 항상 고객의 마인드, 고객의 소리를 크게 들을 때라는 것은 자명하다. 그래서 필자뿐 아니라 마케팅 직원, 디자인팀 직원 등도 모두 그 미팅에 참여하여 고객의 소리를 듣고 반영할 수 있도록 했다. 그 결과 여러 부분에서 고객의 니즈를 신속하게 적용할 수 있었고, 그런 노력의 축적으로 해당 채널의 판매량이 획기적으로 증가하여 초기 매출 대비 몇 배로 성장할 수 있었다.

객관적으로 통찰해야 할 것들은 CSF핵심 성공 요인 혹은 CSF의 실현성, 일들의 관계, 일이 발전하고 있는지, 리스크가 도사리고 있는지 등이다. CSF는 시장에서 우리 비즈니스가 우위를 점하기 위하여 핵심이 되는 어떤 사항이다. 필자는 새로 회사에 부임하면 그 회사의 CSF가 무엇인지를 찾는 것을 최우선으로 한다. 그것을 찾든, 만들든 그것이 가장 중요하며, 회사 전략의 근간이 되는 핵심 경쟁력Core competency을 선정하고, 이에 대한 시장의 반응 포인트를 찾는 것이다. 앞에서 자신의 장점을 찾아 그에 맞는 기회와 연결시켜 가치 있는 결정을 하라고 했던 것처럼, 계획의 시작은 내 핵심 경쟁력을 바탕으로 전략을 수립하는 데에서 비롯된다. CSF를 찾을 때부터 통찰이 필요하다. 우리가 그동안 해 온 것이어서 잘하고 있다고 자화자찬할 것이 아니라 시장의 눈으로, 객관적인 눈으로 보아야 한다.

또 한 가지 간단한 예를 들겠다.

COO로 근무했던 부산의 회사에서 CSF는 무늬목 공정이었다. 규모 있는 기업으로는 거의 유일하게 직접 무늬목을 제조함으로써 품질도 좋고 가격도 저렴했다. 때로 번거롭고 어려운 무늬목 공정을 폐쇄하라고 주문받기도 했지만 필자는 이 핵심 공정을 기필코 지켜냈다. 그리고 그 원가 경쟁력을 바탕으로 생산량을 늘리고 단가 경쟁력을 높여서 단기일에 판매고를 2배로 늘인 바가 있다. 주간만 근무하던 근무 조를 주야 맞교대로 운영해야 할 정도로 판매량이 늘었고, 경쟁사는 그 가격을 쫓아올 수 없었다. 그만큼 핵심 공정은 기업이 시장에서 성공할 수 있는 전략에 중요한 기여를 한다. 이렇게 CSF를 찾아내기 위해서는 자기 입장에 매몰되어 상황을 보아서는 안 되며, 기업 운영의 편의성이나 용이성 관점보다는 여러 관계를 살펴 객관적인 입장에서 비교 우위를 판단하고 시장의 기회에 연결하여 시뮬레이션하는 것이 중요하다.

이러한 객관적인 통찰은 일들의 관계, 사업 주변의 환경과의 관계 속에서 성공의 가능성을 확인할 수 있게 해주고 잠재적 리스크를 사전에 감지하여 예방하는 데에도 큰 도움이 된다. 통찰력이 부족하면 일이 터지고 나서야 문제를 인지하게 된다. 그렇게 되면 때로 돌이키기 어려운 큰 데미지damage를 입을 수도 있다. 그러므로 통찰은 성공의 전략을 수립하는 데에도 도움이 되고, 동시에 리스크risk를 찾아 예방하는 기능도 하는 것이다.

2. 개체의 한계에서 벗어나 올바르게 일하라

요즈음 많은 이슈들에 대하여 누구 말이 옳은지 혼란스러울 때가 많다. 사람마다 자신의 의견과 이해 관계가 다르다 보니 한 가지 사안에도 해석의 논리와 생각이 천양지차이다.

무엇이 옳은 것일까?

사람이 자신의 입장과 특수성에 입각하여 주장하는 내용은 사실 옳고 그름이 없다. 그들의 이해 관계가 있고, 그들의 생각이 있을 뿐이다. 현상을 객관적인 입장에서 바라보아야 비로소 우리는 공감할 수 있는 가치의 합의점을 찾을 수 있을 것이다.

그렇다면 비즈니스를 올바르게 하는 것은 어떤 것일까?

먼저 내가 옳다고 믿는 것이 옳지 않을 수 있다는 것을 생각해야 한다. 내가 옳다고 믿는 것은 나의 이해 관계 혹은 내 사고에 부합되기 때문이다. 그것은 나에게 맞는 것이지 반드시 옳은 것은 아니다. 옳은 일이라는 판단을 하기 위해 우리는 잠시 개체성에서 벗어나 상황을 객관적으로 통찰할 필요가 있다. 보다 큰 스케일에서 이루어져야 할 일, 우리 모두에게 도움이 되는 일이 옳은 일이다. 내게만 유리한 일은 옳은 일이 아니라 나의 욕심을 채우는 일일 뿐이다.

예를 들어 전염병이 창궐하여 마스크가 부족해진 상황에서 제품을 팔지 않고 가지고 있다가 값이 올라가면 팔려고 한다고 치자. 그것은 자신의 개별 이익에는 부합되는 행동이다. 그래서 비즈니스를 하는 사람으로서 유혹에 빠지기 쉬운 일이기도 하다. 그러나 마스크를 구하지 못한 사람들의 심적 부담과 불안감 그리고 이에 연관된 사회 비용을 생각한다면, 사회 전체의 시각에서는 나쁜 행동이다. 반대로 현재의 마진에서 제품을 공급하겠다고 결정한다면 그것이 함께 사는 사회 전체에 도움이 될 것이다. 기업이나 브랜드는 마치 사람의 '인격'과 같아서 좋은 일을 한다는 것은 평판Reference에 도움이 되고, 이런 평판이 쌓이면 나를 도와주는 새로운 인연이 만들어진다. 수해가 나면 유명인이 복구하는 데 가서 땀을 흘리고 연예인이 기부금을 내기도 한다. 그것은 그들의 순수한 마음이기도 하지만, 결국 그 마음이 항간의 평판으로 되돌아와 그의 힘이 되어 주고 응원군이 되어 준다. 그러므로 당장 눈앞의 이익에 사로잡혀 소인의 길을 걷지 말고 대인으로서 정도를 걸어야 한다. 나의 과욕으로 공급할 물건을 공급하지 않으면 지금 당장은 이익이 될지 몰라도 장기적으로는 기업의 명망과 신뢰를 잃고 오랜 거래 선을 놓치게 될 수 있음을 잊어서는 안 될 것이다. 그리고 설사 이익을 챙기고 대외적으로 잘 넘어갔다 하더라도 그것을 지켜 본 직원들과 가족, 동료들에게 나쁜 선례를 남기게 됨으로써 새로운 형태의 리스크를 만드는 일이 되기도 한다. 그들이 보고 배우기 때문이다. 많은 사람들은 옳은 일을 하는 사람을 공격할 때는 주저하고 망설이게 되고, 가능하면 다른 방법을 찾는다. 반면 옳지 않은 행동을 했던 사람은 그것이 빌미가 되어 타인의 공격이나 도전을 더 쉽게 받는다. 네가 그렇게 했으니 나도 그렇게 할 수 있다는 정당성이 생기는 것이다. 그래서 항상 스스로 '모범'이 되려고 노력해야 한다. 때로 해석에 따라 오해 받을 수 있는 일에는 그 일의 전후 상황을 설명하여 '옳은 일'임을 납득시키고 진행해야 한다. 그럴 때의 '옳은 일'은 항상 나에게만 옳은 일이 아니라 보다 큰 관점에서의 옳은 일이어야 한다. 그래야 타인이 공감하고 나의 결정에 탄력이 붙을 수 있게 된다.

자신의 이익만을 추구하면 당장은 유리한 것 같지만, 시간이 지나면 그것은 리스크가 되어 자신에게 되돌아온다. 사람들은 바보가 아니다. 지금 당장은 당신에게 이익을 주더라도, 시간이 지나면 설사 증거가 없어도 느낌으로라도 당신의 잘못을 알아채게 되고, 그러면 어떤 형태로든 부메랑이 되어 당신에게 장기적 관점의 불이익이 되어 돌아올 것이다.

그러므로 자신에게 매몰되어 사심과 사욕으로 비즈니스를 더럽히지 않도록 하라. 규칙rule을 어기고 반칙하며 이기는 스포츠는 이번엔 운 좋게 넘어갔더라도 다음 경기에서는 발각되고 그로 인해 퇴출될 것이다. 경기는 이번뿐이 아님을 명심하라. 비즈니스는 수없는 경기와 사건의 연속이다. 한 번의 스포츠를 무리하게 이기려고 하지 말고 최선으로 노력하고, 그 과정에서 성장하고, 그 속에서 즐기려고 하라.

나만의 관점, 그 제한된 개체성에서 벗어나 전체의 대승적인 관점, 다수의 관점에서 상황을 바라보고 일하자. 그러면 장기적으로 그들이 나의 우군이 될 것이다. 이것이 올바르게 일하는 개념이다. 큰마음으로 올바르게 하자. 그래야 오래 할 수 있고, 다른 사람이 모여 도와주며 그래서 리스크가 줄어든다.

과거 필자가 제품을 납품했던 고객사에서는 절대 품질 관리라는 것을 했다. 그것은 사람의 인체에 해를 끼칠 수 있는 항목에 대하여는 법적 기준치보다도 훨씬 강화하여 치밀한 관리를 하겠다는 것이었다. 사실 납품사로서 고객사의 까다로운 요구에 힘들기도 했다. 미국에서도 허가되는 기준을 한국에서는 안 된다고 하기 일쑤였기 때문이다. 하지만 필자는 그 고객사를 존경한다. 아마도 그 고객사는 다른 제품에 대한 품질 관리도 그렇게 했을 것이고, 그것이 소비자의 만족을 얻어 지금의 모습으로 클 수 있었을 것이라 생각한다. 소탐대실하는 법이다. 작은 이익에 눈이 어두워져 지켜야 할 것을 못 지키면 나중에 더 큰 것을 잃는다. 비즈니스에 있어서 정말 중요한 것은 법적 기준과 무관하게 철저하게 자기 회사만의 기준을 두어 관리해야 한다. 특히 건강이나 안전과 관련된 품질 항목은 무제한의 가치를 부여해야 한다. 잘 나가던 기업이 그것 때문에 한 번에 잘못되는 경우도 보고 있지 않은가.

나에게 옳은 일이란 나와 나를 둘러싼 더 큰 공동체와 주변에 옳은 일을 말한다. 내가 주변과 연관되고 네트워크를 이루고 살아간다는 것을 생각해 보면, 결국 크게 보는 옳은 일이 자신에게도 장기적으로 이익이기 때문이다. 그래서 옳고 그름을 판단할 때에는 개체의 관점에서 벗어나서 나를 포함하여 '우리'라는 큰 관점에서 보고 결정해야 한다. 그러기 위하여 일상 속에서 항상 '마음 챙김Mindfulness'을 하여 상황을 투명하게 바라보아야 한다.

어떤 사안에 자신의 개체성에 몰입하여 보지 않고 마치 다른 사람의 눈으로 보듯 감정을 싣지 않고 편안하게 바라보는 것을 '마음 챙김' 한다고 말한 바 있다. 그렇게 특정한 사건에서 유발되는 자신의 감정에 집착하지 말고 객관적으로 크게 보며 자신의 감정을 흘려보내라. 자신의 감정을 그저 알아차리는 것만으로도, 그렇게 지긋이 바라보고 있는 것만으로도 어느덧 그 감정에 몰입된 심정에서 벗어나 감정을 흘려보낼 수 있다. 그저 바라보면서 마치 남의 일인 양 느긋하게 지켜보는 연습을 하면 특정 사건에 매몰된 감정의 속박에서 벗어날 수 있게 된다. 그러면 당신은 그 사건을 보다 공정하고 올바르게 처리할 수 있게 된다. 그러므로 자신의 프레임에 갇혀서 화내거나 속상해 하지 마라. 항상 나를 벗어난 객관의 세계에 머무르려고 노력하라. 객관의 세계란 나의 프레임에 갇히지 않은 또 다른 나의 시각 또는 우리의 시각에서 바라본 세계를 말한다. 그것은 고객의 눈, 직원의 눈, 경쟁자의 눈, 협력사의 눈, 대중의 눈, 사회의 눈으로 본 세계를 이해하고 소통할 수 있게 도와준다.

일상 속에서 항상 '마음 챙김'을 하라. 나의 아집에 빠지지 않은 나, 나를 기준으로 판단하거나 감정을 내뿜지 않는 순수한 내가 지켜보고 있다고 생각하고, 그가 되어 객관적으로 통찰해 보라. 일, 상대방, 대화, 비즈니스뿐 아니라 자기 자신의 생각에 대해서도 '마음 챙김'하라. 그래서 항상 나의 이익뿐만 아니라 전체 스케일의 관점에서도 좋은 일을 하도록 노력하라.

나는 나라는 개체성을 가지고 있지만 홀라키holarchy적 관점에서 전체의 특성을 또한 지니고 있는 홀론Holon이라고 볼 수도 있겠다. '홀론'이란 전체를 구성하는 부분이지만, 또한 전체의 잠재성을 담고 있는 개체를 말한다. 또한 이렇게 부분이자 전체인 홀론의 체계를 홀라키라 부른다. 우리는 하나의 홀론으로서 홀라키적으로 모두를 포용하는 입장에서 바라보는 연습을 해야 한다. 세상은 홀라키적 관점에서 각각의 작은 개체의 총합이며 나만 잘하면 된다기보다 서로 상호 작용interaction하는 것이다. 개인주의도 전체주의도 아닌 서로를 품고 있는 관계가 '홀라키'이며, 개체는 전체 속에서 의미를 부여 받고 존재하지만 그 또한 작은 세상이니 상호간의 밸런스가 중요하다. 개체성에서 벗어나는 첫 단계는 이런 관점을 이해하고, 전체적·객관적으로 보는 시각이 나에게도 이롭고 도움이 된다는 생각을 하는 데에서 시작한다. 모든 문제가 그것에 대한 나의 인식에서 비롯되므로, 나는 하나의 홀론으로 나뿐만 아니라 전체를 바라보는 관점에서 책임 있게 잘하겠다고 생각해야 하는 것이다.

그렇게 나의 개체적 입장과 더불어 우리의 전체적 입장을 고려해 올바르게 일을 해야 한다. 그러기 위해 개체성의 입장에 매몰되지 말고 때로 무심한 듯 전체의 관계를 바라보라. 그러면 전체성과 그 속에서의 올바름이 보이기 시작한다. 객관적 입장에서 올바른 일이어야 내 일에 명분이 생기며 자신과 직원의 자신감이 고양되고 사회적 이슈와 리스크에서도 벗어날 수 있다.

홀라키적인 이해를 바탕으로 크게 바라보고 일하자. 거기에 부합하는 회사 미션Mission, 업무 철학 혹은 업무 방침principle, 핵심 가치core value, 브랜드 성격Brand identity을 설정하고 모든 구체적인 일 속에서 진실로 그렇게 일관성 있게 유지되도록 하자.

이전 회사에서 브랜드 사업을 시작하기 전에 회사의 존폐를 걱정해야 할 힘든 시간이 있었다. 회사는 국내외에 ODM 납품을 하고 있었는데, 해외에서 값싼 중국산 제품이 자리를 잡으면서 단가 경쟁력이 떨어진 당사 제품의 납품이 끊기고 말았던 것이다. 경영이 어려워지자 나는 내가 무엇을 할 것인지를 고민하게 되었다. 한 치도 앞이 보이지 않았고, 회사의 자금Cash flow은 고갈되었다. 은행권의 여신 한도는 이미 꽉 채워서 더 이상의 대출은 어려웠고, 직원들 급여를 위하여 관계사에서 돈을 빌려오는 것을 반복해야 했다. 결국 이제 회사의 존립을 우려하는 상황에 이르게 되었다.

필자는 무엇을 하는 것이 옳은 일인가를 생각했다. 회사의 존립을 위해 마지막 구조 조정을 해야 하는데, 그것은 하고 싶지 않았다. 가슴 아픈 일이고 피하고 싶은 일이었기 때문이다. 이직 시장에 나가서 얼른 다른 회사로 옮기면, 그럴 수 있다면, 그 가슴 아픈 일을 하지 않아도 되고 모든 게 편할 거라는 이기적인 생각도 떠올랐다. 하지만 필자는 이직 시장에 나가지 않았다.

이 회사에서 내가 해야 할 마지막 일은 구조 조정을 통해 생존을 위한 최후의 동력을 남겨 놓은 일이라고 생각했다. 그리고 피할 수 없는 구조 조정이라면 내가 내 손으로 해서 최대한 공정하게, 그리고 마음의 위로를 주며, 앞으로의 길에 조금이라도 도움이 되는 정보와 편의를 제공하면서 진행하고자 애썼다. 그것이 내가 할 수 있는 가장 올바른 판단이라고 생각했다. 나의 이기심에서 벗어나 회사의 한 책임자로서 그 결과에 대한 멍에를 지는 것은 당연한 것이며, 그것을 피하거나 변명하는 것은 옳지 않은 짓이다. 그 이후 나 역시 회사를 떠나게 되겠지만, 그 마지막까지 직원들을 걱정하고 배려하며 내가 스스로 조치하는 것이 내 의무라고 생각했다. 직원에 대한 애정과 자애라는 것은 이런 상황을 피하여 홀로 고고한 척 하는 것이 아니라고 생각했다. 도망치고 회피하는 것은 비겁한 짓이다. 내가 그래도 가장 공정하고 마음을 보살피면서 할 수 있는 사람이 아닌가. 그런 생각 속에 묵묵하게 그 힘든 일을 진행했다. 가슴 아프게도 직원들은 회사를 떠나면서도 오히려 회사 걱정을 해 주었다. 그런데 그런 마음들 덕분이었을까. 그 구조 조정의 끝물에 새로운 대안으로 시작한 브랜드 사업이 다행히 대박이 나면서 회사는 다시 매출이 급성장하기 시작했다. 덕분에 국내는 물론 해외에도 브랜드로 수출을 재개했고, 제조

라인도 새로 투자했으며, 구조 조정했던 직원들 상당수를 다시 채용할 수 있게 되었다. 특히 현장 노동자들은 본인이 원하는 대부분의 사람들을 재채용했다. 눈물을 흘리며 떠나면서도 회사를 생각해 주던 그들이 너무나 가슴이 아팠지만, 다시 채용할 수 있어서 두 배로 기뻤었다. 다시 채용한 직원들을 포함하여 모든 현장 직원들과 산 아래 계곡이 있는 음식점에서 회식 시간을 갖고 일일이 술을 따르며 한 잔 하면서 직장 생활 처음으로 나는 울컥 했다. 이제 나는 이들에게 마음의 빚을 남기지 않고 희망을 남기게 되었다는 사실에 행복했다. 나는 이 깨달음을 얻고 나서 정도의 길을 걷는 것의 중요성을 느꼈다. 또한 항상 비즈니스를 넓게 보고 리스크를 관리하며 정정당당한 길, 올바른 길을 가리라 결심했다.

또 다른 예를 들어보도록 하겠다.

필자는 P사에서 현장에 자주 검사시스템을 편성하면서 정직을 가장 중요한 항목으로 하여 직원 교육을 했고 의도적인 데이터 왜곡이 있다면 회사의 원칙에 반하게 된다는 점을 강조하며 엄격하게 관리했다. 그 당시에는 생산해 내는 제품의 합격률이 담당과 반장의 중요한 평가 요소였고, 불합격률이 높아지면 각종 개선 활동 요구에 시달리는 상황이었다. 그래서 기존에는 검사 결과 조금 부족한 불합격이면 어떻게든 합격률을 높이려고 현장 작업자는 검사원과 실랑이를 하곤 했었다. 그러나 이러한 엄정한 조치 이후에 데이터가 정확해졌다. 이 데이터를 통해서 각종 제품들에 대한 정확한 분석이 가능해졌고, 많은 품질 원인들을 보다 빠르고 정확하게 판단할 수 있게 되었다. 회사의 품질이 획기적으로 발전하게 된 것은 아이러니컬하게도 정직한 데이터 관리를 통해 정직한 불량 사례^{case}를 많이 확보할 수 있었기 때문인 것이다.

올바르게 일을 하는 것, 정직하게 하는 것은 장기적으로 회사의 경쟁력에 획기적인 발전을 가져오게 된다. 당신이 잠깐의 이익에 탐닉하고 뒷책임은 나 몰라라 하는 임시적 경영자로서 일하고자 하는 게 아니라면, 반드시 올바르게 경영해야 한다. 그것도 나의 기준, 나의 순간적 이익의 관점에서가 아니라 객관적인 시각에서 보아야 하며, 장기적인 호흡에서도 올바르게 해야 한다. 개인이 스스로를 경영하는 것도 같은 원리이다. 회사에서 비즈니스의 성패가 올바름에 달려 있는 것처럼 자신이 어떠한 일들을 결정하고 판단할 때에도 역시 정직한 선택이 장기적인 성공을 가져다 줄 것이다.

경영자는 항상 선택의 순간에 외로운 의사결정을 하게 된다. 경영학에서 배우는 의사결정론은 대부분 의사결정나무^{Decision Tree}라고 하는 분석 기법에 기반을 둔다. 즉, 의사결정에 따라 상황이 전개되는 것을 시뮬레이션한 후 가장 이익이 되는 것을 선택하는 것이다. 하지만 각각 상황이 발생할 확률에는 변동성이 있고, 그 경우 얻게 될 재무적 이익이라는 것도 불명확한 가정에 기초하는 경우가 많다. 경영자의 기본적인 판단 근거는 어떤 것이 더 회사에 재무적 이익을 가져오느냐 하는 것이기는 하다. 하지만 그 이외에 비재무적인 요소, 즉 평판, 네트워크, 직원들의 사기, 장기적 이익, 리스크 등 다양한 이해 관계가 얽혀 있어 판단이 어려울 때가 많다. 그래서 의사결정은 원칙^{principle}에 기초하여 이루어져야 한다. 그래야 자의적인 해석이나 감정적인 결정을 방지할 수 있게 된다. 그 원칙이라 함은 기업의 재무적 이익 이외에도 장기적 관점, 객관적 관점에서 어떤 것이 '올바른 것'인지를 따지는 것을 말한다. 이익만 쫓는 사람에게는 작은 이익 또는 리스크가 수반된 이익밖에 오지 않는다. 객관적 시각에서의 '올바른 것'을 함께 추구하자. 그래야 장기적으로 유지될 수 있는 큰 이익을 도모할 수 있을 것이다.

3. 중도의 입장에서 균형을 유지하라

전체의 대승적 관점에서 올바르게 일하라는 이야기를 했는데, 그러면 항상 자신은 희생하라는 말인가? 거기에 대한 대답은 '그렇지는 않다'이다. 그래서 대답은 '적절한 수준을 유지하라', 다시 말하면 '자신과 전체의 이해 관계의 균형Balance을 유지하라'는 것이다. 혹시 나에게 여력이 있다면 조금 더 베풀면서 조금 손해 보듯이 결정하는 것도 좋을 것이다. 그것은 덕이 되어 돌아올 것이다. CSRCompany Social Responsibility 활동 등을 열심히 하는 것은 기업의 평판과 이미지에도 도움이 된다. 하지만 적자가 지속되는 기업은 CSR보다는 일단 생존을 고민하는 게 우선시되어야 한다. 협력업체에 합당한 가격을 지불하고 구매하는 것은 그 협력업체로부터 물품을 안정적으로 공급받고 협력업체에서는 기술개발을 원활히 할 수 있도록 함으로써 장기적으로 좋은 파트너십을 갖도록 도와준다. 하지만 과하게 비싼 가격으로 구매하고 있다면 장기적으로는 회사의 원가 경쟁력을 떨어뜨려서 회사경영에 문제를 초래할 수도 있을 것이다. 반면 과도한 이익을 내려고 단가를 후려치거나, 불순한 목적으로 납품사의 자료를 획득하여 활용하거나, 단가를 빌미로 잦은 납품사 변경 등 소위 갑질을 하는 행위는 단기적으로는 이익이 있을지 모르나, 장기적으로는 회사 제품 품질의 안정성을 해치거나 기업의 사회적 명망을 떨어뜨려 추후 감당하기 어려운 불신의 여론을 형성시킬 수 있다. 건전한 구매 비용 관리는 경영의 기본이 되는 것이다. 소위 호구 구매처가 되어서는 안 되지만 구매담당자의 무리한 구매비 절감 경쟁은 경계해야 한다. 그 또한 큰 리스크가 잠재된 행위이기 때문이다.

또한 경쟁사와의 관계에서도 불법적이거나 부도덕한 수준을 넘나들어서는 안 된다. 아무리 경쟁사를 못살게 하고 무너뜨리려 하더라도 그 경쟁사가 무너지면 새로운 경쟁사가 나타난다. 따라서 적당한 경쟁사가 있음으로써 서로 시장을 만들고 그 과정에서 파이를 키워가며 건전한 비즈니스 생태계를 유지하는 것이 홀로 독점하기 위해 불법, 비도덕을 자행하는 것보다 현명한 선택이다. 만일 그 정도의 무리수를 두어야만 하는 상황이라면 다른 방법을 찾아보라. 당장은 조금 더 힘들더라도 다른 방법이 있을 것이다. 만일 당신의 제품이나 서비스가 특별한 소울을 가지고 있고 품질이나 마케팅에서 앞서갈 자신이 있다면, 경쟁자가 나타나서 그 제품군을 함께 팔고 함께 홍보하는 것은 오히려 득이 된다. 왜냐하면 그 경쟁자는 자신의 제품뿐 아니라 우리 제품을 포함한 전체 제품군을 홍보하게 되기 때문이다. 그 제품군에서 당신의 제품이 앞서간다면 그 시장을 키우는 데 투여한 경쟁사의 노력은 우리에게도 도움이 되고 전체 비즈니스에서의 파이를 키우게 되는 것이다. 경쟁자가 따라하면 우리는 그것을 자극으로 더 발전적인 아이디어로 제품을 기획하고 더 창의적으로 마케팅을 추진하면 된다. 그러면 우리 회사의 내공이 발전한다. 그런 회사는 쉽게 망하지 않는다. 하지만 독점의 방패 안에서 안주와 행복을 누려온 기업은 어느 날 갑자기 나타난 새로운 강력한 경쟁자를 상대하지 못하고 무너져 내리기 쉽다. 그런 관점에서 보면 너무 경쟁자를 두려워할 필요가 없다. 그들을 망하게 하려고 노력하는 것은 순간의 행복을 위한 어리석은 선택이다. 선의의 경쟁은 우리의 내공을 강화하고 전체 산업을 발전시키는 데 기여한다.

너무 압도적인 승리를 하려고 무리수를 두지 마라. 합리적 리드로 시장을 끌고 가라. 그렇게 하는 것이 중도의 개념이다. 상황과 역량에 맞추어 사안에 대한 의사결정을 균형 있게 진행하라. 아무리 올바른 일도 균형 있게 하지 않으면 부담스러운 결과를 초래한다.

항상 직원에게 좋게만 대하는 것이 정답은 아니다. 일상적으로 따뜻하게 대하고 배려해야 하지만, 안 좋은 행동을 하는 누군가에게는 냉정하고 엄정한 피드백Feedback이 보약이 되기도 한다. 감싸 안는 것만이 능사가 아니다. 직원이 한 행위에 대하여 균형감 있고 적절하게 포상과 피드백을 하는 것이 합리적 대응이며, 이것이 '중도'라는 개념에 더 잘 어울린다.

동양철학에서 '도道'라고 부르는 것은 대개 이 '중도'를 일컫는다. 본래 선도철학에서 도道라는 것은 절대 행복, 깨달음, 천국 등 이상적인 상태에 이르는 길, 방법을 말하는 것이다. 그래서 길이라는 의미의 '道'라는 한자를 쓴다. 그런데 그 방법이라는 것이 결국은 중도의 방법을 써야 한다는 것, 즉 적절하게, 자연스럽게, 편안하고 공정하게 가야 한다는 것을 의미한다. 불교의 도道는 팔정도를 말하는데, 줄여서 말하자면, 계정혜戒定慧, 즉 자신을 관리하고 사띠 명상 수련을 하는 것을 의미한다. 명상 수련이란 앞에서 말했듯 meditation, 즉 중도의 수련이며, 그것은 극단적 쾌락이나 극한의 고행이 아니라 균형을 유지하는 수련이다. 천주교나 기독교도 신앙에 있어서 중도를 유지하며 사회와의 균형Balance을 맞추며 간다. 사회의 룰을 넘어 종교의 길만을 고집하지는 않는다. 과격하거나 극단적인 종교는 사이비로서 사회에 해악을 끼치고 소멸해 갔으며, 정통적인 종교들은 모두 사회와 삶에 도움이 되고 그 삶과 균형감 있게 발전하는 것이다.

중도로 객관적으로 보는 것이 깨달음이다. 비즈니스에서도 마찬가지이다. 균형 감각 있게 중도로서 판단하는 것, 상대방의 의도와 행동을 파악하여 나쁜 의도에 당하지 않고, 좋은 의도에는 따뜻하게 협업하고 호응하는 것, 그것이 균형감 있는 경영이다. 중도의 방향성을 가지고 정성스럽게 디테일한 실행을 해 나가는 것이 문제를 해결하는 길이다.

중도는 무엇에 치우치지 않는 가장 자연스러운 것을 말하기에, 흔히들 중도란 그저 가운데나 중간의 밋밋한 것이라고 생각하기 쉽다. 하지만 우리의 상황이 항상 변한다는 것을 생각해 보면, 중도도 이에 상응하여 역동적으로 변화한다는 것을 느끼게 된다. 우리는 중도의 길에서 정적인 균형Static Balance이 아닌 역동적인 균형Dynamic Balance을 유지해야 한다.

항상 가운데에 있는 정적인 상태는 상황에 대응하기 어렵다. 그것은 철학이 없고 실천력도 없는 회색지대에서 사는 것과 같다. 그것은 중도가 아니다. '살아있는 중도는 역동적인 균형을 유지하는 것'이다. 중간에만 있는 것이 아니라 때로는 왼쪽에, 때로는 오른쪽에 서는 것이다. 다만 왼쪽으로 오른쪽으로 너무 치우치지 않도록 하며 평균적으로 중간지대에서 공평하게 하면 된다. 호황일 때에는 직원에게 많이 베풀고 불황일 때에는 허리띠를 졸라매라. 불황에도 직원에게 베풀기 위해 고심하는 인도주의는 자금 여력이 있을 경우에는 환영받겠지만, 자금이 부족하다면 회사의 경영난을 초래하여 직원들에게 실직의 큰 타격을 줄 수도 있다. 그러므로 균형감을 유지하되 정적인 균형이 아니라, 역동적인 균형을 유지해야 함을 기억하라.

역동적인 균형이라는 개념이 개인의 이기심에 따라 이렇게도 저렇게도 맞출 수 있으니 기준이 될 수 없는 것 아니냐고 혹자는 말할지 모르겠다. 그래서 필자는 먼저 객관적 통찰을 말하는 것이다. 당신이 자신의 틀의 한계에서 벗어나 객관적으로 통찰하고 있다면 당신의 지성과 양심이 균형감 있는 답을 도출해 줄 것이다. 역동적인 균형을 고무줄 잣대로 쓰고 있다면 그것은 잘못된 방향이며 자기합리화일 뿐이다.

이전 회사에서 필자는 새롭게 비즈니스를 키우는 데 성공했고, 그런 풍요로운 환경에서 직원들과 함께 성장을 이어갈 수 있도록 하리라 굳게 결심했다. 구조 조정 후 어렵게 다시 꽃피운 비즈니스를 나는 지키고 유지하고 싶었다. 다시는 그들을 떠나보내고 싶지 않았고 때로 그들을 푸쉬push하는 한이 있더라도 항상 기업의 성과가 이어질 수 있기를 바랐다. 그렇게 비즈니스가 오랜 동안 안정화되고 발전하는 것이 우리 모두의 장기적 행복을 담보하는 것이라 생각했다.

그런 마음속에서 직원들 업무의 디테일한 영역에까지 관여하며 강한 관리를 하기도 했다. 또 직원에 대한 심적 배려보다는 비즈니스를 위한 역량 향상과 리스크 관리를 우선시하여 푸쉬했던 경우도 있었던 것 같다. 이제 직원에 대한 해고는 절대 없게 하려고 결심했고, 그래서 부족한 역량을 보이는 직원들을 정리하지 않고, 좀 더 강하게 관리하여 스스로 발전할 수 있도록 하려고 애썼다. 나는 내 진심을 직원들이 알아줄 것이라고 믿었고, 이렇게 관리하며, 비즈니스가 안정적으로 잘 되는 것이 모두를 위한 최선이라고 생각했다. 성과가 나면 급여도 많이 올려주었고, 그래서 함께 행복해지고 있다고 믿었다. 그저 맘씨 좋은 경영자도 아니고 피도 눈물도 없는 경영자도 아닌 중도의 경영자가 되었다고 생각하고 있었지만, 그것은 나의 관점이었던 것 같다. 회사가 커지면서 새로운 직원들도 지속적으로 채용되었고, 인원도 많이 늘어났으며, 새로 온 직원들은 어려웠던 시절은 모른다. 그들에게는 새로운 역사, 새로운 미래가 더 중요하며, 부담 속에 새롭게 시작한 직원들을 그런 관점에서 더 따뜻하게 안아주는 리더를 기대했을 것이다. 이런 관점에서 나는 이미 훌륭하게 자리 잡은 비즈니스 성과에 계속 몰입할 일이 아니라 이제는 직원들의 마음을 좀 더 보살피고 비전을 심어주는 리더로서의 역할이 더 중요해진 것이다. 어리석게도 나는 그것을 인지하지 못하고 있었던 것 같다. 혹시 필요에 따라 직원들을 푸쉬했을 때는, 뒤에서 다시 다독이고, 내용을 설명하고, 그래서 직원들과 더 공감대를 형성하고, 그들을 품에 안으려고 노력했어야 했던 것이다. 그것이 새로운 상황에 맞는 역동적 균형이었는데, 그 변화를 따라가지 못한 것이다.

중도의 의사결정을 하고 중도로서 훌륭한 리더십 스타일을 형성하여 좋은 성과를 내었다고 하더라도, 자만하지 말고 환경의 변화에 따라 역동적으로 변화하는 리더십을 보여주어야 한다. 환경이 바뀌면 현재의 중도 스타일에서 새로운 중도 스타일로 무게 중심에 변화를 주어야 하는 것이다.

의사결정을 할 때 중도의 사고, 즉 Dynamic Balance를 바탕으로 결정해야 하는 것의 예시를 들자면 다음과 같은 것이 있겠다.

투자 금액을 어느 정도 할 것인가
고객에게 주는 혜택은 어떻게 가져갈 것인가
상품·서비스 단가는 어떻게 설정할 것인가
업무 강도에 어느 정도의 기대치를 둘 것인가
직원들의 급여와 복지 수준을 어느 정도로 할 것인가
CSR과 사회적 기여는 얼마만큼 할 것인가
나의 의견과 직원의 의견이 다를 때 어떻게 의사결정할 것인가
워라밸은 어떻게 맞추어 갈 것인가
경쟁사의 반칙에 어떻게 대응할 것인가

어떤가? 균형감 있는 대응 방법을 생각할 수 있겠는가? 답을 찾을 수 없다면 좀 더 통찰하라. '마음 챙김'하여 감정을 내려놓고 바라보라. 한 가지 부연하자면 위의 질문 중 만일 CSF핵심 성공 동력에 관련된 것이 있다면 자신의 역량과 자원을 좀 더 투여할 것을 고려해 보는 것이 필요하다. 비즈니스에 성공한 리더들은 중요한 전환점Turning point 혹은 critical point에서 과감한 결정을 한 사례가 많다. 분명 이것은 배울 만한 훌륭한 의사결정이지만, 때로는 비슷한 상황에서 베팅했다가 위기에 처하는 사람도 많다. 과감한 결정을 할 때에는 그것을 성공으로 만들 수 있는 무언가가 있어야 한다. 훌륭한 동료나 직원이 함께하

고 있거나, 마케팅 자금이 충분히 준비되어 있거나, 성공을 위한 핵심 역량Core competency을 확보하고 있거나 등등이다. 이것을 이해한다면 평소에는 중도를 지켜 경영하다가도 성공의 근거가 있을 때에는 그것을 토대로 파격적인 투자 결정을 할 수도 있다. 중도Balance이긴 하지만 역동적 중도Dynamic Balance라고 강조하는 이유가 여기에 있는 것이다. 상황을 통찰하고 이를 바탕으로 한 중도이어야 의미가 있는 것이며, 통찰한 상황에 따라 때로 다이내믹한 결정을 내릴 수도 있다는 것을 알고 있어야 한다.

제4장 자애·사랑

인간의 삶이 무엇이냐고 한마디로 답해 보라고 주문한다면 나는 '관계'라고 말할 것이다. 이 말은 좋은 것이 좋다는 뜻은 아니다. '좋다', '나쁘다'를 평가하기 이전에 관계 자체가 의미가 있다는 말이다. 삶이란 그저 관계이다. 나는 오감을 통하여 나 아닌 것들과 관계를 갖는다. 물질을 보고 듣고 냄새 맡고 먹으며 맛을 느끼고 만져보고 그것을 인지한다. 자연과 사람, 사람과 사람의 사이에서도 관계에 따라 도움을 받기도 하고 피해를 보기도 한다. 다소 생소한 사람과도 마찬가지로 말과 행동과 글과 표정으로 서로 영향을 주고받으며 관계를 맺는다. 또한 나 자신과도 관계를 맺는다. 나의 정신은 내 몸의 상태에 영향을 받고 내 기분은 내 몸과 마음에 영향을 준다. 그러므로 나 자신의 내부적인 성찰로부터 다른 사람과의 만남을 갖는 것, 자연 속에서 느끼는 것, 물건이나 상품을 사서 누리고 향유하는 이 모든 삶의 과정이 모두 일종의 관계라고 볼 수 있다.

그러므로 아름다운 관계를 맺어야 한다. 그것만이 당신의 삶을 아름답게 만들 수 있는 것이다. 관계가 없으면 당신도 없다. 모든 우주 만물은 관계를 통해서만이 그 의미를 부여 받는다. 우주 공간에 어떤 물체 하나만 있다면 그것은 움직여도 움직이는 것이 아니다. 무엇에 비교하여 상대적인 위치가 바뀌는 것이 움직이는 것인데, 그 기준이 될 무엇이 없기 때문이다. 그것은 죽은 것과 같으며, 있어도 있음을 입증할 수 없는 것이다. 마찬가지로 사람은 우선 나 자신의 육체와 마음의 관계를 통해서 존재를 인지할 수 있고, 다른 사람과의 관계를 통해서 의미를 부여 받을 수 있으며, 다른 물체·자연·상품을 통하여 자신의 삶을 아름답게 빛나게 할 수 있다.

사람에게 아름다운 관계란 그저 베푸는 관계, 그저 좋은 것만이 좋은 관계가 아니다. 상대방을 존중Respect하고 인정하며 때로 도움을 주고받으며 서로 마음을 느끼며 사는 관계가 아름답지만, 혹시 상대에 잘못이 있을 경우에는 그에 부합되게 피드백도 하고 코칭coaching하는 관계도 그 못지않게 아름답다. 그리고 아름다운 관계란 그가 내게 잘못했더라도 그에게 충분한 이유가 있고, 내가 그 원인을 제공한 상황이 맞으면 이해하고 용서도 할 줄 아는 관계이다. 그러나 그가 이해 받을 수 있는 선을 넘어섰다면, 정의로운 사회를 위해 꾸짖을 줄도 알아야 한다. 다만 그가 한 행동이 안정된 사회와 세상에서 공감하는 기준에서 벗어난 행동이라는 것이 객관적으로 명확해야 하고, 또 그 옳지 않은 짓에 부합하는 합당한 과정과 방법을 거쳐서 꾸짖어야 함은 물론이다. 그가 선을 넘었는지에 대하여 자신의 틀, 자신의 이해 관계에서 생각하지 말고, 통찰하여 객관의 눈으로 바라보아야 한다.

여러 사람들을 만나고 즐기며 네트워크를 넓히는 것은 나름 의미 있겠으나, 여기에서 말하는 관계와는 조금 다른 얘기이다. 관계는 많이 맺는 것이 중요한 것이 아니라 아름다운 관계를 갖는 것이 중요하다. 그러기 위해 나 자신과 이웃과 이 세상을 사랑하라. 그것이 세상을 살아가는 기본 자세이다.

1. 셀프 임파워먼트하라

관계 중심의 삶을 위하여 나 자신, 이웃, 그리고 세상을 사랑하라고 말했다. 그 세 가지 중에서 가장 먼저 해야 할 일은 자기 자신을 사랑하는 것이다. 우리가 세상을 살아가는 힘의 원천은 자신에 대한 자존감이다. 만일 자존감이 고갈된다면, 아마도 그는 아무 일도 할 수 없게 되고, 눈치만 보며 비주체적으로 삶을 살아가게 될 것이다. 그러나 생각해 보면 누구나 자존감이 낮아질 때가 있고 누구나 의기소침해질 때가 있다. 이럴 때 자기 자신의 용기를 북돋는 슬기를 발휘해야 한다. 이것을 '셀프 임파워먼트Self-Empowerment'라고 부른다.

경영학에서 어떤 사람에게 힘과 결정권, 권한을 부여하는 것을 'Empowerment'라고 하는데, '권한 위임'이라고 보통 번역한다. 말 그대로 파워를 갖게 한다는 뜻이다. 같은 원리로 나 자신에 대하여 스스로 용기를 북돋는 것도 필요한데, 이것이 '셀프 임파워먼트'인 것이다. 이것은 스스로 마음에 에너지를 충전하여 자존감을 갖도록 치어 업Cheer-Up하는 것을 말한다. 이렇게 주기적·반복적으로 자신을 응원하여 긍정적이며 파워 있는 마음가짐으로 살아갈 수 있도록 스스로를 보살피는 게 필요하다. 이것은 긍정적 상상, 자기 암시, 기도, 발원 등의 과정에서 느끼는 감성과 비슷한 것이라고 생각된다.

셀프 임파워먼트는 경영학적 방법론이지만, 이와 유사하게 마음을 보듬고 자기 효능감을 유지하는 방법으로 자애명상이라는 것이 있다. 필자는 자기 자신을 임파워먼트시키는 방법으로 자신에 대해 자애심을 가지고 스스로의 마음을 보호하는 이 명상 방법을 권한다. 그것은 '스스로를 위로하고 보듬는 명상'이다. 화나는 마음, 적대시하는 마음을 흘러 보내고, 따뜻한 마음으로 돌아오도록 이 명상을 하는 것도 좋겠다. 그 방법에 대해 간단히 예를 들자면, '내가 편안하고 안전하기를', '나는 올바르고 훌륭하게 살아가고 있는 나 자신을 사랑한다', '나는 이렇게 따뜻함을 나누며 살아간다. 그래서 행복으로 충만하다' 등을 스스로에게 이야기해 주면서 자신의 마음을 쓰다듬어주는 것이다. 가급적 고요하고 편안한 곳에서 내가 '객관'이라는 이름의 또 다른 내가 되어, 아직은 개체에 불과한 스스로를 위로해 주고 다독여주라.

자애 명상 이외에도 자기와의 대화를 하거나, 자기 암시의 시간을 갖거나, 혹은 개인적 신앙에 따라서 자신의 종교에서 권하는 기도를 통해 심적 강화를 꾀하는 것도 추천할 만하다. 그렇게 자신을 보듬어 주고, 지금 이 순간 가치 있게 살아가고자 노력하는 자신에 대해 존경심Self-Respect을 갖자. 스스로 올바르고 능력 있는 사람임을 믿어주자. 본래부터 어떤 정체성을 갖는 나란 없다. 나의 정체성은 지금 믿는 것부터 시작되는 것이다.

그리고 일하는 중간 중간 행복을 느끼고 즐거움을 누리는 것도 셀프 임파워먼트에 도움이 된다. 자신이 잘한 일이 있다면 스스로에게 작은 상을 주는 것도 좋다. 예를 들어서 시험공부를 열심히 하여 시험을 친 후 그날 오후 편안한 휴식 속의 만찬을 즐기며 스스로를 격려 Cheer-up하는 것은 내적 자존감을 강화시켜 준다. 이러한 작은 상, 휴식, 힐링의 시간을 가질 수 있도록 하자. 혹시 상황이 여의치 않아 그것이 사치로 느껴지더라도 잠시 시간을 내어 효율적·경제적으로 할 수 있는 작은 방법들을 생각해 보라. 그래서 상황에 맞게 다양한 방법으로 스스로를 임파워먼트하자. 화내는 마음, 불안한 마음, 자신감 없는 마음, 그리고 이로 인한 스트레스는 건강도 헤치지만, 비즈니스에서도 우물쭈물 시간을 지연하거나 자충수를 두어 자멸하게 한다. 우리가 무언가를 하고자 할 때 셀프 임파워먼트는 모든 것의 바탕이 되는 것이다.

　필자는 K컨설팅사에 입사하여 새로운 도전을 한다는 마음에 부풀어 있었다. 그런데 막상 컨설팅을 시작하려고 하니 지금까지 내가 배우고 알아 온 것들이 빙산의 일각처럼 너무 초라하다는 생각이 들었다. 회사마다 인생을 바쳐 노력하고 고민하며 그 분야를 일구어 온 수많은 고수들이 있었는데, 그들을 컨설팅하고 코칭하기에 나는 아직 우물 안의 개구리에 불과한 존재처럼 느껴졌다. 게다가 컨설팅사의 담당 사원은 나의 자존심을 더욱 긁어댔고, 내 마음은 점점 흔들리고 무너져 내리고 있었다. 회사를 다닐 때 나는 적어도 내 분야에서는 최고라고 자부하고 있었는데, 그 모든 것이 오만이었음을 느끼며 좌절했다. 그러자 나는 컨설팅을 할 수 없을 것 같았고 자영업 등 대체할 일을 기웃거리기도 했다.
　그때 그 컨설팅 회사에는 나와 비슷하게 입사한 동료가 있었다.

이 컨설턴트는 같은 입장에서 같은 고민을 하고 있었고, 그와 대화하고 동료로서 교감하면서 나의 마음도 다소 위안이 되었다. 그리고 일단 마음을 위안한 후에는 스스로 할 수 있다고 믿으려 애썼다. 경영학과 대학원 시절에 배웠던 'Self-empowerment' 자료를 꺼내 놓고 '누구나 힘든 마음이 주기적으로 찾아 든다', '스스로를 칭찬하고 자동차 주유하듯 자기 효능감을 자신에게 채워 넣어라' 등 교수님의 메시지를 스스로에게 되뇌었다.

그리고 나는 컨설팅사에서 제공하는 많은 자료들을 읽어 보았다. 내가 몰랐던 수많은 시스템과 기법을 공부하고 사례를 연구했다. 그때까지는 품질 관리, 개발, 구매 등이 주로 거쳐 온 업무 영역이었지만, 이에 부가하여 마케팅, 인적 자원 관리, 전략 경영 등 다양한 분야도 공부를 할 수 있었다. 실로 엄청난 공부를 했고 그 뒤에 일부의 컨설팅 현장에도 나갈 수 있게 되었다. 시간이 흐른 후 나는 그 공부를 바탕으로 경영자로 변신할 수 있었고, 업종을 불문하고 다양한 회사의 임원으로, 경영자로 다시 활동할 수 있게 되었다.

내가 할 수 없다고 생각한 곳에서 방황했지만 스스로에게 준 위로와 용기가 오히려 내가 더 발전할 수 있는 동력을 갖게 해 준 것이다.

타인에게 임파워먼트를 받는 것이 계기가 되어 자존감이 강화된 또 다른 경험도 있었다.

필자는 본래 S그룹으로 입사했는데, P사에 인수 합병되어 근무 기간을 합치면 정말 오랜 시간을 그곳에서 일하게 되었다. 하지만 처음에는 그렇게 오래 근무할 수 있을 거라고 생각하지 못했다. 내가 근무한 곳은 제품을 제조하는 공장이었다. 나는 스스로 공장에서의 근무가 성격에 잘 맞지 않는다는 생각을 하게 되었고, 스스로에 대한 자신감도 떨어져 갔고, 나의 능력에 대해서도 회의감이 들곤 했다.

그러다가 새로운 조직인 개선 TF팀이 꾸려져서 그 멤버로 들어가게 되었다. 매일 밤늦게까지 일하며 공장의 생산성 향상을 위해 토의하고 분석하고 실행했다. 역량 있는 선배를 만나 일을 어떻게 해야 하는지 이론도 배우게 되었고, 실제로 바로 바로 현장에서 적용도 하게 되었다. 그 과정에서 책임자이셨던 공장장님과 팀 리더에게 많은 칭찬을 받고 자기 자신을 재발견하는 계기가 되었다.

나는 적어도 공장에서는 별로 재능이 없다고 생각하고 다른 일을 알아보려던 참이었는데, 제대로 된 코칭을 받고 업무를 수행한 것에 대해 칭찬을 받으면서 마음이 바뀌었다. 이 일을 바탕으로 제조업 경영에 대해 이해의 폭이 넓어지게 된 것이었다. 공장장님은 사실 공장을 하나의 독립 사업부처럼 운영하시는 분이셨는데, 그분은 운영의 대부분을 팀과 공유하셨고 함께 토론하셨다. 그 과정에서 필자는 많은 배움과 깨우침이 있었는데, 그 뒤로는 내가 어디에 가든 경영을 할 수 있겠다는 생각이 들었다.

점점 자부심이 생겼고 머릿속에서는 판단의 프레임이 점점 확장되고 깊어지는 느낌이 들었다. 하는 일마다 성과가 났고 때로 사장님의 좋은 피드백도 전해들을 수 있었다. 작은 성공, 작은 칭찬으로 내가 할 수 없는 일이 내가 잘하는 일로 바뀌게 된 것이다.

2. 가족, 동료와 고객에 자애심을 가져라

다음 자애심을 가져야 할 대상은 같은 그룹에서 같은 목표를 향해 같은 길을 가고 있는 동료와, 그들의 지향점에 있는 우리의 고객이다. 물론 항상 나에게 응원군이 되어 주고 함께 해 주는 가족이나 친구 등은 말할 나위도 없다. 이들에 대한 임파워먼트는 우선 그들을 존중 Respect하는 데에서 시작한다. 자존감이 나의 에너지가 되듯이 내가 그들에 대해 보여준 존중이 그들에게 자존감이 되어 그들의 에너지 레벨을 높이고 정성을 다해 집중하고 통찰하게 하는 힘이 되어 준다. 그러므로 가족, 동료와 고객에 자애심을 가져야 한다. 항상 경쟁에 지쳐 있는 현대인들은 누군가의 형식적인 칭찬만으로도 크게 기뻐하며 삶의 기쁨을 얻기도 한다. 하물며 당신의 진심 어린 존중이 그들에게 어떤 정도의 에너지원이 될지는 상상이 갈 것이다. 다그치고 혼내는 것보다 존중을 바탕으로 원만한 소통communication을 하는 것이 훨씬 효과적이다. 또 한편으로는 이것은 그들에 대한 배려이다. 그들에게 살아가는 자존감과 가치를 올려주고, 삶의 의미를 당당하게 바라볼 수 있게 도와주는 대승적 행동이다.

S사에서 혁신 팀의 시기를 보낸 후 필자는 부서의 팀장으로 승진하게 되었다. 처음 부서를 책임지는 신임 리더가 되어 많은 일들을 의욕적으로 진행했다. 직원들에게 롤 모델이 되고 싶어서 품질 클레임 고객에게도 직접 찾아갔다. 보통 고객에게 혼나는 자리라서 부서장들은 기피하는 경우가 많았지만, 필자는 직접 가서 혼도 나고 문제도 직접 파악하는 등 현장에서 뛰었다. 하지만 근본적으로 품질이 유지되

도록 사전 관리를 할 수 있는 것은 직원들이었다. 그들이 역량 있게 잘해야 내가 편하고 내가 고객에게 가서 어깨를 펼 수 있다는 것을 알았다. 나는 부서의 책임자로서 해당 직원들에게 애정을 기울이며 코칭하여 성장시키려 애썼다. 직원들이 이해할 수 있도록 논리적으로 코칭하고 개선 프로젝트를 스스로 주도하여 할 수 있게 기회를 주었다. 그리고 일의 성패와 관계없이 최선의 노력을 다하는 모습을 보였을 때는 존중하고 알아주고 칭찬하려 애썼다. 그렇게 직원들이 성장해 가자 나의 부서 역량이 점점 강화되어 갔다. 그 과정에서 보람도 있었다. 내가 키운 직원들을 다른 부서에서 탐내어 데려가는 경우가 많았던 것이다. 나는 내 업무의 편리함을 위해 그 직원들을 곁에 붙들어 놓지 않았고, 그들의 커리어 발전을 위해 기꺼이 보직 이동의 기회를 주었다. 그들의 성장이 나의 행복이었다. 지금도 그런 후배들에게서 가끔 연락이 온다.

그 뒤 새롭게 이직한 곳(전라도의 L사)에서 필자는 직원에 대한 애정과 칭찬이 얼마나 중요한 역할을 하는지 다시금 실감하게 되었다. 새로운 곳에서 나는 회사의 중요한 한 부분을 책임지고 살려야 하는 리더였고, 그 부서의 작업자들은 내가 무언가 좋은 역할을 해 주기를 기대하고 있었다. 나는 사실 혼신의 힘을 다해 애썼다. 그런 모습이 지속되면서 그들도 나를 존경해 주었고, 나도 나의 방향에 따라 열심히 하는 그들에게 깊은 감사와 애정을 느끼게 되었다. 나는 사업부장이 함께 자리한 회의에서 열심히 한 그분들을 의도적으로 칭찬해 주었다. 그들의 노력을 더 빛나게 해 주고 싶었던 것이다. 아마도 리더의 역할 중에 가장 중요한 것은 열심히 일한 직원을 효과적으로 칭찬하는 것이라고 생각했다. 그리고 그 직원들은 내가 계획한 것보다 일을 더 잘해 와서 나를 깜짝깜짝 놀라게 하곤 했다. L사에서는 그런 배경에서 많은 현장 개선을 할 수 있었다. 사실 그것은 나를 신뢰하고 철저하게 실행해 준 직원들과 현장 반장님들이 있어서 가능했다고 생각한다. 한 가지 사례를 들어보겠다.

생산부서에는 작업표준을 비롯하여 품질을 지키기 위해서 만든 여러 가지 작업 기준들이 있다. 그런데 이게 잘 지켜지지 않아서 계속 불량이 발생했고 공정 특성이 전수 검사를 할 수 없어서 항상 불량 리스크가 있었다. 그래서 QA 부서의 한 현장 반장에게 작업자가 기준을 잘 지키는지 감시해서 실시간으로 보고하도록 하는 역할을 맡겼다. 실로 부담스러운 역할이었고, 욕먹을 수 있는 결정이었다. 그런데 이 QA 반장이 이 일을 너무나 충실히 실행하여 문제가 보일 때마다 실시간으로 피드백하고 즉시 조치되지 않으면 바로 보고했을 뿐 아니라, 해당 작업자에게 따로 이 일의 필요성을 설명하고, 때론 밥까지 사주면서 공감대를 형성하려고 애썼다고 한다. 게다가 나에게 건의하여 그 실수를 한 작업자의 이름을 익명으로 처리하고 일체의 책임도 묻지 않게 했다. 현장의 저항이 가라앉으며 시스템이 자리를 잡기 시작했고, 결국 불량으로 인한 고객 클레임이 현격히 줄어들고 있었다. 현장 작업자들은 그 QA 반장을 한편으론 여전히 부담스러워 했지만, 한편으로는 어려운 악역을 하느라 수고한다고 거꾸로 다독이기까지 했다고 한다. 나의 작은 칭찬과 신뢰가 이 QA 반장님이 이토록 적극적으로 문제를 해결하게 한 것이었다. 현장을 감시한다는 나의 결정은 지금 생각해도 참 부족한 의사결정이었지만, 그것을 큰 성공으로 만들어준 것은 고마운 그 반장님 덕분이었다.

함께하는 사람들(가족, 직원, 이해 관계자) 및 고객과의 관계와 배려에 정성을 들여야 한다. 우리는 서로 연관되어 있다. 하는 일 자체와 그 일을 하는 시간, 성과로서의 결과물, 그리고 그 과정 속에서 느끼는 마음에서, 우리는 서로 많은 영향을 주고받는다. 이 관계가 에너지를 빼는 것이 아니라 에너지를 일으키는 것이어야 한다. 방법은 간단하다. 그들이 한 성과나 과정에 대하여 팩트Fact를 기반으로 존중하고 칭찬하라. 그러면 우리의 에너지가 증폭될 것이다.

직원 간의 갈등이 있을 때 칭찬하기 피드백 타임을 갖은 경우가 몇 번 있었다. 예를 들어, 멤버가 다섯 명이라면, 그 중 한 사람을 정하여 나머지 네 사람이 돌아가면서 칭찬을 한다. 의무적으로 1인당 세 가지의 칭찬을 해야 한다. 구체적으로 어떤 점이 훌륭한지 설명하며 칭찬한다. 나쁜 점이나 비판할 점은 결코 이야기하지 않는 것이 룰이다. 이렇게 돌아가면서 다섯 명이 다 칭찬받게 되면 갑자기 칭찬해 준 상대방에 대한 긍정적인 기분이 들기 시작한다. 정말이다. 당장 집에 가서 가족끼리 해 보아도 좋다. 단, 사전에 칭찬할 점을 생각할 시간을 주어야 한다.

하지만 무조건 좋은 것이 좋은 것은 아니다. 좋은 관계를 맺었다고, 해야 할 말도 못하고 주저주저하다가는 오히려 도움이 되지 않는 관계로 전락할 수도 있다. 때로는 뼈아픈 이야기도 기분 나쁘지 않게 전달하기 위한 고민을 해야 한다. 인생은 길다. 당장은 이 아픈 얘기에 상대방이 실망스러워할 수 있겠지만, 나중엔 이것이 그에게 약이 될 수 있다. 그러므로 무조건 칭찬만 하라는 뜻은 아니다. 상대방의 잘못도 지적해야 한다. 다만 인격적으로 모욕감을 느끼지 않게 그 사람이 아닌 사실Fact에 기반한 이야기를 전하라. 그 일로 인해 회사에 끼치는 손실Loss 혹은 업무 시스템의 문제에 대해 사실적이고 논리적으로 설명하라. 코칭하듯 이야기하라. 이 또한 비즈니스 관계에서 필요한 것이다. 다만 공정하고 합리적으로 하면 된다. 감정을 싣지 말고, 인신공격하지 말고, 단지 사실에 기반하여 상황을 설명해서 개선될 수 있도록 하라는 것이다. 참고 넘어가는 것은 현명한 선택이 아니다. 알게 해야 하고, 기분 나쁘지 않게 받아들이게 해야 한다. 그럼으로써 우리는 서로 발전하는 것이다.

피드백을 하는 데에도 현명한 방법이 있다. 필자가 근무했던 P사에서는 다음과 같은 피드백의 요령을 직원들에게 알려주었고, 필자는 평생을 잊지 않고 활용하고 있다. 피드백은 칭찬(positive feedback)과 개선 요청(negative feedback)으로 구분할 수 있는데, 이 둘의 방법이 각각 다르므로 잠시 소개하고 넘어가고자 한다.

포지티브 피드백(칭찬)을 하는 방법은 다음과 같다.

첫째, 칭찬하겠다고 먼저 말한다.

둘째, 구체적으로 칭찬 받을 행위가 무엇인지를 말한다.

셋째, 그 행위의 구체적 성격과 우수했던 포인트를 설명한다.

넷째, 그 행위의 결과, 즉, 당신이 기뻐하는 기능적 향상, 혹은 회사에 대한 영향을 설명한다.

다섯째, 계속 그 장점을 발전시켜 갈 것을 당부한다.

이렇게 칭찬하면, 그저 기분 좋으라고 하는 형식적 칭찬과는 달리,

사실을 기반으로 진심 어린 칭찬을 하고 있다는 것을 느끼고 동기부여를 받게 된다.

반면, 부정적인 피드백을 하는 경우의 방법론은 아래와 같다.

첫째, 균형 있게 하라. 즉 '두 번의 칭찬과 한 번의 지적' 정도로 적절한 비율을 유지하라.

둘째, 때와 장소를 가린다. 특히 사건 직후 서로 감정적일 때는 피드백을 지양하는 것이 좋다. 장소도 공개된 곳이 아닌 둘만 조용히 대화할 수 있는 환경을 선택한다.

셋째, 구체적인 행위에 대해 피드백한다. 즉 사람의 특성이 아닌 그 행위에 대하여 피드백한다. 특히 구체적인 개선 행위를 제시하면 더 도움이 된다. 예를 들어 '너는 시끄럽고 정신 사납다'라는 표현보다는 '소리는 약간 낮추고 다른 사람이 생각할 수 있도록 문장 간에 잠깐씩 쉬며 얘기하라'라고 말하는 것이 좋다.

넷째, 애매한 표현을 피하고 자신의 생각을 피드백한다. 예를 들어 '다른 사람은 이렇게 생각할 거다'보다는 '내가 이렇게 소문을 들었다'라고 명확하게 이야기하는 게 좋다.

다섯째, 상대방이 방어적이지 않게 편안한 분위기에서 피드백한다. 말할 때에도 속사포처럼 말하지 말고 상대방이 개선 방법을 찾을 수 있도록 중간 중간 Room을 주어 피드백한다.

여섯째, 명확히 소통되었고 이해되었는지 확인한다.

이러한 방식으로 피드백한다면 나에 대한 부정적 감정에 기초하여 비판 하는 것이 아니라, 다만 그 행위에 대한 개선을 요청하고 있다는 것을 상대방이 이해할 것이다.

사람들과의 사회적 관계를 통해 우리는 내적으로 강화되고 진화하고 서로의 의미를 찾는다. 그러므로 관계를 통해 직원과 고객에 베풀고 배려하라. 그렇게 자애심과 존중을 가지고 좋은 영향을 주고받아라. 코칭은 물론 네거티브적인 피드백도 친근함 속에서 하라. 그러면 좀 더 저항 없이 받아들일 것이다.

많은 분들이 스티브 잡스Steve Jobs와 빌 게이츠Bill Gates를 알고 있을 것이다. 그 두 사람을 자애명상적인 관점에서 간단히 살펴보고자 한다. 스티브 잡스는 훌륭한 명상가였고 창의적인 분이었으며 경영에 한 획을 긋는 천재 경영자였다. 하지만 조금 아쉬운 것은 그의 경영에 자애하는 마음이 더 담겨 있었더라면 어땠을까 하는 생각이 든다. 그는 너무 긴장된 집중의 삶을 살았고, 자애와 이완의 시간이 적었다고 나는 생각한다. 만일 그러지 않았다면 아마 우리는 이 천재 경영자를 좀 더 오랜 동안 볼 수도 있었을 것이다. 이완의 힐링과 자애는 경영자의 스트레스를 줄이고 마음의 여유를 갖게 한다.

반면 빌 게이츠는 나눔을 얘기하며 조금 더 배려하고 베풀 것을 말하고 있다. 아마도 그는 좀 더 자애하는 마음을 갖게 된 것 같다. 스탠포드대에서의 스티브 잡스의 연설처럼 일은 소중하고 나를 가치 있게 하는 것이다. 그러나 그가 말한 것처럼 내가 언제든 죽을 수 있는 존재라고 생각하고 이를 악물고 일에 집중하며 사는 것보다는 조금 더 편안하게 이완된, 그러나 행복한 집중을 하는 경영자가 되기를 바란다. 소중한 일을 더욱 오랜 동안 잘하기 위해서이다. 우리는 단거리 선수가 아니라 인생 마라톤 선수이기 때문이다. 비단 기업을 경영하는 게 아니어도 직장 생활을 하거나 학업을 하거나 시험 준비조 차도 초기 몰입을 위한 긴장의 시간을 넘기고 나면, 모두들 이완의 마음으로 행복한 집중의 과정 속에서 살아가기를 바란다.

필자는 젊은 시절 스티브 잡스처럼 합리적인 사고를 매우 중요한 가치로 생각했었지만, 지금은 감성적 관계 속에서 베풀고 자애하며 함께 누리는 게 소중하다는 것을 점점 더 마음속 깊이 느끼고 있다.

3. 모든 사람과 대상이 나와 연관됨을 이해하고 일체감·동질감·공감대를 느끼며 살아라

내가 접하는 모든 사람과 대상은 나와 관련되어 있고 나와 연결되어 있다. 내가 원하든 원하지 않든 우리는 서로 영향을 주고받는다. 그리고 같은 자연 법칙의 지배를 받으며 살고 있는 우주의 동지이다. 우리 인류는 서로 생각과 철학이 다른 것 같아도, 사실 크게 보면 별반 다르지 않다. 특히 인터넷이 발달한 현재 많은 사람들의 속마음 은 비슷한 원리에 따라 작동되고 영향을 주고받는다. 따라서 모든 사람들이 개체적 입장만 다를 뿐 궁극적으로 나와 유사한 마음으로 서로 연관됨을 이해하고 일체감·동질감·공감대를 느끼며 살아야 한 다. 홀라키holarchy라는 관점에서 생각해 보자. 나와 너를 같은 단위로 서 품은 전체가 상위의 홀론이며, 다시 말하면 나와 너는 같은 전체로 서 품어진 같은 홀라키적 개체라는 점에서 타인과 나는 근본은 동질 적인 것이며 어떤 의미로는 같은 것이니, 나를 사랑하듯 타인도 이해 하고 수용하고 공감할 수 있어야 한다.

홀라키적 관점에서 상호 영향을 미치는 동일한 서로에 대한 자애명상을 하는 것이다. 이것은 상대방에 대한 사랑이 결국 나에 대한 사랑과 다를 바 없기 때문이다.

모든 사람, 동식물, 자연에 대하여 사랑하는 마음을 가져라. 그러면 그 마음이 흘러넘쳐 사람들이 자신을 따르게 될 것이다. 그리고 브라만, 신, 성인, 인류의 문화 등 상위의 홀라키적 진리에 대하여 사랑하는 마음을 가져라. 이러한 관점에서 신을 모신다면 기독교든 불교든 어떤 종교든 우리에게 큰 도움이 된다고 나는 생각한다.

여러분과 여러분의 직원들이 이 세상의 모든 사람, 모든 자연, 환경과 소통하는 마음일 때 창의력이 커진다. 다른 입장을 이해하고, 그 관계의 핵심 포인트를 읽어낼 수 있기 때문이다. 그래서 가능하다면 기업에도 그런 소통의 분위기를 연출하는 것이 좋다.

필자는 사업 영감이 잘 떠오르지 않으면 회사 주변의 하천 고수부지를 걷기도 하고, 산책도 좋아한다. 때로는 여행을 떠난다. 그렇게 아무런 제약 없이 만나고 마주치는 대상들을 바라보다 보면 새로운 생각이 떠오르고 아이디어가 생겨난다. 척박한 서울의 근무환경 때문에 그것이 어렵다면 사내에 작은 공간이라도 준비하면 좋다. 필자의 회사에는 창의 카페Creative café가 있었다. 그곳에서 직원들이 편히 휴식하며 새로운 영감을 떠올릴 수 있는 공간이 되기를 바라면서 각종 편의를 제공했다. 때로 서로 마음이 맞지 아니하거나, 긴밀한 공조가 필요한 두 부서가 있으면 '크로스 미팅Cross meeting'이라고 해서 그 두 부서의 직원들이 모여 함께 그곳에서 술도 마시고 얘기도 나눌 수 있는 시간도 갖도록 하고 있다.

자연과 사람, 공간과 사람, 팀과 사람, 팀과 팀 등 다양한 상호 관계를 사랑으로 품어낼 수 있다면, 우리가 어떤 느낌으로 살아갈 수 있을지 상상해 보라.

　자연을 사랑하고 다른 모든 사람들을 애정으로 바라보고 대할 수만 있다면 인생은 훨씬 행복하고 아름다울 것이다. 그보다 더 가치로운 삶의 How to를 찾기는 어려울 것이다. 아마도 삶의 여정을 통해 성숙하고 발전하면서 그러한 사랑 속의 관계를 맺어가는 것이 가장 큰 가치요, 삶의 의미인 것 같다.

　그러나 모든 사람을 이해하고 공감대를 형성하는 것은 사실 쉬운 일은 아니다. 그것은 평생을 두고 닦아가야 할 삶의 과제일 것이다. 더욱이 어려운 것은 나에게 해를 끼친 사람이나, 무례하거나 내가 좋아할 수 없는 사람 등을 이해하려고 하는 것이다. 아직 수련이 부족한 필자도 사실 어려움을 느끼는 부분이기도 하다. 그럴 때에는 이해하고 공감하기보다는 먼저 그들에 대한 나의 반응을 감정 없이 그저 바라보라. 그렇게 일정 시간 무심하게 바라보고 있으면 더 이상 그들이 나의 판단 속에 들어와 흥분시키거나 나의 이성을 교란시키지는 않는다. 그들이 나의 마음을 혼란스럽게 하는 것이 가라앉았다면 이제 그들에 대하여도 그저 감정 없이 바라보라. 그래서 그들이 더 이상 내 감정을 방해하지 않으면 그대는 그 대상으로부터 자유로워지는 것이다. 하지만 그들로 인해 입은 상처가 너무 커서 떠올리는 것 자체가 너무나 싫다면 그 대상을 다시 회상하지 않아도 좋다. 그들로 인하여 마음이 상한 나 자신을 돌보는 것으로도 충분하다. 그들로 인해 상처 입은 내 마음을 지켜보고 감정 없이 바라볼 수만 있어도 그대는 그들이 만들어 놓은 악연에 더 이상 속박되지 않을 것이다.

필자는 D사에서 퇴사한 후 1년간의 공백 기간을 거쳐 M사에 전문 경영인 사장으로 입사하게 되었다. 중간 공백기, 그 명상의 시간 동안 그간의 기업 경영과 마음 닦기의 삶을 정리하여 나는 '비즈니스 명상'을 정립할 수 있었다. 그 시간은 평생 처음 오롯이 성찰에만 집중했던 시간이었고, 경영철학을 정리하고 새로운 도전을 할 수 있는 에너지를 심어준 소중한 시간이었다. 그렇게 확립한 마음을 바탕으로 또 다시 이직한 이곳 M사에서 전문경영인 사장으로서 나는 다시 경영을 시작했다. 회사의 핵심 경쟁력을 파악하고, 전략과 세부 계획을 세웠다. 이완의 집중을 하는 마음으로 소통하고 대화하며 직원들을 소중히 생각하고 함께 실행하려 애썼다. 나는 주로 이미지 마케팅Visual story telling Marketing에 집중했다. 많은 개선 활동과 새로운 시스템도 수립하여 운영 중이며, 새로운 콘셉트로 신제품도 기획하여 출시하였다. 그러나 굳이 그 결과에 집착하지는 않으려 한다. 이 과정 속에 이미 결과가 잉태되어 있다는 것을 알기 때문이며, 오로지 현재의 과정에 집중하는 것만이 최선임을 잘 이해하고 있기 때문이다.

나는 이 과정이 충분히 행복하며 나와 함께하는 직원들을 사랑한다. 이들이 행복하게 발전하는 시간을 보내고 있기를 바라며 그렇게 될 수 있도록 코칭한다. 그들이 주도할 수 있는 기회를 주며, 역량을 발휘할 수 있는 장을 마련하고, 그 노력을 알아줄 수 있도록 노력하고 있다. 이러면 우리는 서로 좋은 관계, 아름다운 관계를 맺고 있는 것이 아닐까.

〈비즈니스 명상의 응용〉

이 책에서 정의하는 비즈니스의 범위가 사실은 학습, 봉사활동, 프로젝트Project 등 그 자체가 일반적으로 비즈니스로 정의되지 않은 것까지 포함한다고 했는데, 편의상 많은 주제가 일반 경영과 사업, 직장생활 등이었던 것 같다. 하지만 학습이나 봉사활동, 취미활동 등도 마찬가지로 비즈니스 명상의 방법론을 적용하면 훨씬 훌륭한 결과를 얻을 것이다. 예를 들어서 공부를 잘하고 싶은 학생 또는 수험 준비생에게 '비즈니스 명상'의 핵심 과정Process을 따라 아래와 같이 해 보라고 권한다.

① 현재에 마음을 모아 꿈을 세우고 세부적인 학습 계획을 세운다.

특히 어린 학생들에게는 논리적인 학습의 이유, 장래희망, 목표 등보다는 감성적인 학습동기가 영향력이 더 크다. 사춘기 청소년이 꿈 중에 연예인이 가장 많은 것은 감성적 유인 요인이 큰 직업 특성 때문이다. 그러나 어떤 직업이든 접근하는 방법에 따라 충분히 감성적으로 받아들일 수 있다. 사람은 특히 자신이 잘한다고 칭찬받는 것, 감동받는 것, 흥미로운 것 등에 더 마음이 움직인다. 그래서 어른은 아이의 작은 성취에 대하여 칭찬을 아끼지 않아야 한다. 또 아이들이 감동 받을 수 있는 체험의 기회도 많이 제공해야 한다. 그런 경험을 통해 자기가 칭찬 받는 분야, 장점인 분야에서 우뚝 선 자신의 모습을 꿈으로 그리고 그것을 위한 구체적인 계획을 세운 뒤, 지금 이 순간 습관처럼 학습하는 자세를 갖도록 한다. 청소년의 꿈은 이성으로는 잘 그려지지 않으며, 충분히 감성적인 방법으로 수용되어야 한다. 청소년이 아닌 어른이라 할지라도 자신의 꿈을 감성적으로 마음에 새기는 것이 도전의 에너지를 북돋아준다. 감성적인 꿈을 위해 이성적이고 합리적으로 계획을 세워라.

② 집중해서 정성을 다해서 학습한다.

학습은 같은 분야에서 먼저 성공한 사람들의 방법을 고려해서 교재를 선택하고 강사를 선택하고 계획된 학습량을 실천해 가면 된다. 가장 중요한 것은 집중과 정성이다. 학습 시간의 양보다는 그 시간의 집중도가 중요하다는 것은 모두가 알고 있다. 집중력이 지속되지 않고 계속 산만해진다면, 이 책의 내용 중 집중 편을 정독해 보기를 바란다.

③ 큰 관점에서 관계를 통찰하라.

먼저 줄기를 파악하고 가지와 잎을 붙이라는 것은 많은 학습 서적에서 주장하는 내용이고 필자도 동의한다. 큰 관점에서 전체를 보며 공부해서 작은 부분이 다른 부분과 어떻게 연관되는지 이해하면 학습이 훨씬 쉽고 편하게 된다. 이해의 프레임을 구성하고, 여기에 내용을 넣어서 정리하라. 그러면 설사 모르는 내용이 나와도 추론하고 유추할 수 있다. 그만큼 튼튼한 지식의 체계를 구축하면 자신감이 생긴다.

④ 자신을 사랑하고 자신을 믿어라.

많은 것을 알고 있는 학생이 시험장만 들어가면 기대 이하의 답안을 적어내고 실망하는 경우가 있다. 이것은 자신에 대한 믿음이 얇아서 시험 문제 앞에서 마음이 흔들리기 때문이다. 그러면 자신이 알고 있는 것을 100% 적용하고 표현하기 어렵게 된다. 결과와 관계없이 자신을 믿어라. 특히 시험 직전 그리고 시험 중에 최고의 집중력을 발휘해야 한다. 스스로에 대한 믿음, 그 심리적 토양이 중요한 순간 최대의 에너지를 폭발하게끔 도와준다.

⑤ 스트레스 관리를 하라.

힐링이든 명상이든 어떤 방법이든 간에 지속적으로 스트레스 관리를 해야 한다. 스트레스는 두뇌 회전을 둔하게 할 뿐만 아니라 공부가 싫어지고 거부감이 들게 된다. 그러면 다음 단계는 자신의 꿈에 대한 회의로 이어지고, 때로는 자신감의 동요로 이어지기도 한다. 그러기 전에 중간중간 스트레스 관리를 하라. 올바른 긍정의 에너지가 자신에게 가득할 수 있도록 힐링 타임을 갖고 마음을 관리해야 한다.

위의 다섯 가지는 비즈니스 명상의 다섯 가지 스텝을 학습에 적용해 본 것이다. 이것은 필자의 경험과도 일치하고, 학습법 관련 여러 자료와도 서로 통한다. 위의 다섯 가지 사항에 유의하며 학습을 한다면 분명히 학업 성취도가 오를 것으로 생각한다.

학습 이외에도 당신이 하는 일은 마찬가지로 모두 소중하다. 당신이 하는 일이 비도덕적인 일만 아니라면 무슨 일을 하고 있든 그 일이 있다는 것에 감사한 것이다. 그것을 통해 다양한 경험을 하고 가슴 뛰는 꿈을 꾸며 노력하며 맺은 인연들에 감사해야 한다. 그렇게 기쁜 모습으로 나의 일을 받아들이도록 하라. 일의 과정 속에서 열정을 가지고 노력했다면, 결과가 어떻든 혼연히 받아들일 수 있도록 노력해 보자. 그러면 그대의 삶은 점점 수행자의 삶을 닮아갈 것이다. 설사 아직까지 스스로 만족할 만한 외형적 성취를 이루지 못했다 하더라도 지금 그대는 잘 가고 있는 것이다. 나쁜 짓 하지 않았고 그 과정에서 좋은 인연들이 만들어졌다면 더욱 잘한 것이다. 그래서 what보다도 How, why가 중요한 것이다.

그런 관점에서 좀 더 가치 있게 보이는 새로운 일을 찾아서 떠나는 것보다는, 기존에 하고 있는 일에 의미를 부여하고 보완하고 더 가치 있게 하는 How to를 연구하는 것을 나는 더 추천한다. 분야를 바꾸는 것만으로 가치 있는 일이 쉽게 주어질 것이라 생각한다면, 당신은 그 분야에 발을 들여 놓은 후에 후회할지도 모른다.

필자는 가치를 찾아 새로운 일을 만들어내지 않고, 기존의 일에 가치를 부여하여 성공한 작은 사례를 하나 가지고 있다. ISO라는 업무 시스템을 들어보았을 것이다. 많은 회사들이 오래전부터 이러한 시스템을 도입하여 품질 중심의 운영을 하고 있다. 그런데 여러 회사들이 ISO시스템을 도입하면서 서류 작업Paper work이 많아졌고, 오히려 비효율이 증가했다는 하소연을 듣곤 했다. 일반적으로 ISO의 요구 사항을 먼저 전제로 하고 이에 따라 업무 프로세스Process를 새로 다시 만든 회사들은 대부분 불필요한 업무와 서류 작업이 많아졌고 비효율이 증가했다고 말한다. 하지만 필자는 그 시스템을 통하여 오히려 업무 효율이 증가했고 품질도 개선했던 경험이 있다. 회사의 기존 업무 프로세스를 그대로 수용한 다음 그 기초 위에서 ISO의 요구 사항, 그들이 말하고자 하는 핵심 요구 사항Requirement을 적용하는 방법을 찾으려 애썼기 때문이다. 그래서 기존의 업무 틀과 프로세스를 유지한 채 필요한 부분만 조금 더 보완하는 정도로 시스템을 구축할 수 있었고, 그 결과 서류 작업 증가는 최소화되고 업무 효율과 품질을 향상된 기억이 있다. 새롭게 하는 것이 항상 효율적인 것은 아니다. 더구나 오랫동안 구축되어져 온 업무 시스템에는 그간의 많은 시행착오가 녹아져 있다. 따라서 그 내용을 잘 지키면서 새로운 요구 사항에 맞도록 가치를 부여하고 조정하면서 가는 것이 더 효율적인 경우도 많이 있음을 깨닫게 되는 것이다.

일반적으로 일 자체를 바꾸는 것보다 현재에 하는 일에 새로운 'How to'의 옷을 입히는 것이 더 쉽고 성공 가능성도 더 높다. 이렇게 자신이 살아가는 현재의 길에 대한 연속성을 유지하면서 가치로운 'How to'를 찾는 것을 나는 우선적으로 권한다.

내가 원하는 삶은 무엇을 사는 삶이 아니라 어떻게 사는 삶이고 그것은 언제나 내 곁에 있다. 내 마음먹기에 달린 것이다. 때로 현재의 일, 현재의 환경을 바꾸지 않고도 'How to'만 바꾸어서도 내가 원하는 삶을 살아갈 수 있다. 당신은 젊은이일 수도 있고 좀 더 시니어일 수도 있을 것이다. 당신이 누구든 이제 성년의 나이를 넘어섰다면, 지금부터는 나의 삶, 내가 가치를 부여하는 삶을 살기 위해 노력해야 한다. 무엇을 하든 나의 방식으로 살아야 한다. 그동안 당신이 눈치보고 맞춰주며 사는 것에 치중했다면, 이젠 그것을 좀 줄이고 내 색깔color을 입히고 심어보자. 그 일에 당신이 치열하게 고민했고, 객관적으로 통찰했고, 그래서 거기에 당신의 소울Soul을 입혔다면 이제 당당해질 수 있을 것이다. 자신 있게 아이디어를 제시하고 토론하고 설득하고 커뮤니케이션하면서 그렇게 가치로운 삶을 가꾸어 가자.

하지만 때로는 과감하게 새로운 길을 선택하여 걸어야 하는 순간도 있을 것이다. 도무지 현재의 길에서 답을 찾을 수 없다면 그것은 마지막 옵션이 될 것이다. 그때에는 그만큼 많은 노력을 새롭게 투여할 각오를 해야 한다. 강한 결심을 바탕으로 어려움을 헤치고 꾸준히 그 길을 갈 결심을 하고 시작해야 한다. 물론 그 길에서도 '비즈니스 명상'은 도움이 될 것이다.

어떤 길을 선택하여 걷든 항상 '왜'와 '어떻게'를 고민하고 그렇게 내가 원하는 삶을 살아야 한다. 그렇게 '비즈니스 명상'하는 마음으로 삶의 과정 속에 '어떻게'를 스스로에게 녹여내야 할 것이다.

필자의 다양한 경험 속에서도 느껴지듯 나에게도 실패가 있었고 많은 고뇌가 있었다. 그 당시는 나도 효과적인 방법론을 가지고 있지 못했기 때문에 그때그때의 상황과 판단에 따라 고뇌하고 힘들어하는 시간들을 보냈다. 그리고 시간이 축적되면서 내 젊은 시절의 치열했던 직장생활을 돌이켜보면서 이랬다면 훨씬 더 좋았을 걸 하고 깨닫는다. 나는 비즈니스 명상이 최선의 길이라고 생각한다. 그래서 이제 비즈니스 명상의 방법에 입각하여 살려고 하고 있다. 나는 지금 집중하고 통찰하며 일하려고 노력하고 직원들을 더 사랑하려고 애쓴다. 나의 부족함으로 사람들이 내 마음을 이해해 주지 않더라도, 나는 그 길이 행복한 길이라 생각하고 그렇게 살고 싶다.

제5장 마음 관리를 위한 자기 수련

필자는 알고 있다. 지금까지 했던 많은 이야기를 실제로 실행하기가 쉽지 않을 때가 많을 것이라는 사실을 말이다. 마음이 제대로 움직여지지 않고, 자신의 뜻대로 되지 않는 때가 종종 있을 것이다. '지금 여기, 현재'에 마음을 두는 것도 어렵고, 집중하는 것도 어렵고, 올바르게 통찰하는 것도 어렵고, 중도를 지키는 것도 어려우며, 자애심을 갖거나 타인을 존중하는 마음을 갖기도 어렵다. 고백하건대 필자도 마찬가지이다. 우리는 성인이 아니며, 위대한 위인도 아니므로, 항상 마음이 흔들릴 때가 있고, 때로는 소심해지며, 때로는 내 사람, 내게 잘해 준 사람을 불공정하게 더 챙기고 싶어지기도 한다. 어떤 때에는 통쾌하게 복수해 줘서 내가 힘들었던 만큼 상대가 괴로워하는 모습을 보고 싶어지기도 하고, 때로는 편법을 써서 지름길로 가고 싶기도 하다. 어떤 때엔 마음이 불안정해지며 때로 화나거나 격정적이 되고,

시기하거나 침체하거나 주눅 들거나 용기를 잃거나 스트레스 속에서 무너져 내리기도 한다.

이럴 때에 우리는 어떻게 해야 하는가?

필자가 가장 마음이 많이 흔들렸던 시간 중에 손을 꼽는 시간이 있다. 그것은 아직 어려서 심성이 굳어지기 전 고교 시절에 경험한 것이었다.

고등학교 시절 나는 꿈이 있었다. 그 꿈을 이루고 싶은 마음에 처음 학습을 시작할 때는 결의에 찬 집중을 하며 시작했다. 그러다가 일단 집중 모드가 깊어지면 결의나 긴장감 같은 것은 사라지고 오로지 집중된 상태만 남아 공부하고 있었다. 이 방식은 매우 효율적이어서 짧은 시간에 많은 성취를 이룰 수 있도록 도와주었고 공부 잘하는 학생 중 한 명이 될 수 있었다.

그렇게 잘 나가다가 갑자기 정신적으로 슬럼프가 와서 매우 힘들어진 때가 있었다. 그렇게 잘해 왔던 이완의 집중은 물론 결의에 찬 집중도 전혀 되지 않았다. 고3 봄이 되어 목표가 가까워진 중압감 때문이었던 것 같다. 공부를 할 수 없었고 머리에 아무것도 들어오지 않았다. 정신적으로 문제가 발생하고 있다는 것을 느낄 정도였다.

나는 스스로 해결책을 찾아보았는데, 그 방법으로 학교 내 점심시간을 이용하여 숲속 산책을 하는 방법을 선택했다. 다행히 학교 주변엔 산이 감싸고 있어서 산책의 환경이 좋았다. 나는 그 '산책 시간'의 힐링으로 입시의 긴장감을 내려놓을 수 있었다. 또한 그 힐링을 통하여 다시 이완의 집중을 할 수 있었고 스스로에 대한 자애 일기를 쓰고, 꿈같이 펼쳐질 미래를 생각하며 다시 결의를 다질 수 있었다. 굳이 무언가를 알고 그렇게 했던 것은 아닌데, 우연히, 어쩌면 운 좋게도, 어린 나이에 그렇게 하게 되었다. 그래서 고교시절을 잘 보낼 수 있었다고 생각한다.

심적으로 불안할 때에는 우선 그 흐름을 끊어서 더 이상 생각의 수렁에 빠져들지 않도록 해야 한다. 그러기 위해서 자신의 마음을 달래는 데 좋은 것을 하자. 즉 잊고 다른 데 몰입할 수 있도록 자신이 좋아하는 것, 예를 들어 여행이나 산책, 음악 감상, 운동 등을 함으로써 힐링의 시간을 갖는 것도 추천할 만하다.

그리고 당신이 지금 많이 스트레스 받는 상황이라면 카네기Andrew Carnegie의 '행복론'에서 권하는 방법을 적용해 보는 것도 좋겠다. 그 중, 특히 "최악의 상황을 가정하고 그것을 받아들여라. 그렇게 마음을 내려놓은 후 그 국면을 나아지게 하려고 노력하라"라는 조언도 도움이 많이 되는 혜안이라고 생각한다. 그 외에도 여러 현인들이 제시하는 마음 관리 방법을 활용하는 것도 좋겠다.

만일 그래도 마음이 안정되지 않는다면, 필자는 '명상'이라는 방법을 권한다. 마음대로 되지 않으면 기본으로 돌아가 명상하라. 흔들릴 때면 초심으로 돌아가 명상을 하는 것이다. 자꾸 산만해지고 뜻대로 되지 않는다면 명상을 통해 당신의 마음을 추스르도록 시도해 보라.

지금까지 이야기한 것은 명상의 방법론에 기초한 비즈니스 관리라고 한다면, 이제 이야기하는 것은 비즈니스를 위한 명상법이다. 비즈니스를 위해 내공을 닦기 위한 명상법이다. 그런 면에서 '비즈니스 명상'이라고 해도 좋을 것이다.

자기에게 잘 맞는 한약이 있듯이 잘 맞는 힐링의 노하우가 있는 사람은 자신만의 방법을 사용해도 좋을 것이다. 그런데 그런 자신의 방법이 없거나 혹은 자신의 기존 방법을 써도 해소되지 않는 깊은 슬럼프가 왔다면 필자의 말에 따라 명상을 해 보기를 권한다. 여기에서 필자가 말하는 것은 전혀 종교적인 것이 아니다. 적당한 용어가 없어서 명상이라고 부르는 것이고, 말하자면 '자기 마음을 다스리고 정신을 맑게 하기'라고 할 수도 있을 것 같다. 이러한 명상을 통해 순수한 마음의 파동으로 돌아가서 맑은 에너지를 영혼에 채울 수 있을 것이다.

명상은 상당히 많은 종류가 있는데, 그것을 카테고리category로 구분하는 것은 사람마다 의견 차이가 있고 합의되어진 범주는 아직 명확히 없는 것 같다. 필자는 기술상의 편의를 위해 아래와 같이 세 가지의 그룹으로 명상을 구분하여 보았다. 각각을 간단히 설명할 것이며 이것이 여러분의 명상 수련 방향 설정에 도움이 되기를 바란다.

1. 지금 여기 명상

우리의 생각은 주로 우리의 의도, 의지, 혹은 의식이 주도하며 생각은 그 의식에 끌려 다닌다. 예를 들어 내가 하는 일에 집중하여 의식이 그 일에 머물면(주의가 집중되면) 주변의 잡음 따위는 들리지 않는다. 그런데 의식이 잡음에 가 있으면 그 소리가 크게 들린다.

따라서 그 의식을 내가 원하는 곳에 머물 수 있도록 하는 훈련을 해야 한다. 그래서 명상의 시작은 우선 내 생각을 지금 여기에 머무르는 훈련을 하는 것이다. 편의상 그것을 '지금 여기' 명상이라고 부르기로 한다.

'지금 여기' 명상의 대표적인 것으로 스트레칭과 바디 스캔Body scan 이 있다.

스트레칭은 요가에서 많이 발전되어 온 방법인데, 몸을 스트레칭하면서 느껴지는 감각에 의식을 머물게 하는 훈련이다. 몸에 강한 스트레칭의 느낌이 오기 때문에 일반인이 한 곳에 생각을 머물도록 하는 데에 효과가 크다. 스트레칭은 자신의 역량껏 하면 되고 굳이 무리하게 할 필요도 없다. 그저 다른 곳으로 의식이 빠져나가지 않도록 주의를 집중시키는 정도의 강도면 충분하다. 만일 다른 생각을 하면서 요가 동작을 하는 분이 있다면 적어도 '지금 여기' 명상의 관점에서는 바람직하게 요가를 하는 것이 아니다.

마찬가지로 헬스 운동 등도 부하가 걸리는 근육에 주의를 집중함으로써 비슷한 효과를 거둘 수 있다. 다만 명상은 편안히 이완된 상태에서 진행하는 것이 기본이므로 근육에 큰 부하와 긴장을 주는 헬스는 초기의 '지금 여기' 명상 관점에서는 약간의 도움이 될 수 있어도 집중 명상이나 통찰 명상에서는 어려움을 초래할 수 있다. 원래 통찰 명상은 생활 명상으로 어떤 상태에서도 가능하다고 하지만, 아무래도 일반인은 정적인 상태가 더 효과적일 것으로 생각된다.

정적인 이완 상태에서 하는 '지금 여기' 명상으로 바디 스캔Body Scan이라는 것이 있다. 바디 스캔이란 간단히 설명하자면 편히 누운 상태에서 몸을 이완하고 신체의 각 부위로 주의를 집중하는 훈련을 하는 것이다.

이러한 훈련을 반복적으로 하다 보면 어느새 내 의식을 내가 원하는 곳에 오랫동안 머물 수 있도록 하는 능력이 커진다. 혹자는 이것을 마음의 근육이 성장했다라고 표현한다. 어쨌든 아이가 다리의 근육이 커져야 걷고 뛸 수 있는 것처럼 이 훈련이 되면 이제 1장에서 이야기한 '지금 여기' 현실에 살아가는 것이 자신의 뜻대로 보다 쉬워질 것이다.

자신의 생각이 과거로, 미래로, 경쟁자로, 각종 걱정으로 흩어진다면 바디 스캔 등 '지금 여기' 명상을 하라. 그래서 여기 저기 배회하는 생각의 흐름을 '지금 여기' 현재에 의식이 머물도록 하라. 기억해야 하는 것은 모든 일은 지금 여기, 현재에서 하는 것이다. 그러기 위해 '지금 여기'에 주의를 집중하는 능력을 길러야 한다.

그럼 간단하게 바디 스캔 명상 방법을 소개하도록 하겠다.

먼저 방해 받지 않는 곳에 편안하게 자리를 잡는다. 보통은 충분한 이완을 위하여 누워서 명상하는 것을 권한다. 편안하게 눕되 베개는 베지 않고 몸을 바르게 한다.

눈을 감고 온 몸의 힘을 빼고 이완한다. 그런 다음 편안하게 호흡한다. 무엇이든 의도적으로 하지 말고 그저 편하게 숨을 쉬며 자신의 숨을 느껴 본다. 자신의 호흡에 주의가 집중되면 이제 자신의 몸을 느껴 본다. 먼저 자신의 발 부위부터 주의를 집중하여 관찰한다. 발가락의 느낌, 즉 축축함, 건조함, 따뜻함, 차가움, 저림, 뻣뻣함 등 있는 느낌 그대로 그저 바라본다. 필요하다면 발가락을 조금 움직여서 느낌을 느껴 보아도 좋다. 다음에는 발등, 발바닥, 발목, 정강이, 종아리, 무릎… 등등 몸의 곳곳 부위를 거쳐서 점차로 머리 부위를 향해 올라온다. 혹시 어딘가 불편한 곳이 있다면 그곳도 그저 무심하게 지켜본다. 너무 빨리 하지 말고, 부위 하나하나에 충분히 머물며 그 부위에 대해 애정을 가지고 지켜본다. 혹시 중도에 다른 생각이 들었다면 알아채고 친절하고 정중하게 주의를 다시 모셔와 계속 명상이 이어지도록 한다. 그렇게 머리까지 왔다면 이제 온몸 전체에 주의를 옮겨가 본다. 그리고 호흡으로 돌아와 편안하게 숨 쉬고 천천히 명상을 마친다.

이렇게 반복하여 몸을 바라보는 수련을 하면 여기 저기 흩어지려는 생각을 내 몸에서 떠나지 않게 할 수 있고, 이 과정만으로도 정신이 맑아지고 편안해지는 효과가 있을 것이다. 또 이 명상은 '정좌 명상'이나 다른 명상을 수행하는 기초 능력을 길러준다. 그러니 이것을 충분히 연습하여 마음이 여기에 머무를 수 있도록 힘을 기른 후 다른 명상을 하면 성취에 도움이 된다.

2. 집중 명상과 통찰 명상

집중 명상은 인도의 사마타 수련을 일컫는 경우가 많지만, 한국에서 전통적으로 해 온 선도 수련, 단전호흡 등도 원리로서는 집중 명상이라고 필자는 생각한다. 집중 명상의 공통점은 한 가지에 정신을 집중한다는 점이다. 주로 오감 중 하나를 정하여 의식을 집중하는데, 가장 많이 사용되는 오감은 시각, 청각, 미각 그리고 호흡이나 동적 행위에 기초한 촉감 등이 있다. 시각에 집중하는 수련은 얀트라, 청각에 집중하는 수련은 주문, 만트라 등이 있고, 미각에 집중하는 명상은 먹기 명상, 차 명상 등이 있으며, 호흡에 집중하는 수련에는 단전호흡 이외에도 요가 호흡, 수식관, 아나빠나사띠 등 다양한 수련이 있고, 동적 행위에 집중하는 명상으로는 걷기 명상, 하타요가, 선 체조 등이 있다. 심지어 특정한 생각(화두)에 집중하기도 하는데, 이것을 '참선'이라고 부른다. 불교의 염불이나 기독교에서 하는 기도 등도 넓은 의미에서는 명상과 원리가 비슷하다고 필자는 생각한다.

통찰 수련은 불교에서 위빠사나 수련이라고 하여 부처님께서 깨달음을 얻으신 중요한 수련법 중 하나이다. '나'라는 개체성에 갇히지 않고 객관적으로 관계를 인식하는 수련으로 부처님은 이를 통하여 연기론을 깨달았다고 한다. 현대의 위빠사나는 미국으로 건너가 과학적인 검증 끝에 정신적 안정화 효과가 높다는 것이 알려졌고, 그래서 프로그램되어 역수입된 것이 'MBSR'이다. 이 프로그램은 한국에서도 안희영 박사가 자격을 취득해 운영하고 있다. 수련의 초보자에게 추천할 만한 훌륭한 수련법이고 종교적 색채가 없어서 누구나 참여하기 좋은 프로그램이라고 필자는 생각한다.

근본적으로 명상은 굳이 집중 명상과 통찰 명상을 구분하지 않고 두 가지를 동시에 진행하는 것이며, 이렇게 수련하는 것을 '정혜쌍수'라고 부른다. 집중 명상이라고 소개한 호흡 수련을 하더라도 자신을 객관화하여 관觀하는 통찰 수련을 동시에 진행하는 것이 정석이다. 마찬가지로 통찰의 입장에서 'MBSR' 수련을 하더라도 자신의 생각이 배회하지 않도록 어떤 중심점(집중할 수 있는 감각이나 생각)을 가지고 해야 에너지가 흩어지지 않는다. 또 상당한 수련법들은 집중 명상과 통찰 명상으로 구분하기 어려운 경우가 많으니 굳이 구별하려고 애쓸 필요는 없겠다. 뒤에 소개할 자애 명상도 편의상 따로 구분하기는 했으나 사실상 집중 명상이나 통찰 명상과 같은 맥락이라고 이해하면 되겠다.

그러면 간단하게 집중 통찰 명상 방법을 소개하도록 하겠다.

1) 몸의 자세

명상의 자세는 좌식·와식·입식 등 여러 가지가 있는데, 몸이 편안하게 이완된 상태로 유지될 수 있는 것이 좋으며, 다만 정수리부터 척추는 일자로 펴져야 한다. 구부정한 자세나 비딱한 자세는 금물이다. 입식으로 걷기 명상을 하거나 동작 명상을 할 때에도 이 원칙은 가급적 지켜나가는 것이 바람직하다.

정좌 명상을 할 때에는 손을 둥글게 내려놓는 경우가 많지만, 굳이 손을 포개지 않고 자연스럽게 무릎 위에 올려두어도 좋다. 눈을 감는 경우도 많지만, 화두 명상에서는 잠에 빠지지 않도록 시선을 1~1.5m 전방 아래를 어슴푸레 바라보라고 권한다. 허리는 척추 아래에서부터 쫙 펴 올린다. 턱은 가볍게 당기고, 정수리에서 꼬리뼈까지 쭉 편다. 경추(목뼈)도 바르게 펴고 가슴도 쫙 편다. 척추와 골격의 자세를 유지한 채, 이제 어깨와 온 몸의 근육을 이완시킨다.

2) 마음의 자세

'MBSR'에서는 몇 가지 기본적인 항목을 명상의 자세로 코칭하고 있다. 이 내용은 명상의 기본 자세로서 매우 중요하다고 생각되어 그대로 소개한다.

판단하지 마라Non-judging: 생각이 자동 판단에 얽매이지 않게 한다.
인내심을 가져라Patience: 피트니스의 근육처럼 마음도 시간이 필요하다.
초심자의 마음을 유지하라Beginner's mind: 호기심과 열린 마음을 가져라.

자기 자신에 대해서 믿음을 가져라^{Trust}: 자신의 느낌과 호흡에 대한 믿음을 가져라.

지나치게 애쓰지 마라^{Non-striving}: 목적을 두고 무리하게 힘쓰지 마라.

수용하라^{Acceptance}: 부정하지 말고, 지금 있는 그대로 받아들이고, 알아차려라.

내려놓아라^{Letting-go}: 피하거나 붙잡으려 하지 말고, 매달리지 말고, 내버려두어라.

관대하고 따뜻하라^{hospitality}: 설사 잘 안 되더라도 자책하지 말고 스스로에게 따뜻하라.

3) 명상 방법

먼저 방해 받지 않는 곳에서 자세를 잡는다. 오래 명상할 경우에는 스트레칭을 통해 근육을 이완시키고 시작하면 더 좋다. 자세는 정좌로 앉는 것이 원칙이지만 의자에 바로 앉아도 좋고 불편한 경우에는 누워서 해도 된다. 어떤 자세이든 허리를 펴고 자신이 너무 힘들이지 않고 오래 유지할 수 있는 자세를 추천한다.

먼저 고요하게 자신의 호흡을 느껴본다. 평소의 습관이 복식호흡이나 횡경막호흡, 단전호흡 등 깊은 숨을 쉬고 있다면 더욱 바람직하다. 하지만 너무 의식적으로 호흡을 조절하거나 무리하게 숨을 참지 않도록 한다. 그저 자연스럽게 호흡을 바라본다. 편안히 호흡하며 차츰 호흡이 깊어지는 게 좋다.

이런 자연스러운 호흡 중에서 호흡이 잘 느껴지는 부분이 있으면 여기에 집중하도록 한다. 코나 가슴, 배나 단전 등 숨이 쉬어진다고 느껴지는 곳을 고요히 바라본다. 가능하다면 더 아래 부위(하단전 등)가 숨이 잘 느껴지면 좋지만 의도적으로 그렇게 애쓸 필요는 없다.

고요하게 그 숨을 바라본다. 의식이 떠나지 않고 숨이 느껴지는 그 부위에 머무르도록 한다. 문득 다른 생각이 나서 주의가 다른 곳으로 흘러갔다면, 자책하지 말고 그 사실을 그저 알아차린 후 부드럽게 다시 숨이 느껴지는 부위로 주의를 가져온다. 상당한 시간 동안 이렇게 자신의 호흡에 집중하여 몰입하도록 한다. 몸에 무리가 가지 않고 자신의 집중력이 유지되는 시간이면 좋으니 10분 혹은 20분도 좋고, 1시간이나 그 이상이면 매우 훌륭하다.

이런 훈련을 통해 숨에 주의를 집중하여 고요하고 편안하게 머무르는 것이 자연스러워지면, 이제 나를 지켜보는 또 다른 내가 있다고 생각하고 또 다른 나에게 의식을 조금만 나누어준다. 나는 지금 이 순간의 호흡에 집중하고 있는데, 동시에 또 다른 나는 이런 나와 나의 주변을 지켜본다. 이것을 '알아차림 명상'이라고 한다. 이렇게 나는 주관이자 객관이 되어 나와 나의 호흡, 나의 생각, 주변의 상황을 바라본다. 시간은 처음에는 너무 길지 않게 스스로 편안하게 할 수 있는 정도로 하고 점차 늘여간다. 명상이 끝나면 천천히 자신의 일상으로 돌아온다. 일상으로 돌아오더라도 '알아차림'하고 '마음 챙김'하는 자세를 유지하도록 노력하면 평소에도 좀 더 평정하고 편안한 마음으로 생활할 수 있다.

〈비즈니스 실행을 위한 수행: 명상의 단계〉

명상이 깊어지는 것도 단계가 있다. 돈오돈수라 하여 단번에 대오각성하면 좋겠지만 일반인들은 대개 단계적으로 성취가 깊어지는 것이라 생각한다. 모든 명상은 이론으로는 얻는 게 없으며 실제로 수련을 해야 한다. 그리고 우리 일반인들이 명상한 것을 비즈니스에 적용하면서 삶속에서 명상을 구현한다면 아래와 같이 깨달음의 단계별로 설명해 볼 수도 있을 것 같다.

(1) 일으킨 생각에 대한 지속적 고찰

어떠한 생각을 일으키고 그 생각을 지속적으로 고찰, 혹은 주의를 집중하는 단계이다. 시각적 대상이든 청각적 대상이든 호흡이든 하나에 집중하여 고찰하는 것이다. 그러면 점점 에너지가 증폭되고 혜안을 가지고 볼 수 있는 능력이 고양된다.

비즈니스 측면에 적용해서 본다면, 어떤 생각을 가지고 비즈니스를 하기로 결정하여 추진했다면 신념을 가지고 흔들림 없이 행하고 지속적으로 고찰하며, 끈기 있게 주의를 집중하면 점차 내공이 쌓이고 역량이 커지게 된다.

(2) 둘째, 희열

수련이 깊어지는 과정에서 희열을 느낀다. 궁극적으로는 '무념무상'을 지향하는 것이 종교적 수련이지만 그 과정에서 성취를 얻으면 보통 희열에 휩싸이게 된다.

일을 하면서도 희열을 느끼면 깊이 몰입된 것이다. 이 희열은 그 일을 지속하게 하고 에너지를 공급하며 열의를 갖게 한다.

(3) 셋째, 행복

희열이 깊어지면 행복을 느끼게 된다. 이것은 희열에 찬 집중 속에서 자연스럽게 찾아오는 것이다. 비즈니스를 할 때에는 지금 하고 있는 일 속에서 자신의 마음이 행복한지를 살펴보라. 행복을 느끼지 못하고 있다면 조금 더 여유롭게 마음을 가지고 지금 여기 현재를 누리도록 하라. 모든 것을 이루고 성취하지 않아도 충분히 그 과정에서 행복할 수 있다. 어떻게 하면 스스로 행복하게 느낄 수 있을지를 생각하라. 소유가 행복이 아니라 '지금 현재'를 느낄 수 있음이 행복임을 잊지 마라. 큰 행복만이 행복이 아니라 작은 행복도 행복임을 받아들이자. 모든 것은 마음에서 비롯된 것이니 자신이 행복하게 생각해야 진실로 행복할 수 있는 것이다. 지금 일하는 자체 속에 녹아 있는 행복의 느낌을 놓치지 말자. 무엇을 성취한 후에 따로 별개의 행복이 있을 것이라 생각하고 뚜껑을 열면 그때 그곳엔 행복은 없고 허무감만 남아 있을 것이다. 행복은 어디 멀리 있는 것이 아니라 일과 삶에 몰두한 지금 이 순간 여기에 있다. 행복하다고 생각하고 그런 느낌을 스스로에게 허용하면 그때부터 나는 행복하게 이 길을 가는 사람이 된다.

(4) 넷째, 무념무상

수련에서는 희열, 행복 모두 잊고 무념무상의 마음으로 깨어 있는 상태를 말한다. 이것은 생각하고 행하는 것이 자연스럽게 세상의 이치와 일치하게 되어, 삶에 그냥 그대로 젖어드는 단계이다.

비즈니스에서는 그저 일 자체에 이완 집중하는 상태이다. 집중만 하고 있어도 자신을 소진시키는 마음이 일어나지 않으며 지속적 파워를 이어갈 수 있는 내공의 단계이다. 굳이 의도하고 노력하지 않아도 에너지를 유지하고 자신의 통찰을 밀고 갈 수 있는 단계이다. 워크

홀릭이기보다 비즈니스 자체를 자연으로 하는 것이다. 그저 이완하여 여유롭게 집중하고 있어도 통찰이 되고, 주변 상황들이 이해되는 단계이다. 쉽지 않은 경지이지만 우리는 이런 경지를 향해 스스로를 수양하고 또 스스로와 대화하며 나아가는 것이다.

3. 자애 명상(사랑, 발원, 기도)

자애 명상은 스스로를 사랑하는 마음을 가지고 이웃과 동료를 따뜻하게 품으며, 인연을 맺는 모든 대상과 좋은 관계를 맺을 수 있도록 자기 마음을 보살피는 명상이다. 자애 명상은 MBSR에도 있고 그 뿌리Origin라고 할 수 있는 불교와 선원에도 있다. 또한 기독교나 천주교에서 하는 기도도 같은 원리로서 이해할 수 있다고 본다. 이뿐만 아니라 좋은 콘텐츠에 의해 진행되는 자기 대화, 자기 암시 등도 유사한 목적을 달성할 수 있다고 생각된다.

일반적인 자애 명상은 자기 자신에 대한 보호와 사랑에서 시작하여 이웃·친지·동료에 대한 자애 명상 그리고 마지막으로 모든 대상에 대한 자애 명상으로 확대된다.

자애 명상은 다른 명상과 비슷하게 편안하고 이완된 마음으로 명상의 상태에 들어가되, 집중의 대상이 자기 자신이나 이웃, 이 세상에 대한 자애심이라는 것이 그 차이라고 할 수 있다.

그러면 자애 명상법을 간단히 소개하도록 하겠다.

우선 호흡을 편안히 하여 마음을 안정시키고 평온하게 한다. 그리고 우선 떠올리기만 하면 행복해지는 대상을 하나 선정하자. 자신만의 행복 대상을 떠올리는 것에서 명상은 시작한다. 행복한 장면·장소·사람·동물·자연, 어떤 것도 좋다. 그리고 이와 함께하는 자기 자신이 소중하며 사랑스럽다는 것을 마음속 깊이 새긴다. 그리고 그 대상과 자신의 관계 속에서 행복한 느낌을 느끼며 향기로운 미소를 짓도록 한다. 입 꼬리를 올려서 미소 지어 따스하고 훈훈한 느낌이 온 몸에 가득하게 한다. 특히 가슴 중심에 주의를 모아 따스함과 훈훈함을 몸과 마음에 충만하게 느껴지도록 한다. 가슴이나 심장 부위에 손을 얹거나 쓰다듬으면서 진행하면 몰입에 더 도움이 된다. 이렇게 자애 미소 과정에서 생긴 따스하고 훈훈한 느낌은 자신의 가슴속 깊이 내 재되어 있는 애정이 활성화되도록 촉매 역할을 하여 몸과 마음 전체에 따스하고 훈훈함이 충만하게 한다.

이제 스스로를 위로하거나 축복해 주는 이야기를 자신에게 들려준다.

'내가 모든 위험으로부터 안전하기를'

'내가 건강하기를'

'내가 행복하기를'

'내가 하고자 하는 일을 올바르고 능력 있게 해 나갈 수 있기를'

'나는 올바르고 현명하게 살고 있으니 이 따뜻한 기운이 주변에 퍼져 갈 수 있기를'

그리고 이제 자신 이외에도 자신이 축복하고 위로해 주고 싶은 사람(이웃, 친지, 동료 등등)에게도 같은 이야기를 해 준다. '내가' 대신에 '○○가'로 바꾸어 자애 명상을 하면 된다.

명상을 마치면 호흡으로 돌아와 편안한 마음으로 마무리하면 된다.

〈종교적 명상〉

기독교의 기도, 불교의 발원 등의 종교적 의미에 관하여는 필자가 언급할 사항은 아니다. 다만 명상의 관점에서 한 가지 코멘트하고 싶은 것이 있다. 무언가를 얻거나 무언가가 되기 위한 기도나 발원은 적어도 이 책에서 보는 관점에서는 명상이 아니다. 그것은 자칫 개인적 욕망 채우기가 되기 쉽다. 명상의 관점에서는 참이요 진리인 하느님, 대자대비 순리와 중도의 부처님을 이해하고 그 가르침대로 살겠다는 마음을 키우는 기도를 해야 한다.

따라서 기도와 발원은 무엇을 얻기를 원하는 것이 아니라, 그 과정의 'How to'에 대하여 하는 것이다. 예를 들면, '시험에 합격하게 하소서' 아닌 '최선의 준비를 하게 하소서'라고 기도하고 발원해야 한다. 무엇을 얻는 것 자체를 기도하는 게 아니라 '어떻게' 얻는지를 기도하는 것이다. 결과보다는 과정을 기도해야 한다. 결과는 과정 속에 이미 잉태되어 있는 것이다. '사악한 꾐에 빠지지 않고 올바르게 일하도록 하소서', '포기하거나 흔들리지 않고 내 길을 가도록 하소서' 등처럼 말이다.

그것은 신에게 말하는 것이지만, 사실은 자신에게 말하는 것과도 같다. 마음 챙김하여 객관화된 자신, 깨닫고자 하는 내가 스스로에게 들려주는 독백과 비슷한 효과가 있다.

나쁜 놈들이 득세하는 세상이라고 생각하는가? 그런 놈들이 벌 받지 않고 잘 산다는 책임을 하느님에게 묻고 하느님을 원망하는가? 그것은 그대가 '결과'에 대해 바라고 기대하고 있기 때문이다. 그대가 '과정'에 대해 기도한다면, '나쁜 놈들이 망하게 하소서'가 아니라 '내가 나쁜 놈들을 이길 수 있도록 현명하게 처신하게 하소서', '내가 나쁜 놈들의 협박에 굴복하지 않고 당당히 맞서는 용기를 낼 수 있도록 도와주소서' 등 How to가 되어야 한다. 신에게는 선악이 없다. 신에게는 섭리만이 있을 뿐이다. 인풋Input의 원인 행동이 주어지면, 그에 따른 아웃풋Output이 나오는 섭리, 세상에 원인 없는 결과가 없으니, 내가 행동 없이 그저 나쁜 놈들이 망하기를 바란다면 그들은 망하지 않는다. 내가 어떤 원인 행동을 했을 때, 그 행동이 얼마나 효과적으로 이루어졌느냐에 따라 거기에 상응하는 결과가 도출될 뿐이다. 그러므로 신은 결과를 책임지지 않는다. 신은 과정 속에서 원리처럼 스며들어 있을 뿐이다. 내가 시험에 합격하지 못했다면, 그것은 신이 내 편이 되어 주지 않아서가 아니라, 내가 최선의 노력을 다하지 못하여서일 뿐이다.

당신의 하느님이 당신만 사랑하는 하느님이 아니고 전 인류와 미물 모두를 사랑하시는 하느님이라는 인식이 확고하다면, 하느님을 사랑하고 믿는 것만으로도 이미 훌륭한 자애 명상을 시작한 것이다. 그러나 당신의 하느님이, 당신 마음속에서 당신의 이익을 채워주는 하느님이라면 당신의 기도, 하느님에 대한 사랑은 한낱 당신의 이기심일 뿐이고, 개체성에 갇힌 욕심일 뿐이다. 그러므로 당신의 종교가 무엇이든 당신의 신이 가진 홀라키적 큰마음을 받아들여 기도하기를 바란다.

〈명상 센터 선정하기〉

이 책에서의 '명상'은 다양한 명상 단체의 수련법을 통칭하는 것이다. 그러니 어떤 특정 명상 센터의 명상법에 국한해서 생각할 필요는 없다. 게다가 필자는 일반적인 명상 이외에도 요가호흡, 단전호흡,

선도 수련, 참선, 염불, 기도, MBSR, 자기 암시(최면) 등 다양한 수련법을 긍정하며 그 효과와 잠재성을 인정하는 편이다. 이러한 수련 센터들은 각각의 체계적인 방법론을 통해서 수련생에게 도움을 주고 있다.

당신이 만일 명상을 처음 접하는 상황이라면, 혼자서 명상을 시작하지 말고 초기 일정 기간은 코칭을 받는 것을 권한다. 잘못 수련하면 부작용이 있기 때문이다. 그런 것들을 코칭하는 명상 전문 센터들은 상당히 많이 있으므로 누구나 쉽게 인터넷 검색을 통해 찾을 수 있을 것이다. 어디가 좋고 아니고는 필자가 설명할 영역에서 벗어난다. 그 명상의 장소들은 국선도를 위시해서 정통적인 단전호흡을 하는 곳도 있고, 불교나 연관된 선원 등에서 운영하는 명상 센터도 있고, 천주교나 기독교에서 운영하는 수련 캠프도 있을 것이다. 또한 종교적 색채가 없는 명상 센터들도 많이 있으며, 각각 독특한 수련법을 개발하여 운영하고 있다. 그리고 외국에서 역수입해서 합리적 체계를 가지고 들여온 MBSR 명상 센터 같은 곳도 있다. 최근에는 수련보다는 건강과 미용의 관점에서 사랑받고 있는 요가 센터도 많이 있는데, 센터에 따라서는 호흡 수련과 명상을 병행하는 곳들도 다수 있는 것으로 알고 있다. 또한 과학적 연구 단체인 정신과학학회나 정신세계원 같은 곳에서도 수련 과정을 제공하고 있는데, 이 단체의 특징은 보다 객관적이고 과학적인 접근을 중요시한다는 점이다. 그 외에도 한국에는 훌륭한 수련 단체가 얼마든지 있을 수 있다.

어디를 가서 수련을 하든 너무 사익을 갈취하지 않고 범인류적인 사랑과 공익을 바탕으로 하는 곳에서 하면 좋을 것이다. 또, 나만이 옳다고 충성을 강요하는 곳은 피하고, 좀 더 열려 있는 곳을 선택하는 것이 좋겠다고 생각한다. 그런 곳에서 정성스럽게 진심을 다해 하기를 권한다. 그러면 반드시 성취가 있을 것이다.

필자는 '비즈니스 명상법'이라고 하여 나름 스스로 명상하는 방법이 있다. 이것은 기존의 다른 명상법에 비즈니스 혹은 세상의 일을 결부시켜서 명상과 일을 일체화시키려는 것이다. 일 속에서 지속적으로 명상의 방법론을 적용하기 위한 자기 관리라고 하는 표현이 나을지도 모르겠다. 명상이라는 것이 비현실적인 저 숲속 깊은 곳에서만 고요히 한다면 너무 삶과 동떨어진 것 아닌가. 그래서 삶이 곧 명상이요, 명상이 곧 삶인 환경으로 가려면 결국 일하고 사랑하며 살아가는 과정 자체가 명상의 방법론이어야 한다고 믿는다. 그래서 '비즈니스 명상법'이란 아주 새로운 또 하나의 명상법이 아니라, 기존의 명상 방법론을 비즈니스 혹은 삶속에서 어떻게 구현할지를 생각하고 적용하려는 것이다. 여기서는 무욕과 무심보다 성취동기와 그 과정에서의 자아 성장을 중요시한다. 그리고 종교를 추구하지 않으며 기본적으로 과학적 세계관을 바탕으로 한다. 또한 여러 가지 명상법들 중 현대적으로 수용할 수 있는 것들을 채택하여 진행하려 노력한다. 이를 위해서 때로는 집중·통찰 명상도 하고, 스스로 용기를 북돋는 자애 명상도 하며, 때로는 비즈니스 연구도 하고, 힘들 땐 힐링도 하면서 올바르게 중도를 지키며 살아가려 한다.

비즈니스 명상은 고도의 수련 체계가 아니라 실용성을 추구하는 융합적 접근이기에 이런 목적으로 '비즈니스 명상'을 할 때에는 굳이 가부좌를 필요로 하지 않는다. 척추만 바로 한다면, 인체공학적으로 편안하게 스스로 이완에 적합한 자세로 명상하면 된다. 명상의 기본 전제인 '편안한 상태'에 이르는 데에 물리적·신체적으로 불편한 상태를 견디는 것이 굳이 필요하다고 보지는 않기 때문이다.

필자의 '비즈니스 명상'에는 수련 과정이나 학습 클래스는 없다. 그저 필자가 스스로 마음을 수양하는 방법일 뿐이다. 그럼에도 이렇게 소개하는 것은 여러분이 참고할 수 있을까 해서이다. 어떤 명상 센터를 선정하여 수련하면 곧 그것을 우리의 삶과 비즈니스에 녹여내야 하는 단계가 올 것이다. 이때 이런 필자의 접근 자세를 참고할 수 있을 것이라 생각한다.

도의와 원리대로 살아가기 힘들고 마음이 흔들릴 때, 그렇게 기본으로 돌아가 명상하기를 바란다. 그 명상은 사이비만 아니라면 어떤 것이든 상관없다. 그렇게 함으로써 의미 있고 가치로운 삶을 지켜가자. 지치고 힘들 때에는 스스로를 위로하고 힐링하며 명상하면서 일관성 있게 그 길을 가자. 그렇게 밝고 넓은 마음으로 집중하고 통찰하며 자애하는 삶, 그렇게 일하는 삶을 살아간다면 그 삶 자체가 수련이요 자기 진화의 과정이라고 믿는다.

비즈니스 명상의 요약

1. 현재에 살기

가치로운 무언가를 하기 위하여 우선 마음을 지금 여기 현재에 머물도록 해야 한다. 과거와 미래는 현재를 통하여 의미를 갖게 되는 것으로 현재와 연관 없는 과거와 미래는 관념에 불과한 것이다. 그러므로 현재에 마음을 두고 살아야 한다.

사람은 가치 있는 무언가, 즉 비즈니스를 하기 위해서 살아간다. 그것은 미션이라고도 하고, 비전일 수도 있으며, 핵심 가치일 수도 있다. 그 가치는 항상 '무엇'이 아니라 '왜', '어떻게'이어야 한다.

당신의 그 가치를 위하여 과거의 속박에서 벗어나 자유로운 결정을 하라. 그리고 계획을 세워 미래를 현재에 연결시켜라. 그래서 진화의 스토리 라인Story Line에서 움직이는 현재에 살아라.

2. 집중

실행 초기에는 감성의 힘으로 외롭고 힘든 인내의 파도를 넘어야 한다. 그러기 위하여 결의를 가지고 당신이 하고자 하는 비즈니스의 '어떻게'에 대하여 집중을 하라.

그러한 결의를 가지고 하는 집중은 곧 지칠 수 있기에, 초기 단계 혹은 위기의 단계를 넘어서면 이완의 집중, 힐링과 여유 속의 집중 속에서 그저 느긋하게 비즈니스 삼매에 빠져 일하라.

모든 일은 상세 업무에서 이루어지는 것이므로 디테일에 정성을 다해야 한다. 특히 중요한 CSF핵심 성공 동력와 관련된 일에는 디테일Detail에 더욱 큰 정성을 기울여라. 내가 다할 수 없으면 직원과 전문가의 마음을 얻어서 함께 정성을 기울여야 한다.

3. 통찰

사람은 자신의 개체성에 갇혀 때때로 감정적 결정, 편협한 판단을 하게 된다. 그러므로 비즈니스에서 한 발짝 떨어져서 '마음 챙김'하여 객관적으로 바라보며 상호 관계를 읽어야 한다.

그러한 객관적인 시각으로 나라는 특수한 인식의 틀에서 벗어나 큰 관점에서 올바르게 일하라. 단기적인 이익을 쫓아 잘못된 길로 들어서는 것은 단기 이익은 취할 수 있을지 모르나, 장기적으로는 점점 리스크를 키우게 된다.

외로운 결정의 순간, 중도의 마음으로 역동적 균형Dynamic Balance을 유지하라. 부족한 것도 문제이지만 너무 과한 것도 문제를 일으키게 되므로 상황에 대응하여 적정성과 합리성을 유지해야 한다.

4. 자애·사랑

사람은 누구나 자존감을 힘으로 세상을 헤쳐가게 된다. 스스로의 자존감을 증진시키기 위하여 셀프 임파워먼트self-empowerment하라. 그리고 가족, 동료와 고객에도 칭찬과 존중Respect을 통하여 자존감이 커지도록 도와라. 그들의 에너지가 당신의 비즈니스를 더욱 성장하게 할 것이다. 또한 모든 사람, 대상이 나와 연관됨을 이해하고 공감대를 느끼며 살아라. 이로써 많은 우군이 확보되고, 당신을 공격하는 적은 줄어들 것이다. 이것은 특히, 자신이 리스크에 봉착했을 때 헤쳐 나가는 큰 힘이 된다. 아무리 잘 나가는 비즈니스도, 아무리 탄탄대로를 달리던 사람도 리스크가 오지 않는 경우는 없다. 자만이 커질수록 리스크도 커지게 된다. 겸손하게 주변을 사랑하라.

5. 마음 관리를 위한 자기 수련

이러한 비즈니스 명상이 뜻대로 잘 되지 않고 흔들릴 때 초심으로 돌아가 명상을 하라.

지금 여기, 마음을 현재에 두도록 도와주는 명상은 바디 스캔Body Scan이나 요가 동작 등이 효과적이다.

집중력을 키워주는 명상은 단전호흡이나 요가호흡, 만트라, 사맛띠, 초월명상 등 여러 가지가 있다. 인간의 특정한 한 감각에 주의를 집중하는 명상이 있고, 생각 자체에 주의를 집중하는 명상도 있다. 통찰력을 키워주는 명상은 위빠사나라 불리는 정통 명상이 있으며, '마음 챙김'에 기반한 MBSRMindfulness based stress reduction 등도 있다. 자애 명상과 관련된 명상에는 불가나 MBSR의 자애 명상, 천주교의 기도, 자기 암시나 자기 긍정 등이 있다.

명상 센터는 순수해야 한다. 그리고 그렇게 믿을 만한 곳이라는 판단이 일단 내려지면 의심을 내려놓고 진심을 다해서 해야 한다. 의심하는 마음에는 에너지가 잘 모이지 않기 때문이다.

제2부 사이언스 명상

들어가는 말

나는 어린 시절부터 내가 누구이며 내가 태어나기 이전은 무엇이었으며 내가 죽으면 어떻게 되는가를 궁금해 했다. 사춘기에 막 진입하기 직전 우연히 얻은 과학 서적을 읽으면서 우주는 무엇이며 왜 시간은 시작과 끝이 없는지, 왜 공간은 끝없이 팽창하고 있다는 것인지 알고 싶었다. 또한 그 속에 살아가고 있는 생명이란 무엇인가 하는 것에 대한 궁금증은 커져만 갔다. 하지만 이 근본적인 질문에 대한 답은 찾을 수 없었다. 나라는 존재와 내가 살고 있는 이 우주를 이해하지 못하고 있다는 것이 내게는 스트레스를 넘어 하나의 공포였다. 내가 죽으면 적어도 나에게 이 세상은 완전히 없어지는 것이며, 그것은 내게 더욱 더 소스라치는 공포로 다가왔다. 그래서 윤회든 천국이든 종교의 이야기를 믿고 싶어지기도 했고 물질만이 실재한다는 상식을 안겨주는 과학의 이야기를 애써 외면하고 싶기도 했다.

나는 그런 근본적인 삶의 질문을 해결하는 데에 내 한평생을 바치고 싶었다. 그리고 그 방법으로 처음 선택한 것은 철학자의 길도 아니고 수련이나 구도의 길도 아니며 종교적인 길도 아닌 바로 과학을 탐구하는 것이었다. 과학은 어쩌면 가장 유물론적인 스터디를 하는 것이어서 너무 당연하게 우주는 물질로 구성되었을 뿐이고 인간은 죽음으로써 소멸한다는 것으로 나의 공부는 결론 맺어질 수밖에 없지 않을까 추측되기도 했다. 그것은 회피하고 싶은 결론이었지만, 아이러니컬하게도 나는 그 과학의 길을 택했다. 왜냐하면 과학의 방법론을 이해하지 못한다면 나는 몽상가처럼 이런 저런 상상만 할 뿐이지 어떤 것도 합리적이면서 대중이(그리고 나 자신이) 이해하고 받아들일 수 있는 논리로 표현할 수 없을 것 같았기 때문이다. 과거의 철학의 영역을 이제는 과학이 메우고 있듯이 이런 존재 근원에 대한 영역도 언젠가 과학적 기초에서 해석할 수 있을 날이 올 것으로도 믿었다.

　　여기에서 나의 이야기는 시작되었다. 나는 자연과학대학에 들어가 화학·물리학·생물학 등을 공부하고 무언가 내게 들려줄 얘기가 있을 것 같았던 과학의 숨은 목소리를 듣고 싶었다.

　　그러나 대학 입학 후 나는 곧 회의에 빠지게 되었다. 내가 기대했던 과학 수업은 무언가 더 본질적인 것을 얘기 나누고 토론하고 그런 지적 호기심을 채워주는 것이었지만 현실은 이와는 너무 달랐다. 나는 고등학교 과정보다 조금 더 깊이 들어간 과학을 공부하고, 실험하고, 시험 보는 것 이상을 겪어볼 수 없었고 학업의 흥미를 곧 잃어버렸다. 고교시절 대학에 가면 할 수 있을 것이라 꿈꾸던 공부는 없었고 나는 내 공부의 의미를 찾지 못했다.

그렇게 나의 대학시절은 1학년 때 일찌감치 판가름이 났고 과학 공부가 내가 원하는 깨달음을 주기 어렵다는 회의감에 차 있을 때 나는 다른 길들을 기웃거리기 시작했다.

도를 닦는다고 수련하는 단체에 가입하여 수련도 해 보고 사교적인 대학 서클에 가입하여 술잔을 기울이며 밤늦도록 긴 토론을 하며 생각을 교류하는 시간도 가져 보았다. 그래도 뾰족한 답을 얻지 못한 채 나는 나이를 먹어 갔고 대학을 졸업하고 군대도 다녀왔다. 그리고 시간이 흘러 회사에 들어가 노동조합연구소 대표도 해 보고, 여러 회사를 이직하며 성과도 내고, 진급도 하고, 임원도 하고, 경영 컨설턴트도 하고, 사업부와 회사를 책임지는 최고 경영자로서도 일했다. 그 치열한 현실의 삶속에서도 나는 줄곧 내가 평생을 두고 해결하기로 한 나와의 약속, 근본적으로 삶과 우주를 이해하고 싶다는 그 생각만은 잊지 않았다. 나는 시간이 되는대로 관련된 곳을 기웃거렸다. 한국 정신과학학회 창립 모임부터 참석하고 다수의 강연도 들어보고 학회나 수련회에도 참여했고 정신세계원의 정기 세미나에도 참석했다. 국선도·단월드 등 단전호흡 단체에서 수련도 하고, 몇 가지 종류의 선도 수련에도 참여하고 그 단체 모임도 참석했다. 천주교도 가 보고, 불교도 가끔 가 보았다. 참선수행이나 MBSR, 명상 지도자 수련 등도 해 보았다. 스티븐 호킹이나 칼 세이건 등 천체물리학자들의 서적들도 읽어 보았다. 과학 관련 뉴스도 찾아보고 동영상도 보고 포털 사이트의 지식 검색을 통해 내게 부족한 지식들도 찾아보았다.

그렇게 세월이 많이 흘러 인생의 다양한 경험들을 하고 내 나이 마흔이 넘었을 때, 다시 과학 서적을 보면서 그제야 나는 그 과학 개념과 그 스토리에 숨은 목소리를 조금은 이해할 수 있었다. 고교

시절에 정확히 이해 못했던 그래서 대학에서는 이해하리라 기대했던 힘·파동·에너지·모멘텀·엔트로피 등등의 철학적 의미와 기초를 뒤늦게 이해할 수 있었다. 나는 마치 태극 8장까지 했지만 주먹 쥐는 방법을 잘 몰랐던 소년처럼, 기본에 대한 근본적이고 다소 철학적 명상을 나이 마흔이 넘어서야 할 수 있었던 것이다. 아마도 학창 시절에 이런 이해를 가지고 대학생활을 시작했다면 내가 꿈꾸었던 아인슈타인과 같은 학문적 도전도 해 볼 수 있지 않았을까, 나지막이 웅얼거려 본다. 그렇게 학업 이외에도 많은 영역을 배회한 자신에 대한 변명 같은 말로 스스로 위로해 본다.

이제, 나이 50이 넘어 최근에야 나는 적어도 내가 어떤 길에서 답을 찾아야 하는지 이해가 조금 가기 시작했다. 아마도 그것은 상식이라는 카테고리, 즉 가까운 곳으로부터 답을 찾아야 하며 먼 곳 어느 비밀스러운 은하에 답이 숨겨져 있는 것은 아닐 것이라는 거다. 나 또는 우리가 가지고 있는 이 두뇌와 사고, 이 생명현상 자체가 우주의 일부이고 우주의 원리에 따라 이루어지는 것이고 보면, 내가 순수하게 객관적인 마음과 객관적인 자료를 가지고 가장 자연스럽다고 판단하는 것에 답이 가까이 있다고 보아야 할 것이다. 선입견과 독단에 갇힌 생각에서 벗어나 기존과 다른 생각, 혁명적인 생각도 포용하려면 내 자신의 껍질을 깨고 객관적인 내가 되어야 한다. 그러려면 많은 경험이 필요하다. 재료가 필요하다. 그 재료는 과학뿐 아니라 회사생활, 인생살이와 철학, 동양철학, 그리고 명상하는 방법 등 많으면 많을수록 좋다. 편견과 같은 상한 재료가 아니라 모든 사람들이 수용할 수 있는 그런 상식적인 재료는 많을수록 좋다. 그렇게 객관적으로 생각하려고 노력하면서 그동안 기업에서 담당으로, 중견 사원으로, 그리고 경영자로서 치열하게 살았던 그 상식으로 돌아가 어떤 것이 상식적으로 일어날 수 있는 상황인지 생각한다. 여러 공정 문제, 품질 문제, 인간 관계 문제, 경영 문제를 해결하기 위해 사용했던 개선 기법과 경영컨설팅 기법Tool을 적용하며 가장 그럴 듯한 원인과 대책을 찾아가던 그 경험을 상기해 본다. 그리고 그런 논리와 가장 그럴 법한 스토리로 판단 내리던 그 마음으로 이제 다시 나를 괴롭혔던 그 근원을 알 수 없었던 과학현상에 대해 명상한다. 그렇게 하면 세상과 우주에 대해 어느 정도 이해할 수 있을 것이라는 새로운 희망을 품는다. 물론 경영에서도 회사 일에서도 내가 틀린 때도 있었던 것처럼 나의 과학 명상의 일부는 안타깝지만 맞지 않을 수도 있겠다. 그러나 회사 일에서의 나의 접근이 적어도 황당무계한 적은 별로 없었으며, 다른 올바른 해법을 찾는 힌트이거나 적어도 발전을 위한 시행착오는 되었던 것처럼 나의 과학 명상이 후대에게 작은 도움은 되지 않을까 하고 기대하며, 삶과 우주의 본질에 대해 답을 찾겠다는 만용을 감히 여러분께 부리면서 이 글을 시작해 본다. 그리고 이것이 우리가 왜 삶을 살아가고, 어떻게 일을 해야 하는지 그 토대로서의 굳건한 철학이 되기를 바란다.

제1장 현대 과학의 사고 프레임에서 본 우주와 생명

1. 사고의 틀

사람의 사고는 어떻게 일어나는 것일까? 우리의 머릿속에서는 하나의 기준틀이라고 할 수 있는 프레임frame을 가지고 있으며 새로운 정보가 들어오면 수정 보완하며 프레임을 지켜 간다고 한다. 이런 과정을 통해 인식의 틀을 수정하여 더 넓게 파악할 수 있을 때 사고 수준이 발달한다. 즉, 틀의 우월성과 의미 있는 정보를 통해서 사고 수준이 향상되는 것이다.

세상은 다양한 현상이 있고, 보는 관점에 따라 다채로운 해석이 가능하다. 그래서 사람은 각자 자신만의 틀을 가지고 세상을 바라본다. 그것을 가치관, 관점 혹은 철학이라고 한다. 그러나 과연 인문사회적 사고만이 그러한 것일까? 물리적인 자연을 인식할 때에도 자신만의 감각기관에 기초하여 그 기준틀로서 바라본다. 우리는 오감에서 얻은 정보를 기초로 세상에 대한 인지 프레임을 구축하고 그 기준틀을 바탕으로 세상을 이해한다. 만일 시각에 장애가 있다면, 청각이나 다른 감각이 주가 되어 기준틀을 형성하고, 그것을 바탕으로 세상을 인식할 것이다. 인간과 달리 특정 감각이 발달한 동물의 경우에도 그들의 감각기관을 기준으로 인지 프레임을 만들고 그렇게 세상을 본다. 박쥐의 세상은 초음파로 되돌아오는 반향으로 인지되는 세상이고, 우리가 인식하는 세상과는 또 다른 느낌의 세상일 것이다.

인간은 인간의 미약한 오감을 도와줄 수 있는 다른 기계장치를 개발하여 세상에 대한 인지 프레임을 확대하여 왔고, 그 객관성도 증진시켜 왔다. 그러나 결국 그 장치를 통하여 마지막에 인간에게 인지될 때에는 오감이 필요하다. 기계장치들도 최종적으로는 인간 오감을 증폭시키거나 감지력을 도와주는 것일 뿐 기본적으로 세상을 보는 프레임은 같다는 것을 의미한다.

보조적 기계장치들과 마찬가지로, 몇 가지 물리학적 원리들이 세상에 대한 인간의 이해 프레임에 도움을 주어 왔다. 이러한 이론들이 오감에 기초한 인지력과 결합하여 실험과학적으로 일치됨을 증명함으로써 세상에 대한 프레임의 객관성도 훨씬 좋아졌다.

그러나 때로는 인문학자나 자연과학자의 이론 혹은 패러다임과 같은 기존의 틀이 새로운 인식을 받아들이는 데 제약이 되기도 한다. 기존의 낡은 틀이 일종의 고정 관념을 유발하는 것이다.

예를 들어 기존의 뉴턴Newton 역학 틀은 오랜 동안 우리의 사고를 지배했다. 그러나 상대성 이론과 양자 역학에 의해 심각한 도전에 직면하게 되었었다. 이 새로운 이론들은 우리가 친숙하지 않았던 분야이며 우리의 기존 프레임으로 받아들이기 어려운 분야였다. 그러나 가설에 대한 논쟁과 수많은 실험 결과 속에서, 결국 뉴턴 역학 틀은 수정되고 보완될 수밖에 없었다. 칸트는 경험과 합리성을 갖추어야 인식이 된다고 했고, 물리학에서도 이론물리학이 예측하고 실험물리학의 실증하는 과정을 통해 논리적 체계가 발전되어 왔다. 칸트는 경험할 수 없는 영역인 '신'과 같은 개념은 인식할 수 없는 대상이라고 했다. 그 말은 여전히 유효한 것으로 생각되지만, 그래도 과학과 실험 설비의 발전으로 신의 영역이라고 생각되었던 미지의 영역 중 조금은 측정하고 이해하고 추론할 수 있는 분야가 생겨나고 있다. 인간이 신의 영역을 알 수는 없다. 그러나 현대에는 과학 이론도 발전했고, 실험 설비의 발달로 경험의 한계도 많이 넓어졌으므로, 적어도 우리의 낡은 인식의 프레임을 조금 더 세련되게 다듬을 수 있는 상황에 이르렀다고 본다.

어차피 기준틀 그 자체가 진리일 수는 없다. 수학이나 물리학에서 어떤 위치의 변화를 설명하기 위해서는 좌표가 필요하다. 평면의 경우로 예를 들자면, 영점을 중심으로 Reference frame기준틀을 그려 놓고, 이로부터의 상대적 거리인 (x, y) 두 개의 좌표를 설정할 수 있다. 그런데 이 Reference frame의 위치를 변경해 놓으면 영점과 좌표의 값은 바뀌어도 상대적인 점들의 관계, 즉 그 점을 이어서 나오는 도형의 모양은 동일하다. 또, 굳이 우리가 당연하다고 여기고 있는 익숙한 (x, y) 좌표가 아니라 (r, θ) 좌표로도 위치는 얼마든지 표현할 수 있다. 원운동을 묘사할 때에는 오히려 후자가 편하다.

기준틀 자체는 진리가 아니며 다만 세상을 인식하고 이해하는 데 도움을 주는 것이 그 본연의 기능이라는 점을 생각해 보면, 이제 과학의 발전으로, 이러한 인식의 프레임도 조금 더 효율적인 기준틀로 다듬어갈 수 있다고 생각된다.

한편, 우리가 소중히 발전시켜 온 현대의 과학, 현대 문명의 근간이 되었고 우리가 수많은 실증 사례Evidence를 통해 믿고 의지해 온 현대 과학의 수준은 과연 이 세상의 인식 프레임을 바꾸고 혁신할 정도로 발전한 것일까?

사실 충분할 정도로 발전되었다고 보기는 어려울 것 같다. 아직도 많은 분야는 미스터리 미제의 영역으로 남아 있는 것도 사실이다. 하지만 과학은 각각의 분야에서 상당한 성취를 이루었다고 나는 생각한다. 반면, 이것을 통합하여 설명하고, 통합적 사고의 프레임을 구성하는 측면에서는 좀 부족하다고 느껴진다. 그래서 그것들을 함께 연결하여 바라보며 새로운 관점에서 새롭게 인식의 지평을 넘어가는 이야기를 나누고자 한다. 이 이야기가 전체적으로 연관되어 공감할 수 있는 프레임이 되기 위해서는 적어도 물리학, 생물학, 철학(특히 동양철학), 상식 등이 모두 동원되어야 할 것 같다. 그 과정 속에서 아직 과학의 미성숙으로, 때로는 필자의 부족함으로 확증에 어려움이 있을 수도 있겠다. 확증적 실험 데이터가 없다면 이때는 주어진 데이터를 기준으로 한 일종의 통찰이 필요하다. 기존의 기준틀을 고집할 일이 아니라, 자신만의 입장에서 탈피하여 객관적으로 바라보고 가장 그럴 듯한 설명을 위한 프레임의 논리가 있다면 이 또한 긍정적으로 고려해 보는 유연한 자세로 생각하자.

세상에 대한 이해의 프레임을 말하면서, 굳이 물리학이나 생물학을 이야기할 필요가 있냐고 반문할 수도 있겠다. 하지만 나는 인간의 인지 구조는 크게 다를 것 없다고 생각한다. 물리학적으로, 생물학적으로 타당성이 있는 설명 이론은, 우리가 세상을 바라보고 이해하는 인지에 대하여도 비슷하게 설명할 수 있을 것이라고 생각한다. 나는 유물론자는 아니다. 하지만 우리의 신체와 지각 과정은 결국 물리학과 생물학적 이해의 지배를 받는 점을 고려하면, 이러한 학문에서 도출된 통찰insight이 세상을 이해하는 인지 프레임을 설명하는 데에 도움이 된다고 믿는다.

이 책의 독자는 과학을 전공하지 않은 분들도 많으실 것이므로, 일단 과학적 이론에 입각하여 우주를 인지하는 프레임에 대하여 간단한 설명이 필요할 것으로 생각된다. 좀 더 상세한 내용이 궁금하다면, 이 분야에서는 훌륭한 분들이 많을 것이므로 그분들의 저술을 참고하는 것도 좋을 것이다. 나는 아주 간단한 물리와 과학에 대한 이야기를 하고 넘어가고자 한다. 이 원리에 기초하여 인간이 우주를 어떻게 보고 있고, 그 한계가 무엇이며, 따라서 어떻게 이해해야 하는지를 말하려고 한다. 즉, 사람이 왜 태어나 왜 살며, 무엇을 추구하며, 어떻게 살아야 하는가 하는 질문에 대한 이야기를 하기 전에, 우주란 무엇이며 생명이란 무엇인지를 먼저 생각해 보려고 한다. 그것은 철학보다도 물리학이나 생물학에 가까운 이야기일 수 있으며, 여기에 철학적 논리와 추론을 가미해서 고찰해 보고자 하는 것이다. 그리고 그기초 위에서 우리는 무엇을 추구하며 어떻게 살아야 하는지 논하고 싶다.

그럼 이제 간단하게 물리학과 생물학 등에 대해 간단히 이야기해 보도록 하겠다.

2. 고전 물리학

1) 기본 물리량

고전 역학에서 물리량은 시간·공간·질량의 함수로 정의된다. 이 세 가지는 절대 독립된 존재로서, 이 우주란 끝 모를 거대한 공간에 딱딱한 원자 알갱이로 구성된 여러 종류의 물질들이 놓여 있고, 깊이를 알 수 없는 억겁의 시간이 같은 속도와 방향으로 끊임없이 흘러가는 것을 의미했다. 이러한 근대적 정의도 사실 오랜 시간의 연구와 논의와 고민 속에 발전시켜 온 것이었다. 그런데 허무하게도, 현대에서는 시간·공간·질량 이 세 물리량의 절대성이 부정되고 있다.

2) 뉴턴 역학

관성의 법칙, 작용 반작용 법칙, 힘과 가속도의 법칙($F=ma$), 만유인력의 법칙 등으로 대변되는 뉴턴의 고전 역학은 굳이 개념을 자세히 설명할 필요는 없을 것 같다. 간단하게 한 줄로 정의하자면, 관성의 법칙은 어떤 운동이든 방해하는 장애가 없으면 계속 그 상태를 유지하려는 속성이 있다는 것이고, 작용 반작용의 법칙은 두 물체가 서로 힘을 주고받을 때 하나가 받는 힘은 다른 하나가 받는 힘의 반대 방향으로 받게 된다는 뜻이다. 힘·가속도의 법칙은, 어떤 물체의 운동에 변화가 생기는 것은 그 물체에 작용한 힘이 있어서인데, 그 힘의 크기는 해당 물체의 질량과 속도 변화의 정도(가속도)에 비례한다는 정의이며, 만유인력의 법칙은 모든 질량을 가진 물체는 서로 당기는 힘이 있다는 뜻이다.

힘이란 물질의 상태에 변화를 주는 것이며, 에너지는 물질에 힘을 주어 일으킨(또는 일으킬) 변화를 공간 변화량으로 측정한 것이다. 힘force, 토크Torque, 운동량momentum 등은 관점에 따라 에너지에서 개념적으로 파생된 것이라고도 볼 수 있는데, 그렇게 생각해 보면 이런 물리량들은 대부분 에너지와 그 근원이 유사한 것이다. 그리고 이것과 관련된 모든 물리량은 주로 엔트로피가 증가하는 방향으로 작용한다. (엔트로피는 뒤에서 다시 설명한다.)

뉴턴 역학은 우리가 일반적으로 인지하는 세상의 물리현상을 잘 설명해 주며, 그 결과로 계산된 값이 비교적 정확하여 근대 과학을 발전시킨 원동력이 되었다. 그런데 아주 작은 미소 세계나 아주 빠른 속도의 물리학적 관계를 설명하기에는 한계가 있다는 것이 나중에 밝혀지게 되었다.

3) 열역학 제1법칙

이것은 에너지 보존의 법칙이라고도 불리는 것으로 에너지가 새롭게 창조되거나 사라지지 않는다는 것을 의미한다. 이것을 질량 보존의 법칙(작은 물체도 무無에서 생겨나지 않으며, 존재하는 것이 무로서 사라지지도 않는다는 법칙)과 같이 생각해 보면, 어떠한 물질적 존재도 상태만 바뀔 뿐, 절대 소멸하거나 근원 없이 생겨나지 않는다는 매우 의미 있는 깨달음을 갖게 한다.

4) 열역학 제2법칙

공기 중으로 분출된 오염 가스는 주변으로 점점 퍼지며 확산되어져 간다. 이렇게 되는 이유는 엔트로피 증가의 법칙 때문이라고 설명된다. 엔트로피란 '무질서도'라고 흔히 번역하지만 좀 더 이해하기 쉽게 말하자면, '무질서'해진다는 것은 '골고루', '균형 있게' 되려는 속성을 말한다.

엔트로피는 물질 간의 거시 상태들이 어떻게 변해 갈지 확률적으로 추정하여 그 변해 가는 방식을 통계 역학적으로 표현하는데, 그 특징은 완벽하게 안정되어 가는, 혹은 균질화되어 가는 과정이다. 부분에 뭉친 에너지가 전체에 골고루 흩어지는 과정이 엔트로피 증가이며, 다른 의미로는 평형 상태로의 이동을 의미한다.

예를 들어, 어떤 곳은 열이 높고 어떤 곳은 열이 낮다면 열이 높은 곳에서 낮은 곳으로 이동하여 균일한 상태에 이르려는 속성을 엔트로피가 증가하는 상태라고 말한다. 반대로 열이 높은 곳이 더 뜨거워지고, 낮은 곳은 점점 더 추워지고 있다면 그것은 엔트로피가 감소하는 상태가 되는 것이고, 다른 표현으로 '쏠림현상, 불균일 상태, 불안정한 상태'를 말하는 것으로 이것은 누군가 의도적으로 기획하지 않는다면 우주에서는 잘 일어나지 않는다. 그런 것이 자연히 일어나는 경우는 더 큰 엔트로피 증가를 위한 국부적 감소이거나, 아니면 특정 생물체가 의도적으로 개입한 활동의 결과 생기는 엔트로피 감소뿐일 것이다.

왜 그렇게 엔트로피가 증가하는지는 모른다. 다만 그 관찰값은 거의 모두 (+)를 지향한다. 우주는 무질서도가 증가하는 상태, 즉 균일하고 안정적이며 쏠림이 없는 상태에 도달하려고 하는 근본 속성이 있다고 물리학에서는 정의한다. 모든 관측현상이 그렇게 나타나기 때문인데, 너무나 당연한 이야기 같지만 모든 공리는 항상 당연한 것에서 시작하여 큰 논리 체계의 탑을 쌓게 되는 것이다. 이것은 물리학과 자연현상을 연구하는 데 큰 의미를 갖는다. 열역학 제2법칙 때문에 시간은 거꾸로 흐르지 못한다고 한다. 70억 인구와 생명체 전체의 행위가 반대 방향으로 일치하는 일이 일어날 확률은 제로zero이기 때문이다.

3. 현대 물리학

1) 기본 물리량

고전 역학에서 정의된 시간·공간·질량은 현대 물리학에서는 좀 다른 의미로 정의된다. 질량이란 미립자(쿼크·렙톤·매개자 등)가 매우 강한 힘(강력·전자기력 등)에 의해 응집된 존재이며, 공간은 에너지 필드로서 물질 간의 상대적인 영향의 정도를 의미하고, 시간은 그 변화의 정도를 표현하는 방법이다. 그러므로 시간과 공간은 절대적이지 않으며, 물질 존재도 내적으로는 미립자의 역동적 상호 관계를 포괄하므로 어떤 무언가가 변화하지 않고 절대적으로 존재하는 것은 없다. 진리란 불변하는 것인데 우주의 양태는 변화하지 않는 것이 없다. 굳이 불변하는 것을 찾는다면 변화하는 법칙이나 그 물질 간의 관계의 규칙Rule일 것이다. 우리가 지각하는 모든 것은 변한다. 이렇듯 우리가 인지하는 우주 자체는 생명체처럼 역동적이며 끊임없이 변화한 다는 것을 생각해 보면, 그 변화의 법칙을 이해하는 것이 진리를 이해하는 것이라는 생각에 이르게 된다. 우주에 변화가 없다면 우리에게 어떠한 영향도 메시지도 주지 않을 것이므로 우주를 이해하는 것 자체가 있을 수 없는 일이며, 있다고 해도 무의미한 일이 될 것이다.

시간이란 물질 사이의 관계에 생기는 변화를 감지하는 우리의 인지 프레임이다. 하나의 입자는 시간도 공간도 없다. 여러 입자가 상호 관계를 맺을 때 비로소 공간이라는 개념이 생긴다. 또한 여러 입자 간에 상대적 힘의 관계에 변화가 없다면 시간은 존재하지 않는다. 그래도 시간은 흐르는 것 아니냐고? 그것은 우리의 관념일 뿐이다. 변화가 없다면 시간은 존재하지 않는 것과 존재하는 것 사이에 아무런 구분이 없게 된다. 시간이 있다고 믿으면 있는 것이고, 없다고 믿으면 없는 상태, 그것은 있어도 있으나 마나 한 상태, 즉 없는 것과 같은 상태가 된다. 수많은 입자가 모여 변화가 생기면 비로소 시간이 흐르고, 엔트로피가 증가하며 여러 현상이 일어난다. 단, 이것은 입자를 정적인 입자로 볼 때의 개념이며, 입자를 파동으로 볼 때는 다른 논리가 성립하는데, 이것은 뒤에서 다시 이야기하려고 한다.

2) 상대성 이론

빛의 속도는 절대적으로 동일하며, 어떤 물질이 빛에 가깝게 빠른 속도를 갖는다면 이와 관련된 시간과 공간이 변화한다. 중력이란 질량이 큰 존재 주변의 공간이 휘어지는 현상이다.

특수 상대성 이론에서는 속도가 빨라지면 시간이 늦게 가고(길어지고), 공간(길이)이 짧아지고 질량이 증가한다. 즉 다시 말하면 물질의 속도가 시공을 변하게 한다. 여기에서 유명한 $E=mc^2$ 공식이 유도된다. 질량이 에너지로 변화되어 등가가 될 수 있도록 하는 변환 공식이다.

일반 상대성 이론에서는 중력에 의해 시공간이 휘어진다고 한다. 그러므로 존재는 시공에 영향을 주는 시공의 참여자가 된다. 이제 물질은 절대 공간에 동떨어진 존재가 아니다. 중력에 의해 너무 휘어지면 빛도 못 빠져 나가는 블랙홀이 된다. 즉 물질에 의해 중력이 매우 커지면 이제 시공의 프레임도 바뀌게 되는 것이다

상대성 이론은 우리가 겪는 일반적인 상황에서는 뉴턴 역학과 별 차이가 없다. 그러나 일반 상대성 이론은 매우 큰 힘(중력)을 받는 곳에서 확실히 차이가 나고, 특수 상대성 이론은 매우 빠르게 움직이는 경우(전자기기, 작은 세계)에서 뉴턴 역학과 상이한 결과를 보인다. 전자기기나 위성 등 속도가 빠르거나 강한 지구 중력을 받는 경우는 상대성 이론을 적용하여 보정해야 정확한 데이터가 된다고 한다.

일반 상대성 이론을 통해 유추해 보면, 행성의 공전 이유가 원심력과 구심력의 평형 작용이라는 오래된 설명을 벗어나 좀 더 다르게 설명해 볼 수 있게 된다. 즉, 태양에 의해 공간이 휘고(공간이 휜다는 것은 공간을 '에너지 장'으로 보는 관점인데 이것은 뒤에서 다시 설명한다), 태양은 자체 운동을 통해 그 휜 공간을 이끌고 빠르게 이동하므로 주변에 회오리가 생기고, 그래서 지구 등 행성이 그 회오리를 따라 공전하는 것으로 생각해 볼 수도 있겠다. 이것은 정설은 아니고 가능성에 대한 필자의 생각임을 부연한다.

한편 우주가 점점 빠르게 확대된다는 관찰 결과를 설명하기 위하여

암흑 에너지라는 미지의 에너지가 있지 않은가 추정되고 있다. 이론적 계산 결과, 우리가 인지할 수 있는 물질세계는 전우주의 5%밖에 안 되고, 미지의 물질인 암흑 물질과 암흑 에너지가 나머지 질량을 차지한다는 연구 결과가 있으니, 보이는 것만이 전부가 아니며 우리가 아는 것은 일부에 불과할 수도 있음을 시사한다.

〈상대성 이론에서 광속은 왜 항상 일정한가?〉

특수 상대성 이론은 시간이 별도의 차원이 아닌 '3차원 공간+시간'=4차원으로 시공을 함께 설명한다. 그래서 빠른 속도에서는 시간도 느리게 흘러가며 영향을 받게 된다. c(빛의 속도)=constant(상대속도에서도 일정한 상수)를 기본 가설로 하여 로렌츠 변환이 유도되며, 이 계산식에서 우리는 시간이 속도에 영향을 받는 것을 정량적으로 계산할 수 있다. 그리고 실제로 빠른 물체를 측정해 보면 아인슈타인의 상대성 이론이 잘 맞는다고 한다. 실험적으로 아인슈타인의 이론이 증명되었고 정량적 계산까지 되므로 다소 생소한 이론이지만 우리는 이 이론을 정설로서 수용하고 있다.

그런데 한 가지 의문은 '왜 빛의 속도는 항상 일정할까?'라는 점이다. 왜 빛보다 빠른 것이 없을까? 인간의 관념으로는 무한대의 속도가 가능한데 왜 현실에서는 없다고 하는 것일까? 상대속도에서도 광속은 일정하다는 것이 이상하지 않은가?

그것은 우리가 상상한 우주의 프레임에 대한 인지력의 한계 때문이라고 필자는 생각한다. 광속이 일정한 것은 사람의 변화 감지의 한계가 광속이라는 것이고, 그 이상은 시간과 공간(길이)의 변화로 감지된다는 것이다. 세상이란 어차피 우리의 뇌가 감각기관으로 감지한 것을 프레임으로 그려 놓은 것이므로 무엇이든 절대적이지 않다. 시간이 늦춰진다는 것을 시험으로 입증했다는 것도, 결국 우리의 감각기관으로 수용되는(경험되는) 상대적인 값이므로, 그것이 절대적으로 늦춰졌다는 뜻은 아닐 수 있다. 아니, 이미 절대값이라는 것은 없다. 만일 다른 외계인이 있어 더 뛰어난 감각기관과 측정 장비를 가지고 세상을 인지한다고 가정한다면, 그 세계에서는 빛보다 빠른 것이 있고 그는 그렇게 그려진 우주 프레임을 가질 수 있을지도 모른다. 하지만 인간이 인지하는 한계는 빛의 속도이다. 우리가 모르는 암흑 에너지 중에 더 빠른 것이 있다 해도 우리는 모르고 인지할 수 없으므로 없는 것과 같은 것이다. 빛보다 빠른 것을 감지할 감각기관이나 측정기관이 없으므로, 사람이 인지하는 프레임에서는 빛 이상이 되면 시간을 늦추거나 길이를 짧게 하는 수밖에 없다고 생각한다.

부처는 일체유심조라는 유심론을 설하였는데, 이것은 현대 과학의 결론과 일맥상통하는 면이 있다.

일체유심조라는 화두는, 그에게는 그가 보고 감지한 세상이 사실로서 받아들여진다는 것을 전제로 한다. 빛보다 빠른 것이 물리적으로 존재할 수 있다 하여도 인간은 그렇게 측정할 수 없다. 속도를 측정할 수 없으므로 시간을 늘리거나 공간(길이)을 줄이거나 해서 인식해야 한다. 우리는 스스로가 인지한 것을 부정할 수 없으며 시간이 늘거나 공간이 준다고 표현해야 한다.

결국 우리가 이해하는 우주란 인간 인지의 매트릭스라고 보면, 그 인지는 완전한 객관이 아닌 상대적 객관성을 추구할 수밖에 없는 것이다. 우주라는 존재 양식 자체가 상대성을 갖는 것이므로 우주의 객관성은 상대적인 객관성이라고 말할 수 있다. 또한 인식하는 인간 자체가 우주의 일부이기 때문에 자신이 인식하는 방식은 또한 우주라는 객관성에 대한 상대적 정합성을 갖게 된다. 따라서 그것이 진리가 아니라고 부정할 이유는 없다.

우리의 인식의 한계가 빛의 속도라면, 우리가 겪는 이 아이러니, 빛보다 빠른 게 없다는 관찰현상을 받아들일 수밖에 없게 된다. 그 이상 속도의 파동이나 미립자가 실제로 있는지 없는지 몰라도, 실제로 인간이 측정할 수는 없으며, 그것은 실제로 없는 것과 다를 바가 없다는 것이다. 적어도 인간이 해석하는 우주는 그렇다는 것이다.

〈빛보다 빠른 운동에 대한 상상〉

인간에게 빛보다 빠른 측정 수단이 없다는 한계를 인정하더라도, 이론적으로는 더 빠른 것이 있을 수 있느냐 하는 문제를 생각해 보자. 빛 자체가 파동이라는 파동설에 근거하면 빛은 그 자체가 광속의 특성을 갖으며 더 이상의 논란은 없다. 그런데 빛이 광량자photon라는 미립자의 운동이라는 입자설에 입각해 보면, 조금 다른 해석이 가능해진다.

횡파에서 빛의 속도란 마루와 마루 간 직선으로 진행하는 속도를 말한다. 그런데 미립자인 실제 입자와 쿼크의 궤적은 파동처럼 사인 곡선을 그린다. 그런 운동을 하려면 광속 직선 운동을 하는 것보다 같은 시간에 더 긴 거리를 진행해야 하기 때문에, 국소적으로 빛 입자의 속력은 우리가 알고 있는 광속보다 빨라야 한다. 즉, 빛이 입자라는 가정에서 출발하면, 그 입자는 우리가 아는 빛의 속도보다 국소적으로는 빠르게 움직여야 할 것이다.

그런데 빛이 파동이라는 관점에서 보면, 파동이란 그렇게 진동

Vibration하면서 진동수와 파형을 갖는 움직이는 에너지이고, 그 속도를 무언가가 파동의 궤적을 따라 움직여야 한다는 전제를 수용할 필요가 없으므로, 굳이 빛보다 빠른 무언가를 상정할 필요가 없어진다. 즉 모든 것의 근원은 파동이며, 입자란 그 파동이 어떤 힘에 의해 집약된 상태일 뿐이라고 본다면 입자가 작아질수록 물질의 근원인 파동에 가까워지고, 이때에는 궤적을 따라 입자가 움직이는 것이 아니라 그렇게 진행하는 것이 파동이라고 설명할 수 있겠다.

물론 그럼에도 불구하고 빛의 국소적 속력을 측정할 방법이 없기 때문에, 빛보다 빠른 것이 없다는 전제는 입자론 관점에서도 여전히 유효하다. '국소적으로 빛보다 빠른 궤적으로의 움직임'이라는 생각도 틀렸다고 보기 어렵지만, 그것은 상상일 뿐이고 측정되지 않으므로, '빛의 파동성'에 입각해서 광속은 우리가 측정하는 최대의 속도라고 인정할 수밖에 없게 된다.

어차피 우리가 더 이상 측정하기 어려운 미립자의 세계, 그들의 운동을 파동이라고 부른다면, 우리는 입자보다는 '파동'이라는 개념으로 미시 세계를 설명하는 것이 더 유리하다. 왜냐하면 입자라는 개념에서 운동과 그 결과를 설명하려면 모르는 입자의 운동 변수가 너무 많아지는데, 그것을 측정할 방법이 없는 만큼 모든 게 공상이 되기 때문이다. 그런 한계를 가질 수밖에 없다는 것은 불확정성 원리에서 이미 입증되었다.

〈시공과 물질의 관계〉

시간이 느리거나 공간이 짧아진다는 것은 우리의 직선적 시간관과 3차원적 공간지각으로는 받아들이기 어렵다. 왜냐하면 우리의 관념으로는 3차원 공간은 이미 확고한 사면체 같은 Reference frame으로 사이사이에 어떤 간극 같은 것으로 구분되어지지도 않고, 더구나 휘어질 수도 없는 절대 공간이며, 시간이란 일방적으로 한 방향으로 흘러가는 것이기 때문에 시간의 속도를 바꾼다는 것은 궤변 같은 소리로 들린다.

하지만 그것이 우리가 오랜 동안 교육받아 온 하나의 관념일 뿐이다. 관념이란 머릿속에서 이해의 편의를 위해 만들어지는 방편일 뿐 절대적일 수 없고, 실제로 꼭 그런 것이 아닐 수 있음을 잊어서는 안 된다.

중세 이전의 시대에는 내가 발을 딛고 있는 지구가 고정되어 있고, 천체가 돌고 있다는 천동설을 믿지 않을 수 있는 사람이 있었을까? 하지만 인공위성을 쏘아 올려 사진까지 찍어 확인된 지금, 천동설을 믿고 있는 사람은 거의 없다. 이제 우리는 그런 사람을 매우 이상한 관념을 갖고 있는 사람으로 생각하게 되지 않는가?

그러므로 조금 더 유연하게 우리의 뉴턴 역학적 관념이 그저 관념에 불과할 수 있다고 가정하고 오픈 마인드로 이 사안에 접근하여 보자.

그런 마음을 바탕으로, 공간이 그저 물질을 품고 있는 무대 같은 것이 아니라, 물질들의 연극에 참여하는 '에너지 장'으로 이해할 때 공간에 대한 관점이 달라질 수 있게 된다.

에너지 장이라면 중간 중간 공간이 끊어지는(즉, 에너지 레벨이 끊어지는) 부분이 있다는 양자 이론Quantum theory을 이해할 수 있게 된다. 그리고 그 에너지 장이 주변의 강력한 질량의 물질에 의해 특정한 방향성이 생길 수 있으며, 그것을 다른 표현으로 '공간이 휘어진다'고 말할 수 있다는 것도 이해할 수 있게 된다.

그러면 관념에 불과한 연속적 공간의 개념을 끌어안고, '공간이 휜다'는 이상한 표현을 하지 않아도 좋다. 당신이 생각하는 공간이 절대적 공간이라면 '에너지 장은 그 공간이 갖는 프레임에 비해 휘어진다'고 말하게 될 것이다.

에너지 장 자체가 공간이라고 이해한다면, 이제 에너지 장이 휜다고 표현하는 것은 공간이 휜다고 표현하는 것과 같은 표현이 된다. 즉, 군이 '에너지 장이 휘어진다'고 말하지 않고 '공간 자체가 휘어지는 경향성'을 갖는다고도 말할 수 있을 것이다.

어떤 표현이든 상관없다. 그 결과는 같으며, 자신이 어떻게 표현할지는 그가 갖고 있는 인식의 프레임에 따를 뿐이다.

다시 말하지만 프레임Frame이란 진리 자체가 아니며 단지 진리에 대한 이해를 돕는 방편일 뿐이다.

그럼, 이제 우리의 인식 프레임을 좀 바꾸어 다시 해석해 보자.

아인슈타인의 일반 상대성 이론은 중력이 주변에 팽팽한 에너지 보자기 위에 눌러앉아 있는 것처럼 작용하여 공간 에너지를 휘게 만든다는 예를 든다. 결국 에너지 상태가 휘거나 바뀌는 게 공간이 휘는 것이다. 왜냐하면 공간은 절대 공간이 아닌 상대적으로 상호 작용하는 공간이며, 따라서 공간이란 물체(존재) 사이에 미치는 상호 영향력의 정도라고 거꾸로도 정의할 수 있기 때문이다.

즉, '공간이 멀어질수록 영향력이 작아진다'가 아니라 '영향력을 미치는 방법론이 공간'이며, '시간이 감에 따라 모든 것이 변하는 것'이 아니라 '변화의 인식 방법론이 시간'이라는 식으로 거꾸로 해석하는 것 말이다.

중력의 원인이 공간의 휨 때문이라고 했지만, 이것을 좀 더 자세히 설명하자면 중력 물질 내 집약된 수많은 입자의 진동vibration, 떨림이 일으키는 에너지 장場, field이, 중력 물질의 빠른 운동에 따라 소용돌이치면서 일으키는 공간현상이라고 할 수 있겠다. 여기서 에너지 장場 혹은 필드field라 함은 에너지로 가득 찬 공간, 물질과 상호 작용함inter active으로써 물질 운동에 참여자가 되는 역동적 공간을 말한다.

또, 시간의 절대성이란 관념 속에서 존재하는 것이고, 그것의 인지는 결국 인간이 측정하는 것이므로, '시간도 관측자의 입장에서 인지되는 것'이라고 프레임을 바꾸면, 이제 빠르거나 늦게 흐르는 시간을 이해할 수 있다.

이 또한 프레임이다. 그것은 이해를 돕는 도구이지 절대 진리가 아님을 이해한다면, 어떤 인식 프레임을 갖는지는 그의 자유일 뿐이다. 다만, 어떤 프레임에서 설명하는 것이 더 효과적으로 나와 우리들에게 공감되며 느껴지기 쉬운가의 문제인 것이다. 당연히 우리 인간이 보는 것이므로, 그래서 인간의 측정 방법에 의해 입증되어야 하는 것이므로 절대적 시간 관념의 프레임보다는 관측자의 입장에서 기술하는 것이 이해에 유리하다.

기본적으로 빠른 입자 속도를 갖는 미시 세계, 엄청난 질량의 인력으로 에너지 장과 미립자에 영향을 미치는 거시 천문학 세계에서는, 뉴턴 역학의 절대 공간 개념과 절대 시간 개념을 머리에 넣고 있으면 설명이 매우 복잡해지고 증명하는 것이 불가능해지는 혼란에 빠져들게 된다.

프레임을 바꾸는 것이 나을 것이다.

아인슈타인은 그렇게 획기적으로 프레임을 바꿈으로써 현대 물리학이 미시 세계와 거시 세계에 대한 설명을 하는 데 혁명적 도움을 주었다.

어차피 설명하기 위한 방법론일 뿐이고, 절대자의 시각으로 보는 뉴턴 역학이나, 인간의 한계성을 인정하고 인간(관찰자)의 시각으로 보는 상대성 이론이나, 더 큰 관점에서 본다면, 사실 다를 것은 별로 없다.

따라서 후자를 선택하는 대신, 물 자체에 대한 어떤 객관적인 무언가가 있고 그것을 파악한다는 오만은 버려야 한다. 우리는 우리의 감각기관과 그 확장으로서의 측정기관으로 감지되고 인식되는 세상을 인지하고 그려내는 것이라는 걸 인정해야 한다. 생각해 보면 좀 더 효율적인 프레임은 과학의 발전에 따라 또 나올 수도 있겠다. 그러나 어차피 프레임이란 이해를 위한 방편이라는 기본 입장에서 본다면, 절대 프레임이라는 말 자체가 오류이고, 프레임은 무엇이든 가능하며 다만 설명의 효율성이 다를 뿐이다.

그러니 이제 절대 프레임이라는 개념은 버리자. 그런 것은 있지도 않은 공상 속 관념일 뿐이며, 만일 있다 하여도 우리에게 특별히 다른 영향을 미치지 않는 것이고, 결국 없는 것과 별반 다르지 않는 것이다.

실험 물리학으로 설명 불가한 것을 가정한 프레임은 설명의 효율성이 떨어진다. 점점 실험적으로 입증하지 못하는 관념의 세계로 빠져들게 되고, 그러면 그것은 과학이 아니라 공상이 될 수밖에 없다. 그래서 설명을 위한 상대성 이론은 '빛보다 빠른 것은 없다'라는 지극히 인간 중심적 관점에서 세상의 물리현상을 설명하면서, 시간이 짧아지고 길이가 길어지는 등 상대적 현상의 이야기 꾸러미를 풀어내게 된다.

반대 입장에서 생각해 보겠다.

상상해 보라. 빛을 한쪽에서 동쪽으로 쏘고, 한쪽에서 서쪽으로 쏜다면, 서로 간의 상대속도는 당연히 빛의 2배가 되어야 하는데, 빛보다 빠른 것은 없으므로, 내가 그 빛이 되어 관찰한다면 여전히 빛의 1배속에 머문다고 우기고 시간과 길이가 바뀐다고 주장한다(실제로는 반대 방향 2배속의 빛은 실험적으로도 관측될 수 없는 것이기에 '그런 것은 없다'라고 단정해 버린다. 관측자와 반대 방향으로 가는 빛은 빛보다 빠른 관측 도구가 개발되지 않는 한, 관측자에게 도달할 수 없기 때문이다). 그것은 그렇게 관찰된다는 것일 뿐, 물 자체의 객관적 특성이라는 의미는 아니다. 중간에 서 있는 물체에게는 하나는 서쪽으로 광속, 하나는 동쪽으로 광속으로 움직인 것이고, 그 차이는 광속의 2배가 될 수밖에 없는 것이다. 그러면 서쪽으로 광속으로 움직이는 관측자가 있다면 그 역시 동쪽으로 간 광속의 물체를 광속의 2배속으로 인식해야 한다. 그런데 이것은 입증되지 않는다. 실험적으로 증명할 방법이 없다.

이제 어느 것을 받아들일 것인가? 입증되지 않는 이론을 부둥켜안고 상상의 날개만 키워 갈 것인가, 아니면 이론을 수정하여 실험적 입증 값과의 일치성을 추구할 것인가?

과학의 발전은 항상 후자를 통해 이루어 왔고 이번에도 우리는 후자를 선택할 수밖에 없는 것이다. 후자가 입증하기에 용이할 것이며, 전자는 입증 불가능한 물 자체의 세계에 해당하게 된다. 물 자체의 세계는 인간이 인지할 수 없으며, 그래서 의미가 없다.

3) 양자 역학

물체는 인간의 시각으로 보면 중간에 뚫린 부분 없이 연속성 있게 되어 있는 것처럼 보인다. 하지만 실제로는 물체는 분자나 그 이하의 미립자들의 불연속적인 집합이다.

마찬가지로 공간도 끊임없이 연결되어 있다는 게 우리의 관념상 당연하게 여겨지지만 실제로는 그렇지 않다. 미시적인 세계, 즉 작은 입자(원자핵) 주변에서는 공간도 에너지 레벨이 불연속적으로 구분되어 있는데, 이것을 양자Quantum라고 한다. 물리학적으로 불연속적이라는 뜻은 측정상 공간이 같은 에너지값으로 균일하게 이어지지 않는다는 뜻이다. 다시 말하면 같은 공간으로 보여도 한 곳의 에너지 레벨이 다른 곳과 다를 수 있다는 뜻이고, 한 원자핵 주변에서도 엄청나게 많은 종류의 에너지 레벨이 존재한다는 것은 오래 전부터 실험적으로 확인되어 왔다.

뉴턴 역학으로 설명하기 어려운, 또 하나의 미시 세계의 현상은 입자의 파동화 운동이다. 아주 작은 입자는 마치 파동처럼 움직이며, 이것을 쉬뢰딩거Erwin Schrodinger의 방정식으로 표현하여 파동 역학이 시작된다. 그래서 양자 역학은 파동 역학으로 불리기도 한다.

아인슈타인 이후, 모든 것은 관측자 중심의 인식 문제가 되었다. 양자 역학은 그런 인간 중심의 관측관을 더욱 발전시켰다. 그리고 관측자 중심의 인식 프레임을 만들면서, 기존의 이론 물리학을 크게 흔들어 놓았다. 흔든 만큼 과거를 대신할 명쾌한 답도 내려주면 좋겠지만, 아직은 애매한 점이 많고 과학자 간의 이론적 컨센서스consensus도 더 필요한 것 같다.

이것을 위하여라도 양자 역학은 더 많은 실험이 필요하다. 하지만 미시 세계에 대한 측정 한계로 인해서 명쾌한 실험값이 별로 많지 않고, 지금 공론화된 양자 역학 실험들도 그 정확성을 100% 확언하기는 어렵다. 분명한 것은 물리적으로 인간의 측정 방법에 한계가 있으며, 불확정성 원리 때문에 너무 작은 세계는 정확한 인지가 불가능하고, 광속 한계성 때문에 너무 큰 우주도 정확한 측정이 불가능하다는 점이다. 이 점이 딜레마인 것 같다. 우리가 살고 있다고 여겨지는 중간 크기size의 세계를 이해하려면 사실 기초가 되는 미시의 세계와 큰 관점에서 설명할 수 있는 거시 우주의 세계를 설명해야 한다.

측정할 수 없는 것은 입증하기는 어렵지만 상상과 추정을 통해 근사치로 접근하려는 시도는 해 볼 수 있다. 우리가 잘 아는 일반적 크기의 세상에서 도출한 데이터로부터 인식을 확장 또는 축소하고, 제한된 관측 채널에서 얻은 미시·거시 세계에 대한 단서를 바탕으로 가장 그럴 듯한 추론을 하는 것이다. 그리고 그것이 추가적으로 확보되는 또 다른 단서들을 설명하는 데 무리가 없다면 우리는 그 가설을 수용할 수 있을 것이다. 어차피 인간은 물 자체의 세계는 모르고, 인간의 관측(감각)과 인식으로만 알고 판단하게 되어 있기 때문에, 적어도 우리 인간에게는 그것이 진리라 불러도 무리가 없을 것이다.

파동 역학적 관점에서 여러 물리현상을 다시 들여다보자. 축구공이 0.01cm를 떨면서 직진하면 떠는 것처럼 보이지 않는다. 하지만 전자는 훨씬 작기 때문에 0.00000001cm(1A)를 떨면서 진행해도 자신의 크기보다 훨씬 크게 떨면서 직진하는 것으로 보인다. 실제 광량자Photon이나 미립자는 전자보다도 훨씬 작다. 따라서 작은 물질의 운동은 훨씬 더 떨면서 진행되는 것으로 보이고, 이것은 곧 파동처럼 움직이는 것으로 관측될 것이라는 것을 추측할 수 있게 한다.

작은 입자가 파동처럼 움직일 수밖에 없는 것은, 양자화 에너지 필드로 가득한 공간을 미립자 자신의 에너지를 가지고 빠른 속도로 지나가면서 발생하는 진동vibration, 떨림 때문일 것으로 필자는 생각한다. 작을수록 이 진동의 영향을 크게 받을 것이다. 수많은 입자 군단이 진동하면서 직진하는 운동은 그 다발의 집합적 방향성이 존재한다면, 나선형으로 회전하면서 진행하는 것으로도 생각해 볼 수도 있겠다.

작은 입자들은 응집된 에너지로 인하여 항상 진동과 스핀spin이 있다. 작은 미립자가 우주 공간을 빠르게 지나갈 때 당연히 진동이 일어난다. 움직일 때는 진동이지만 앞으로 나아가면서 진동하면 그 괘적은 파동의 괘적이(sign파처럼) 된다. 한 개의 입자가 진행한다면 사인파 sign파로 끝날지 모르지만, 보통 미립자는 수많은 개수가 다발로 진행하게 되며 그 총합은 그 파동의 덩어리가 된다. 이것이 상호간에 영향을 주고받으며 빠르게 진행하면 나선형으로 진행되는 것처럼 보이고 소용돌이처럼도 보인다.

이것은 결국 한 입자의 빠른 진행 주변으로는 소용돌이가 만들어지게 되며 우리가 흔히 알고 있는 에너지 장field(자기장·전기장·중력장 등)을 형성되게 된다. 같은 이유로 태양·지구·달 등 빠르게 진행하는 좀 더 질량이 큰 물질들도 주변에 질량만큼 큰 field를 형성하고 자신도 회전하게 되는 게 아닐까 하는 생각을 해 본다.

입자가 움직이며 생기는 파동이 파도나 줄string의 파동Wave과 같은 것으로도 생각되고 있지만 그 기본 성질은 서로 다르다. 파도나 줄의 파동은 단순한 운동 에너지의 이동현상으로 매질을 매개로 운동 에너지가 이동하는 것이다. 반면 입자가 진동을 수반하며 직진하면 파동과 같은 궤적을 갖게 되는데, 이것이 입자의 파동이다. 이때 이것은 매질을 통한 에너지 전달이 아니라 물질 자체의 이동이므로 개념을 구분할 필요가 있는 것이다.

그런데 또 다시 생각해 보면 파동이 에너지의 전달이라고 했는데 에너지도 결국은 물질의 변형이고 작은 미립자의 움직임이라고 보았을 때 입자의 전달과 에너지의 전달은 그 근본은 같은 것이라고 말할 수 있게 된다. 다만 에너지의 자유도가 달라서 매질이 필요하느냐, 아니면 다른 매질 물질에 구속되지 않고 단독으로 운동이 가능하느냐의 차이만 있게 된다.

여기서 매질에서의 에너지의 이동이란 포텐셜Potential 에너지가 운동 에너지로 연속적으로 변환되는 과정으로 에너지가 일(직접 운동을 통해 작용한 결과)로 바뀌게 되는 것을 말한다. 즉 잠재적 에너지(아직 실현되지 않은 에너지)가 연속적으로 실현되는 과정이 파동이며 정확히 말하자면 연속적인 물질(매질)에 내재되어 있는 에너지가 진동을 통해 연속적으로 옮아가는 과정이 매질의 파동이다.

그런데 매질에 내재될 만큼 아주 작은 미립자의 진동이 물질을 움직이는 에너지원으로 옮아간다는 관점에서 보면 그것은 입자이기도 한 것이다.

다시 말해서 보는 관점에 따라 파동이기도 하고 입자이기도 한 이 진동 에너지vibration energy를 발생시키는 미립자는 어차피 너무나 크기가 작아서 형태를 가지고 존재하는지 아닌지 정의 내리기 어려운 경우가 많다. 측정상 존재하는지 존재하지 않는지 그 경계에 있는 입자이고, 다시 말해 질량이 있는지 없는지 그 경계에 있는 입자이며, 그 존재 여부를 측정할 수 있는 범주보다 더 작은 입자이다.

게다가 불확정성 원리uncertainty principle에 따라 위치와 운동량을 동시에 특정할 수도 없고 입자라고 말할 수도 안할 수도 없는 입자이다. 질량이 측정되지 않아 입자로서 존재하지 않는다고 하더라도 무언가 측정되기는 하므로 이때는 파동으로서 존재한다고 말하고, 입자로서의 존재가 인식되는 측정 상황에서는 입자라고도 말하게 된다. 그래서 입자라 하기도 하고 입자가 아니라고도 할 수 있는 입자이고, 이런 관점에서 파동이라고 불릴 수 있는 입자이다.

관념상으로 하나가 두개의 개념이 될 수는 없다. 그러나 측정상으로는 입자로 인지되는 한계에 있는 극소 물질이기에 어떤 때에는 입자로서 어떤 때에는 파동으로 인지되는 것이다.

물질을 이루는 구성 인자로서의 파동은 상호간에 강한 인력으로 묶여서 구속되어 있기 때문에 일반적으로는 그 물질의 중력장, 자기장에서 벗어나기 어렵고 매우 큰 에너지가 있어야만 그 속박에서 탈출할 수 있다. 그래서 물질 운동 에너지의 총합이라 정의되는 '열'은 독립적으로 전달되지 못하고 입자의 운동 에너지를 통해 주변 물질에 운동 에너지를 전달하는 방식으로 전달되며 주변에 물질이 없는 진공 상태이면 열은 전달되지 않는다.

그러나 구속되지 않은 파동 입자는 광량자photon처럼 진공을 달린다. 즉 광량자 등은 자유 파동입자로서 물질에 구속되지 않은 상태이기 때문에 매질이 없어도 전달될 수 있다. 복사 에너지는 이러한 자유 파동 입자의 운동으로 가능하다는 것이 나의 생각이다.

4) 빅뱅 이론

빅뱅 우주 창조론은 직선적 사고를 가진 서양의 세계관이 반영된 결과이다. 하지만 시간이 우주의 일부라는 관점에서는 우주에 시작이라는 개념이 있으면 안 된다. 오히려 동양철학적인 무한 순환 반복의 사고가 더 현실적 설명이 될 것이다.

모든 것은 변한다. 그 이유는 우주 자체가 변화의 프레임이기 때문이다. 사실 생각해 보면 짧은 기간 동안에는 현재의 경향성Tendency을 유지하는 변화의 방향성을 갖기가 쉽다. 그러나 장기적으로는 모든 것은 순환한다. 무엇이든 최고치Maximum가 있고, 그 피크를 지나면 다시 하향 곡선을 그리게 되며 언젠가 최저치Minimum가 되고, 이곳을 지나면 또 상승 곡선을 그리게 된다. 현재의 우주는 엔트로피가 증가하는 방향으로 모든 것이 변한다. 그러나 장기적인 것은 사이클을 그리며 나선형 순환을 한다. 나선형 순환이란 순환하되 지난번과 이번이 정확하게 일치하지는 않는 반복이라기보다는 발전에 가까운 순환을 말한다.

결국 우주도 엔트로피가 무한 증가하여 어느 정도 안정된 상태에 이르면 중력의 힘이 엔트로피 증가의 힘보다 더 커져서 자기들끼리 당기기 시작하고, 그러면 다시 축소하는 시기가 올지 모른다. 즉 우주는 무한히 팽창과 수축을 반복하며 가장 최근의 수축·팽창 변곡점이 250억 년 전의 빅뱅이 될 것이다. 그러한 빅뱅 변곡점은 그 수를 헤아릴 수 없이 우주의 존재와 더불어 무한이 있어 왔으며 앞으로도 그럴 것이라고 보는 것이 자연스럽다.

빅뱅 초기 수소·헬륨이 제조될 때에는 우주 온도가 너무 높아 원자핵과 전자가 결합하지 않고 분리되어 있을 정도의 플라즈마plasma 상태였는데, 이것이 세월이 흘러 이제 우주 배경 복사는 2.7K까지 떨어졌다고 한다.

우주에 잘 측정되지 않는 암흑 물질, 암흑 에너지, 우주 배경 복사 등이 널리 퍼져 있는 것으로 추정되는 것처럼 우리가 모르는 다양한 에너지가 주변에 존재하고 있다는 생각을 해 볼 수도 있다. 암흑 물질은 합하면 어마어마하게 큰 힘이고 큰 질량이지만, 그 하나하나는 잘 감지되지 않고 빛과의 반응도도 없어서 측정이 어렵다. 마찬가지로 다양한 미지의 에너지도 그 하나하나가 너무 작은 값이라 측정이 쉽지 않을 것이다. 우리가 알고 있는 에너지와의 반응도가 크지 않은 경우라면 더욱 더 측정하기가 어렵겠다.

〈우주 밖의 공간〉

'이 우주가 아닌 곳은 또 어떠할까'를 물을 필요는 별로 없을 것 같다. 왜냐하면 적어도 이 우주에서 생긴 우리의 지적 기반으로는 그런 세상은 측정되지 않을 것을 의미하기 때문이다.

예를 들어 우주가 팽창한다는데, 팽창해 가는 그곳은 사실은 없는 곳이었다. 있는 곳이라고 말할 수도 있겠지만 감지할 수도 없고, 우주의 형식이 아닌 공간이란 우주의 표현 방식으로 이야기하자면 없는 곳이 된다. 그러므로 우주가 팽창해 가는 그 우주 밖의 공간은 있어도 없는 것이다. 그것은 공간도, 시간도, 존재(입자)도 없는 곳이므로 있어도 없는 것으로 인지된다. 우주에 존재하는 것은 특정 시간에 특정하게 영향을 미치는 공간을 가지고 있다. 그러므로 우주는 실재하는 것으로 인간이 인식한다.

인간이라는 관점에서 보면 우리가 인식하는 것이 곧 실재이며 그렇지 않은 것은 '무無'요 없는 것과 같다. 굳이 그것을 더 나은 인식 체계로 설명한 결과와 비교할 필요도 없다. 왜냐하면 그 결과조차도 객관적 실재는 아니며 인식이란 오로지 실재와 관측자와의 관계로만 존재하는 것이니 인식은 기존 자료에 대한 표현의 문제일 뿐이기 때문이다.

우리는 반사적으로 어떤 공간을 상정하고 그곳에서 일어나는 존재들의 변화와 반응을 생각한다. 하지만 우주를 바라본다면 그런 공간과 공간을 흘러가는 시간이 있는 게 아니라 그저 시공·입자로 구성된 우주가 있고 그것이 아닌 것은 '무'일 뿐이다.

5) 기타 현대 과학 이론의 개념

㉠ 초개체, 온 생명: 큰 관점에서 보면 하나하나의 작은 개체의 의미가 작아지고 여러 개체가 모여 그룹을 이룬 것이 하나의 개체처럼 행동하는 특성을 보일 때 초개체라고 부른다. 온 생명도 이와 비슷한 확장 개념으로 여러 개체를 포괄하는 전체적 개체를 말한다.

㉡ 암흑 물질과 암흑 에너지: 암흑 물질은 중력 계산상 이론적으로 우주 질량의 27%를 차지할 것으로 예측되지만 빛을 내지 않고 반사되지 않으므로 아직 측정되지 않은 미지의 물질이다. 또한 암흑 에너지는 척력을 가진 에너지로서 우주에 골고루 퍼져 우주를 빠르게 팽창시킨다고 가정된 상상의 에너지이다. 물질은 중력 특성으로 서로 당기게 되어 있는데 우주는 계속 가속 팽창을 하고 있음이 관측된다. 이것을 설명하

기 위해 가정된 것인데 이론적 계산상 우주 질량의 68%가 암흑 에너지라고 추정된다. 그렇다면 실제 우리가 아는 물질은 우주의 5%밖에 안 되고 나머지 물질 혹은 에너지는 우리가 잘 모른다는 뜻이 된다.

ⓒ **우주 배경복사**cosmic microwave background radiation, CMBR: 우주에 골고루 퍼져 있는 전자기 복사로서 초기 빅뱅의 뜨거운 열적 상태에서 기원하여 우주의 팽창 역사 동안 식어서 현재 2.7K 온도의 흑체 복사의 특성을 갖고 있다. 이 복사는 실제로 관측되는 것으로 우주 빅뱅 증거라고 주장되는 것이다.

ⓔ **홀로그램 우주**: 우주를 빛에 의한 가상의 우주라고 생각하는 것이다. 홀로그램 필름처럼 작은 것 안에 전체가 들어 있다는 이론으로 큰 것을 잘라도 그 부분 안에 전체가 여전히 포함되어 있다는 관점이다.

ⓜ **다중 우주론**: 평행 우주 이론과 유사하게 여러 개의 우주가 존재하며 우리가 동시에 여러 우주에 존재하고 있다는 상상의 우주론이다. 우리는 우리의 선택에 의해 수많은 우주의 옵션option 중에 골라서 존재하게 된다. 평행 우주론은 타임머신을 타고 시간 여행하는 판타지의 모순(결과인 미래가 원인인 과거를 바꾸는 논리 오류)을 설명할 수 있는 유일한 가설이다. 하지만 당연히 경험적으로 증명된 바가 없다.

ⓗ **끈 이론**: 우주를 구성하는 기본 미립자가 '점'이나 '구'가 아니라, '끈'과 같은 모양이라는 설이다. 끈은 여러 형태의 진동, 스핀이 가능하다. 이 것으로 점보다는 더 많은 현상을 설명할 수 있다. 이론적 가설일 뿐이

며 이 역시 실험적으로 증명된 바는 없다.

여기서 더 나아가 양자 역학은 모든 것은 '정보'일 뿐이라고 한다. 이런 현대 과학은 좀 더 고민하고 생각해 볼 여지가 있겠지만 어쨌든 이러한 설명의 과정은 한 패러다임이 더 효율적으로 세련되어 가는 과정이거나 구패러다임이 새로운 패러다임으로 대체되는 발전의 과정이라고 이해될 수 있을 것이다. 사고 프레임이란 어차피 객관적 진리가 아니므로 감지되는 현상을 가장 합리적이고 이해하기 쉽게 잘 설명할 수 있으면 우수한 프레임이라고 할 수 있다.

그런 면에서 이런 여러 우주관, 즉 우주에 대한 다양한 인식 프레임이 꾸준히 사랑받고 있다. 증명된 것은 별로 없는데도 말이다.

4. 물리학과 사고틀 검토

물리학적 입장에서 우리의 인지 프레임을 고찰해 보면 이제 현대 과학의 발견을 기초로 적어도 우리는 몇 가지 큰 사고의 전환을 해야만 한다는 생각을 하게 된다.

첫째, 물체의 기본 구성 단위는 분자·원자가 아니다. 원자도 쪼개서 원자핵과 전자로 나뉠 수 있다는 것을 알게 되었고, 이어서 그것이 더욱 작게 쪼개져서 미립자 뮤론으로 붕괴된다는 것을 알게 된다. 그것은 이제 이미 인간의 인지력으로는 입자로 받아 들여야 하는지 헷갈리는 상태가 되며 더욱이 x선, 감마선 등으로 표현되는 파동과의 경계를 넘나들면서 입자와 파동, 물질과 에너지의 개념의 혼동을 일으키고 있다. 이렇게 보면 물체의 기본 구성 단위는 이제 에너지요, 파동 그 자체이다. 물체를 움직이고 변화를 일으키는 원인이라고 생각되었던 에너지가 물체 자체였다니, 이 또한 우리의 상식을 깨는 일이다.

인간이 인지할 수 있는 가장 작은 존재의 흔적은 파동이다. 아직까지 그보다 작은 것은 인간이 측정하거나 인지할 수 없다. 아무리 증폭하고 기계를 사용하여도 인간의 오감이 느낄 수가 없다.

파동은 너무 작아서 이제 인간의 인지로서는 입자인지 아닌지가 헷갈리는 존재이며, 그래서 때로는 입자이고, 때로는 파동이 되는 양쪽성의 존재라는 묘한 이론으로 설명하게 된다.

그리고 그보다 훨씬 작아서 질량이 (적어도 인간의 인식으로는) Zero에 근접하는 미립자를 궁극적인 에너지 또는 파동으로 본다면, 결국 파동은 우주의 근원이 되는 단위체로서 상호간에 크게 집약도(밀도)가 높아지면 물질이 되는 것이다.

둘째, 우주는 공간이 아니다. 우주는 시간과 공간, 그리고 에너지(파동)로 구성되어 있다. 따라서 우주라는 공간을 시간이 흘러가는 게 아니라 시간은 우주의 구성 인자일 뿐이다. 우주가 존재하는 한, 시간은 함께 존재하는 것이기에 시작과 끝을 말할 필요가 없는 것이다. 시간은 우주와 구분되지 않는다. 그리고 시공과 파동(물체, 존재)은 상호 영향을 주고받는다. 왜냐면 파동이란 일정한 속도를 갖는 운동의 단위이기 때문이다. 속도를 갖는다는 것 자체가 시간과 공간을 상정하지 않으면 불가능한 일이다. $V=S/t$(속도=거리/시간)라는 공식에 비추어 설명하자면 속도는 시공에 버물려진 개념인데 파동이란 그런 속도의 움직임을 갖는 존재 운동 자체를 말하기 때문이다.

우주는 공간만을 의미하지 않고 우주공간과 시간, 그 속의 물질을 포괄하는 개념이듯이, 파동도 어떤 에너지가 속도를 가지고 움직이는 것을 말한다. 즉 파동에는 이미 물질(에너지)과 시공(속도)의 개념이 포괄되어 있다.

따라서 물체의 속성을 규정짓는 것은 정적인 질량이 아니고 속도와 진동으로 정의되는 운동의 특성이다. 속도라는 것은 항상 상대적인 물체가 있어야 정의된다. 적어도 두 개 이상의 물체가 있어야 서로의 운동을 상대적으로 묘사할 수 있고, 그 Reference frame이 의미를 갖게 되기 때문이다. 따라서 어떤 것이 존재한다는 것은 적어도 상대적인 운동(속도와 진동)을 정의할 상대방 존재가 있다는 것을 전제로 하는 것이며 세상에 홀로 존재하는 것은 존재로서 인식될 수 없다. 있어도 없는 것과 같은 것이다.

그리고 질량을 갖는 물체가 에너지를 얻어 움직인다는 고전 역학적 관점보다는 물체 자체가 에너지요 동적 에너지원인데, 또 다른 에너지와의 관계와 상호작용 속에서 상대적 움직임과 운동이 일어난다고 이해하는 것이 미시 세계(양자 세계)를 이해하는 데 더 도움이 된다.

셋째, 인간은 우주의 일부이기 때문에 우주 아닌 것은 알 수도 없고 안다고 해도 의미도 없다. 세상에 인간의 인지를 넘어 그 물질 자체의 세계가 있는지 없는지는 중요하지 않으며, 인간이 알 수 없는 것은 적어도 인간에게는 물物 자체가 없는 것과 차이가 없고 차이가 있다고 믿을 필요도 없다.

따라서 인간에게 인지되는 것이 중요하며 우리는 그것을 우주라고 보아야 한다. 광량자의 질량이 zero라고 하는데, 만일 질량이 zero가 아닌 극한소로서 매우 작은 질량을 가지고 존재하는 것이 사실이더라도, 인간은 그 광량자의 질량을 알 수 있는 측정 능력이 없다. 불확정성 원리의 관점에서 보면 앞으로도 그 능력을 확보하는 것은 가능성이 낮아 보인다.

물질을 쪼개고 쪼개서 더 이상 쪼갤 수 없는 상태가 아닌 쪼개고 쪼개서 더 이상 인간이 인지할 수 없는 상태가 질량이 zero인 상태인데, 사실은 질량이 zero인지 아니면 무한소에 가까운 것인지는 알 수 없다. 하지만 그것은 질량이 zero라고 믿어도 오차가 없다. '파동은 질량이 없고 입자가 아니다'라고 말해도 틀린 말이 아닌 것이다.

하지만 무한소에 가깝게 작아지면 입자의 특성이 파동의 특성과 섞여 있을 것이라는 것은 우리가 짐작할 수 있다. 작은 입자들은 양쪽성을 갖는다. 설사 질량이 무한소에 가깝지 않더라도 상황에 따라 충분히 그런 특성을 보여준다.

넷째, 우주의 엔트로피는 증가한다. 단, 생명체의 생명 활동은 이것으로 잘 설명이 되지 않는다. 우주의 존재는 파동으로 되어 있다고 양자 역학에서 말하고 있는데 생명체도 일종의 존재이기 때문에 역시 파동으로 구성되어 있을 것이라는 것은 짐작할 수 있는 일이다. 그런데 생명체를 관찰해 보면 일반 물체들과는 다른 근본적인 특성을 보인다. 그것은 의도를 가지고 스스로 움직인다는 것이다. 이것은 일반적인 물체들의 운동 방향의 법칙인 엔트로피 증가 법칙에 위배된다. 즉 생명체는 파동으로 되어 있기는 한데, 그 운동의 원리가 좀 다르다는 것이다.

현대 양자 역학이나 현대 생물학에서 생명체의 원리에 대한 근원적 설명을 내놓지 못하고 있기 때문에 이 또한 새로운 인식의 프레임으로 접근할 필요가 생긴다. 이 부분이 내가 뒤에서 기술하고자 하는 과학적 세계관의 단서가 되는 것으로 이제 곧 상세하게 설명하려고 한다. 그리고 인간이나 생명체가 일반 물질의 집합과 어떻게 다르며, 나아가 혹시 인간은 다른 동물 대비 특별하거나 우월한 존재인가 하는 문제를 생각을 해 볼 수 있겠다.

지금까지 현대 물리학의 입장에서 인식의 프레임을 점검해 보았다. 나는 이러한 과학적 인식의 프레임을 가지고 생명이 무엇이며 어떻게 살아야 하는지에 대해 이어서 이야기를 하고자 한다.

그럼 우주보다는 우리 자신 그리고 생명의 존재에 대한 근원적 고찰을 하기 위하여 이제 생물학 기반의 논의를 해 보자.

5. 생물학적 고찰

1) 생명체의 프랙털Fractal 구조

원시 생명체(혹은 생물과 무생물의 중간)인 바이러스를 제외하면 모든 생명체는 대개 세포로 구성되어 있다. 학자마다 견해의 차이가 있으나 인간의 몸은 200여 종류의 세포가 있으며 대략 10조~30조 개의 세포로 구성되어 있다고 한다. 매일 수백억 개의 세포가 새로 생겨나고 비슷한 수의 세포가 죽으며 하나의 세포의 수명은 며칠에서부터 몇 년 혹은 몇 십 년 등으로 다양하다고 한다. 지구상의 인류의 수보다 훨씬 많으며 어마어마한 규모의 세포로 구성되어 있는 고도의 조직적 세계인 것이다.

그런데 이런 세포는 또한 핵, 세포질, 소포체, 미토콘드리아, 리소좀, 중심체, 골지체 등 다양한 소기관으로 구성되어 또다시 하나의 작은 세계를 이룬다.

특히 핵은 생장·생식·유전 등을 조절하며 DNA 등 유전정보를 포함하고 있으니 인간으로 보자면 뇌와 같은 존재라 할 수 있을 것이다. 미토콘드리아는 인간의 폐나 위처럼 세포호흡을 하고 에너지를 생산하여 세포가 활동할 수 있도록 한다.

세포막 또는 세포벽은 인간의 피부처럼 외부에 대해 자신을 보호하는 보호막의 역할을 한다. 또한 식물에 있는 엽록체는 광합성을 하는 장소인데, 이것은 생명체의 대표적인 엔트로피 감소 기능을 담당하고 있다. 이는 무기물인 이산화탄소가 유기물로 바뀌어 생명체로서 작동하게 하는 원천적 기능이라고 말할 수 있겠다.

제대로 된 생물체는 모두 세포로 구성되어 있다. 이 세포는 또 다시 작은 세계를 구성하며 마치 동물 또는 인간의 작은 복제판인 것처럼 프랙털 구조로서 인간 생체와 유사하게 기능을 하고 있다(프랙털 구조란 작은 구조가 전체 구조와 비슷한 형태로 되풀이 되는 구조를 말한다). 이들은 인간의 신체 구성 인자로서 뇌의 지시와 호르몬의 통제에 따라 움직이지만, 마치 스스로 판단하는 것처럼 행동하며 협업하고 물질대사를 하여 에너지를 공급하며 노폐물을 배설한다. 외부의 환경 변화에 적절히 반응하며 항상성을 유지하려 하고 세포 분열을 통해 증식하고 동물이 생장 혹은 생식하게 한다.

홀로 독립된 단세포 미생물은 물론이고 동물을 구성하는 세포도 각자 스스로 의지를 하지고 판단하고 행동하는 것처럼 움직이면서 복잡하고 어려운 생물학적 반응 과정을 묵묵히 수행하고 있다. 아니 그 세포들이 무슨 의사 전달을 하려는 듯, 무언가 우리와 대화하고 싶어하는 듯, 전체 몸의 시스템에 신호Signal를 보내기도 하고 상호 협력하기도 한다. 우리는 때로 그 시그널을 잘 알아듣지 못하고 그저 몸의 불편한 상태 혹은 편안한 상태로 미루어 짐작할 뿐이지만 말이다.

또 우리의 세포는 때로 체내 유익세균과도 협업하고 또는 유해세균이나 침입 바이러스에 대항하여 싸우며 전체 시스템을 보존하기 위해 노력한다.

도대체 이렇게 복잡한 인체 구조가 어떻게 발생하게 되었을까? 그저 우연히 발생할 수 있었을까?

2) 생물학에서의 엔트로피 증가의 법칙

큐브Cube 맞추기가 우연히 일치할 확률은 1/4,000경이라고 한다. 즉 1초에 한 번씩 다른 형태로 시도한다고 해도 큐브 하나 맞추는 데 1조 년이 걸린다는 소리다.

그런데 하물며 생명체의 세포는 이것보다 훨씬 복잡하다. 자연적으로 단백질이 생겼다는 것은 그래도 미미한 확률이 있다고 동의할 수 있어도 의식적 의지 없이 복잡한 구조의 생명체가 우연히 되었다는 것을 동의할 수 있을까?

혹자는 이렇게 질문할 수도 있겠다. 지구상의 수많은 인류가 각각 특정한 행동을 하고 있어서 A가 a로 행동하고 B가 b로 행동하고… 수십억이 동시에 어떤 조합을 이룰 확률이 매우 낮지만 그래도 어느 하나의 조합으로 세상이 존재하는 것처럼, 생명체 합성 확률도 매우 낮지만 실현이 불가능한 것은 아닐 것이라는 질문 말이다.

전자의 경우는 어쨌든 이 세상이 실존하므로 반드시 하나는 실현되는 상황이어야 한다. 즉 50억 개의 공을 집어넣고 하나를 뽑을 때 확률은 낮지만 하나는 반드시 뽑혀야 한다.

그런데 후자는 실현되지 않아도 되는 상황이다. 누가 공을 하나 뽑는 상황이 아니라 50억 개의 공이 우연의 일치로 스스로 탑을 쌓는 것과 같은 확률이다. 이것은 일어나지 않는다. 확률이란 그것이 이루어지는 난이도가 같을 때 동등하게 비교하여 계산되는 것인데, 우연히 일어나는 단 한 개의 엔트로피 감소도 난이도를 고려할 때 거의 불가능에 가깝기 때문이다. 그 불가능의 확률을 매번 작은 경우의 수마다 곱하여 현재 고도의 조직이 구축될 때까지 계산하면 어마어마한 숫자가 된다. 이것은 천문학적 숫자가 아니라 상상조차하기 어려운 숫자이다.

공을 쌓는 문제로 되돌아가 공이 다른 공위로 우연히 올라갈 확률은 1/2이 아니고 1/10000 이상이기 때문에, 결국 50억 개의 공이 스스로 탑을 쌓을 확률은 1/10의 50조 제곱 이상이라고 볼 수 있고, 불과 250억 년인 우주의 나이(우주의 나이라는 표현은 사실 좀 모순이 있고, 정확히 말하자면 빅뱅 이후의 시간이라고 하는 게 낫겠다), 즉 약 10의 11제곱 년 동안 일어날 수는 없는 확률이다. 빅뱅 후 10의 1조 제곱 년 정도의 시간이 흘렀다면 또 혹시 우겨볼 사람이 있을지 모르지만, 상대적으로 이런 찰나에 불과한 우주의 나이에서 더구나 빅뱅 이후

무지막지하게 엔트로피를 증가시키는 이 자연 법칙 속에서 이런 고도의 생명체가 우연에 의해 생겨났다는 상상은 몽상에 불과하다.

사실 따지고 보면 우주란 시간과 독립된 존재가 아니고 시간을 머금고 있는 존재이며, 따라서 어떤 의미로는 영원의 시간을 이미 지내왔는지도 모른다. 그러나 적어도 250억 년 전의 빅뱅으로 우주는 리셋 reset되었다고 보아야 하고, 그 이후의 기간은 우리가 계산한 확률에 비하면 찰나에 지나지 않는다.

이것은 자연 상태에서 우연에 의해서 여러분의 컴퓨터의 자재가 모여들고 스스로 조립되고 CPU가 만들어져서 가동되고 프로그램되어 여러분 앞에 놓였다는 동화이야기를 현실로 믿으라는 얘기와 다를 것이 없다. 누군가 의도를 가지고 개입하지 않는다면 불가능한 일이다.

혹자는 이렇게 말할 수 있을 것이다. 확률 이론에서는 불가능한 것, 즉 절대 '0'은 없지 않느냐고. 그 어떤 상태도 그것이 일어날 확률이 10(-무한대)보다는 높을 수밖에 없기 때문이다. 하지만 이것은 확률 물리론자들이 경계해야 할 일이다. 우주의 역사가 기껏 250억 년(10의 11제곱)밖에 안 되었는데, 거의 10(-일조제곱)도 안 되는 확률이 일어나서 전 지구를 지배하고 있다는 것을 설명하려는 것은 너무 무리한 시도이다.

단백질이 우연히 합성되어 그것이 인류까지 진화되었다니 그 확률을 생각하면 어쩔 수 없이 고개를 가로 젓게 된다. 인간이 만들지 않고 여러분 책상 앞의 컴퓨터가 물질의 작용만으로 우연히 생겨날 수 있는 확률이 정말 있다고 생각하는가? 중간에 우연에 의해 스스로 제어하는 기능이 생겨(이건 근거도 없고 설명도 없는 동화이다), AI가 되어서 스스로를 발전시켜, 결국 컴퓨터를 자발적으로 조립하는 우연히 일어날 것이라고 믿는가? 엔트로피가 증가하는 이 악 조건 속에서 10의 100제곱 년 정도 기다리면 될 수도 있다고 생각하는가?

그 정도 시간으로도 턱 없이 부족한 확률이지만, 그 시간이면 우주는 몇 천, 몇 만 번이고 빅뱅이 다시 일어나 모든 것을 리셋해 버릴 수 있다는 것을 생각하면 이것은 거의 불가능한 확률인 것이다.

3) 생명체, 엔트로피 감소의 속성

물리학과 화학의 기본 전제는 엔트로피 증가를 토대로 한다. 그런데 생명체는 엔트로피를 감소시키는 반대 속성을 갖는다. 죽은 나무는 바람에 흩어져 사라지는 엔트로피 증가현상을 겪지만, 살아있는 나무는 오히려 성장하고 잎과 열매를 맺고 증식하는 엔트로피 감소 활동을 하고 있는 것이다.

광합성 작용은 그러한 변화의 원동력이 되는 것으로 엔트로피 증가 법칙에 위배되는 대표적인 생명체의 활동이다. 이곳에서는 뿌리로부터 물을 공급받고, 빛 에너지를 이용하여 무기물인 이산화탄소를 유기물인 당분으로 바뀌게 한다. 간단한 구조에서 고차의 유기물 구조로 변화하는 것 자체가 엄청난 엔트로피 감소 상황이다.

게다가 식물은 이것을 기초로 셀룰로오스를 만들고, 이것을 재료로 나무는 생장하며 각종 기능의 원료로, 또 연료로 사용한다.

또한 동물은 이 당분을 섭취하여 단백질을 만들고 근육을 키우며 성장하며 동시에 움직일 수 있는 에너지원으로 활용하니, 이 탄소동화작용이야말로 생명체로서 작동하게 하는 원천적 기능이라고 말할 수 있겠다. 이런 엔트로피 감소현상이 생물학에서는 너무나 자연스럽게 발생하고 있다.

그럼에도 불구하고 엔트로피 증가 법칙을 토대로 하는 기존 물리학으로 생명체의 발현을 설명하려고 한다. 즉 원시 지구의 대기환경에서 우연히 단백질이 합성되었고, 이것이 진화하여 이렇게 복잡한 생명체가 되었다는 것이다. 이것은 기본적으로 물리학과 화학의 원리에 배치되는 반대 설명이다. 물리학과 화학에서는 결코 이런 식의 고도의 엔트로피 감소현상을 설명할 수 없다. 계 밖에서 더 엔트로피가 증가되는 무언가가 있고, 그 여파로 부가적·국소적으로 엔트로피가 감소되는 작은 한 부분이 생기기는 한다. 그러나 이렇게 고도화된 엔트로피 감소가 체계적으로 일어나 생명체를 구현하는 것은 불가능하다.

엔트로피 증가를 역학의 기본 법칙으로 하고 있는 물리학의 원리로 엔트로피 감소를 그 존재 특성으로 하는 생명체를 설명한다는 것이 얼마나 모순적인 접근인지 이미 우리는 알고 있고, 그래서 처음부터 잘못 끼워진 단추라는 것을 느끼게 된다.

4) 다층 구조 우주론과 생명론

다중 우주는 동등하고 평행한 다수의 우주를 상정하며 말하지만, 다층 우주론은 우주에 각각의 레벨이 있다는 세계관이므로 다소 차이가 있다. 이 다층 구조 우주론은 동양 철학자들에게서도 흔치 않게 들을 수 있는 우주관이다.

특히 세포가 모여 동식물을 이루듯 동식물이 모여 지구 온 생명이 되는 것 아니냐는 한 물리학자의 우주관은 더욱 흥미롭다.

온 생명의 개념을 조금 더 설명하자면 생명체는 부분과 전체와의 밀접한 커뮤니케이션 시스템이며 부분 안에 이미 전체가 포함되어져 있는 홀로그램 필름과도 같은 것이다. 부분은 유전과 경험과 직관으로 전체를 바라보고 전체가 존재해야 자신도 존재한다는 것을 인식하며 전체의 이익이 자신의 이익이라고 판단하며 행동한다.

그래서 우리 몸속에 수많은 세포들의 단위 개체적 행위가 이해가 된다. 세포들은 항상성을 유지하고 옆 세포들과 유기적으로 힘을 합하여 영양분을 공급받으며 면역세포들은 외부에서 온 위협적 존재들을 괴멸시킨다.

이것은 각각이 스스로 판단하는 것을 의미한다. 뇌의 지배를 받고 그 명령에 따라 움직이는 부분도 있지만 더 많은 부분들은 세포의 판단으로 행동한다.

이것은 홀론Holon의 홀라키Holarchy적 관계라고 볼 수 있다. 세포라는 하위 홀론에 대하여 그 세포로 구성된 동물이나 식물, 혹은 인간은 그 상위 홀론이 된다. 인간은 수십조의 세포로 구성된 하나의 홀라키적 세계이다.

5) 그렇다면 생명의 근원은 무엇인가?

우리가 아는 물리학의 법칙에 따르면 자연이 스스로 생명체를 발생시킬 확률은 아무래도 zero라고 보는 게 상식적이다.

그럼 생명체의 근원은 누군가의 의지에 의해 만들어졌다는 것인데, 그냥 단순히 조물주라는 인격체가 있어 만들어냈다고 하는 것은 자연스럽지 않고 논리적이지도 않으며 무언가 매우 어색하다. 또 이것은 현대 물리학, 생물학 등 성과물과 비교해도 상호 설명이 잘 안 된다.

만일 조물주가 있어 그분이 이루어낸 것이라 하더라도 어떤 방식으로 이루어졌는지 설명되어야 한다. 왜냐하면 조물주의 관여가 있다 하더라도 우리 주변의 대부분의 현상들이 그에 합당한 원리가 있고 합리적으로 설명될 수 있기에 이것만이 예외가 될 이유는 없기 때문이다.

그럼 이제 새로운 인식의 프레임을 구성할 시간이 되었다. 인간도 우주의 일부이고 우주와 같은 속성을 갖는다는 관점에서 시작해 보자.

첫째, 우주는 시간과 공간과 물질로 구성되었다고 보아 온 고전적 관점으로부터 물질이 에너지와 같으므로 시간과 공간 그리고 에너지로 구성되었다고 보는 관점으로 진화하고, 여기서 다시 우주란 시간 공간, 에너지 그 자체이며 단순히 우주공간을 의미하지 않는다는 관점으로 진화한다. 또 시간·공간·에너지가 버무려진 존재인 '파동'은 우주의 근원적인 구성자이며 역동적인 매개자가 된다. 결국 인간도 이 '파동'으로 구성된 역동적 존재임에는 틀림이 없다.

그런데 이 역동적 파동 혹은 에너지는 단순히 우리가 알고 있는 한 가지 종류의 에너지, 즉 물질의 근원이 되는 에너지만은 아닐 수도 있다. 우리가 아는 에너지는 전체 에너지의 5%밖에 안 된다는 학설이 있다. 다른 종류의 에너지가 많이 있는데도 우리가 감지하거나 측정하지 못하고 있다는 것이다.

그래서 그 존재를 정확히 정의 내리지 못하므로 그냥 암흑 에너지라고 부르고 있는 상황이다. 그렇다면 우리가 모르는 다양한 종류의 에너지가 우리 주변에 있어서 어떤 형태로든 우리에게 영향을 미치고 있을 수도 있다.

우리가 익히 알고 있는 물질을 구성하는 에너지를 '물질 에너지'라고 부른다면 이와는 다른 에너지 혹은 파동이 존재할 가능성을 배제할 수 없으며, 만일 그런 게 있다면 이것은 무엇이라고 불러야 할까? 그것을 암흑 에너지라 통칭하여 부르든, 특정한 이름을 명명하든, 어쨌든 우리 인간은 물질 에너지를 포함하여 적어도 1종 이상의 다른 특성을 가진 에너지로 구성되어 있고, 그 에너지의 특성으로 인해 각종 기능이 유기적으로 작동되는 것 아니냐는 가정을 해 볼 수 있을 것이다.

둘째, 확률적 모형으로 볼 때 생명체와 같은 극한의 엔트로피 감소가 그저 자연적으로 발생하는 것은 어림도 없는 일이다. 컴퓨터든 생명이든 자의식을 가질 정도의 고도의 (−) 엔트로피 상태는 자연적으로 생기기가 확률적으로 불가능하다.

이것은 무언가 의지를 가진 행위의 산물이다. 그러므로 이 에너지는 일반적인 에너지와는 달리 엔트로피를 감소시키는 특성을 가지고 있는 反물질 에너지여야 한다.

그럼 이제 다시 생명 발현현상을 설명해 보자. 생명을 위한 초기 단백질 합성이란 자연 속에서 물질 에너지의 매개로 발생하기는 하지만 의지를 유발하는 무언가가 깃들여진 특별한 에너지에 의해 협업된 의도적 단백질의 합성이라고 생각하는 것이 더 설득력 있다.

이러한 이해의 프레임을 구성하게 되면 마치 현대의 양자 역학과 상대성 이론이 그랬듯이 생명현상에 대해서도 좀 더 이해하기에 유리한 인식이 가능해진다.

'물질 에너지'에 대비된 이 에너지를 일단 '바이오 에너지'라고 부르기로 한다.

이 바이오 에너지는 엔트로피를 감소시키는 역할을 한다. 엔트로피를 감소시킨다는 것은 현대의 자연적 물리현상에 대비하여 반대적인 결과를 낳는 것이며 그것은 무질서한 것을 질서 있게, 균일한 것을 균일하지 않게 만드는 것이다.

균일하지 않다는 것의 의미는 특수한 특성이 없는 불규칙한 상태를 어떤 용도로 활용될 수 있도록 특성을 갖게 조작하는 것을 의미하는 것이며, 결국 생명체가 무언가를 하여 자기 항상성을 유지하도록 하는 메커니즘을 일으키는 것을 말한다.

우리가 말하는 거의 모든 가치 있는 일들은 엔트로피를 감소시키는 것을 의미하며, 심지어 진화도 주어진 현상에 가장 잘 적응하기 위하여 신체 조직을 변형시키는 하나의 엔트로피 감소 메커니즘이다.

이러한 메커니즘을 우리가 의식하며 진행할 때 의지 또는 의도를 갖는다고 한다. 결국 바이오 에너지는 생명체가 어떤 방향성, 의도를 갖도록 하는 에너지인 것이다. 바이오 에너지는 생명체의 의지를 구현시키고 생명의 지지 매개체로서 활용된다.

이러한 것은 바이오 에너지가 본래부터 지구 재료에, 우주 재료에, 만물에 깃들어 있었다고 설명할 때만이 설명 가능한 것이다.

이제 우리가 잘 모르는 암흑 에너지 중에서 우주의 재료에 생명을 위한 또 다른 종류의 에너지가 있다는 가설을 우리의 인식 프레임에 넣어 보자.

그렇다면 만물에 생명의 근원이 되는 에너지가 스며 있고, 이 특수한 에너지가 생명의 근원, 즉 스스로 존재하고 보호하고 영속하려는 의지가 된다는 설명이 유연하게 이루어질 수 있다.

그래야 미생물과 세포도 단위별로 생명활동을 하고 식물을 꺾꽂이 해도 살아나며 더 많은 기관을 갖는 고등 동물은 더 유기적이고 고차원적인 사고 활동이 가능해진다는 설명이 자연스럽게 된다.

셋째, 이 바이오 에너지도 파동의 일종이므로 파동 혹은 에너지의 특성을 갖는다. 다만 엔트로피를 감소시키는 반反물질 에너지적 속성이 있을 뿐이다.

이 바이오 에너지는 물질 에너지와 융화되고 섞여서 함께 생명체를 구성한다. 생명체의 물질적 구성체, 예를 들어 인간의 신체 등은 물질 에너지가 근원이 되지만, 전체적으로 그 에너지를 컨트롤하고 유기적으로 의도를 가지고 움직이게 하는 것은 바이오 에너지이다. 바이오 에너지는 물질 에너지(신경세포, 뇌세포 등)에 영향을 미침으로써 자신의 의도를 구현한다.

엔트로피를 감소시킨다는 것을 인간이 인식할 때에는 '의지를 갖는다'로 표현되는 것이다. 질서가 없던 것이 갑자기 질서가 생기고 자연현상의 역반응이 일어나는 것을 의지를 갖는 행위의 결과로 인식하는 것이다.

넷째, 물질 에너지가 집약되어 파동에서 미립자로 미립자에서 전자·원자·분자·물질로 되듯이 바이오 에너지가 집약되면 생명체가 점점 고등 동물로 발전하게 된다.

즉 바이오 에너지가 집약되어 점점 에너지가 증폭됨으로써 자유 파동에서 바이러스의 자기의식으로, 세포(혹은 단세포 동물)의 의식으로, 다세포 조직의 의식으로, 마침내 인간(혹은 동식물)의 자의식으로 된다.

인간의 신체를 구성하는 세포 하나하나는 전체를 구성하는 홀론으로 각자가 하나의 생명체로서의 특성을 갖는다. 마치 단세포 동물이 생존을 위해 활동하는 것처럼, 우리를 구성하는 세포 하나하나도 바이오 에너지를 바탕으로 스스로 의도를 가지고 움직이게 된다. 그런 의미로 인간은 하나의 홀라키적 존재이다.

한편 인간이 그 시스템의 끝에 있는 존재가 아닐 수도 있다는 생각을 하게 된다. 마치 지구 위의 상위 시스템, 즉 태양계가 있고, 그 위에 은하계가 있듯이, 인간의 자의식 위에 더 상위의 자의식을 품고 있는 시스템이 있을 수 있다. 장회익 교수는 그 시스템을 온 생명으로 부른다.

결국 바이오 에너지는 그 기본적 구성자인 파동에서 점점 에너지가 증폭되어 바이러스에서부터 시작하여 단세포, 다세포, 인간, 그리고 온 생명으로까지 '자의식'을 구성하는 원천 에너지가 된다고 볼 수 있다.

인간 상위의 온 생명의 입장에서 보면 인간이 그 온 생명을 구성하는 하위 홀론적 생명체가 된다. 우리 인간은 물론이고 우리 주변의 환경에조차 그 바이오 에너지가 깃들여서 그 총합인 온 생명같이 한 차원 높은 존재를 구성하게 되는 것이다. 마치 내가 나의 세포들보다 한 차원 높은 것처럼 나보다 한 차원 높은 존재를 생각해 볼 수 있다.

이것은 물질세계에서도 마찬가지이다.

물질세계에서도 원자 구조로부터 태양계 구조 등에 이르기까지 다양한 프랙털 구조가 존재하며 유사한 시스템이 확장되어 간다. 물리 에너지의 세계에서는 그 시스템은 태양계·은하계·대우주로 확장되어 간다.

한편 바이오 에너지에도 결국 에너지의 일종으로 상위 시스템인 '태양계·은하계·대우주'를 구성하는 하나의 구성자이다. 이렇게 생각해 보면 상위 온 생명의 '자의식'이라는 것도 생각해 볼 수 있을 것이다. 이것은 우주라는 것이 물질 에너지와 바이오 에너지가 함께 융화되어 구성되었다는 시각에서 명명할 수 있는 명칭이다. 우리가 아는 태양계·은하계·대우주는 물질(혹은 물질 에너지)뿐 아니라 바이오 에너지를 포괄하는 개념으로 이해해야 하는 것이다.

더 나아가 여기서 물질 에너지를 배제하고(실제로 배제될 수 없는 것이지만), 바이오 에너지 요소만을 생각해 보자. 바이오 에너지라는 측면에 초점을 맞추면 상위 시스템에 융화되어 있는 상위의 홀론 그 한 차원 높은 바이오 에너지 집약체로서의 존재를 생각해 볼 수 있을 것이다. 세포에 대비하여 나의 바이오 집약체는 혼Soul이라고 부르고, 우주의 그것은 신이라 부를 수도 있을 것이다. 그것을 '신'이라 부르든, '하느님'이라 부르든, '부처님'이라 부르든, '브라만'이라 부르든, '스피릿 ' 혹은 '영靈'이라 부르든 상관없다.

그 또한 각자의 인식의 프레임인 것이며 어떤 것을 당신이 선택하든 결과는 별로 다르지 않다. 그것이 사이비 '신'만 아니라면 좋을 것이다. 중요한 것은 그 설명의 프레임이 아니라 그렇게 진리의 대상인 한 차원 높은 존재를 인지하여 인간이 홀론으로 그 원리와 함께 호흡하며 융화되어 살아가는 것이라고 생각된다.

이러한 다층 우주론적 관점에서는 '신'이란 그저 절대자인 것이 아니라 상대적인 개념이다. 세포에 대하여 나라는 인간의 자의식이 신이 되는 것처럼 나에게는 절대자·스피릿·영·브라만·하느님·부처님이 신이 되는 것이라고 이해하면 될 것이다.

나는 그 하위 홀론으로 이미 그 신적 존재의 많은 것을 자체적으로 내포하고 있다. 세포의 인식이 나라는 인간의 인식과 다르듯이 나의 인식이 신의 인식과 같지는 않겠지만, 그 원리는 같으며 나는 그 원리를 이미 잠재적으로 가지고 있다. 신처럼 추구하고 그렇게 살려고 노력할 수 있다는 뜻이다.

우주는 당연히 물질 에너지와 바이오 에너지가 융화된 형태로 존재한다. 그러므로 필자는 더 이상 태양계 온 생명, 우주 온 생명 같은 표현은 쓰지 않을 것이다. 그냥 태양계, 우주라고 명명하여도 같은 뜻이기 때문이다. 신이라는 존재도 결국 우주와 떨어져 있는 존재일 수 없다. 우주와 별개로 있는 존재가 아니라 우주라는 체계에 녹아져 있을 것이다.

6. 화학적 고찰

'Chemistry'라는 말의 어원적인 의미는 무엇인가? '케미Chemi-'라는 단어는 적어도 두 개의 물질이 상호간에 반응성이 좋다는 의미를 함축하고 있다. 그래서 화학Chemistry이라는 말은 홀로가 아닌 A와 B, 적어도 두 개의 물질의 상호 관계성 또는 관계성에 기인한 반응성을 의미한다.

화학적 반응 특성은 크게 상호 친화적attractive 특성과 상호 배타적

repulsive 특성으로 구분해 볼 수 있다. 이러한 특성을 갖는 이유는 기본적으로 엔트로피 증가의 법칙과 연관이 되어 있다. 모든 물질들은 안정화되려는 경향성을 가지고 있으므로 그런 방향으로 반응이 일어난다. (+) 전하는 전자가 양성자수보다 부족할 때 발생하고, (−) 전하는 전자가 많을 때 발생한다. 그렇게 이온화하는 것이 내적인 안정화 상태인 Octet 상태(즉 엔트로피가 증가된 상태)에 도달하기 때문이다. 그런데 그런 (+), (−) 두 전하가 만나면 다시 결합하여 중성이 된다. 그것이 더 안정된 상태이기 때문이다.

한편, 만일 (+)가 (+)와 만나거나 (−)가 (−)와 만나면 서로 밀어낸다. 같은 성질끼리 합쳐진다면 엔트로피가 매우 감소된 상태가 되므로 이를 피하기 위해 급격하게(?) 배척하는 것이다.

그래서 화학적 반응이라는 것은 기본적으로 엔트로피가 증가된 상태, 즉 보다 균일한 상태 또는 좀 더 안정화된 상태로 가려는 경향성 때문에 생긴다고 말할 수 있다.

그것은 우리가 알고 있는 모든 물질 에너지가 가진 특성이기 때문에 모든 물질들은 이 원칙을 따르는 경향성을 갖는다고 생각되고 있다.

그런데 만일 그런 원칙과 다른 원리를 가진 바이오 에너지라면 어떨까?

예를 들어 우리의 정신(이것도 어떤 에너지에 의하여 작동된다고 가정한다면 말이다)의 경향성은 반대로 간다. 우리의 정신은 엔트로피를 감소시키고 균일한 자연의 상태가 아닌 무언가 창조하고 만들어낼 동기를 끊임없이 제공한다. 다양한 무기질 성분이 섞여 있는 암석에서 특정 광물을 추출해 내어서 철이나 알루미늄 제품을 만들어 쓰도록 하고 자신의 생각이나 철학 또는 이해 관계에 동조하는 사람끼리 모여서 그 영향력을 증폭해 낸다. 골고루 균형 있게 가려고 한다기보다는 유사한 특성을 가진 사람끼리 더 잘 모이고 어울리게 된다. 기본 속성이 물질 속성과 다르다. 같은 성격, 같은 느낌끼리 더 끌리는 것이다.

이와 같이 우리의 정신을 구축하는 데 쓰이는 에너지가 있다면, 그 에너지의 성질은 일반 물질 에너지와는 매우 다른 것이어야 한다. 현재 이 부분에 대한 것은 자연 과학의 영역이 아닌 심리학·사회학 등 일반적으로 인문사회학에서 다루는 분야가 되어 있다. 원리라기보다는 현상 파악과 이에 대한 설명을 중심으로 이루어진다. 그래서 인문과학·사회과학이라고 명명되기도 했다.

이렇게 쌓아 올려진 인문학의 높이와 깊이는 매우 훌륭한 것이지만, 이것을 바이오 에너지의 특성이라는 관점에서 관찰해 보면, 또 다른 흥미로운 점들을 발견하게 된다. 즉 바이오 에너지는 물질 에너지와는 다르게 엔트로피를 감소시키고자 하고, 그런 방향으로 반응하며, 그래서 같은 성질끼리 모이려 한다는 아주 기본적인 가정을 하고 바라보자.

그러면 사람들이 점점 자기에게 집중하고 자기중심적으로 생각하며 같은 부류끼리 뭉치고 같은 종교·이념·철학을 가진 사람끼리 뭉치는 현상을 좀 더 재미있게 볼 수 있게 된다.

사람들이 남녀 간에 끌리는 현상은 물질 에너지(육체)적인 인력이 추가로 작용하기 때문에 남녀 간 철학이 비슷하지 않아도 서로 사랑할 수는 있다. 하지만 진정한 사랑이 되려면 서로 철학을 이해해야 하고 그럼으로써 더욱 사랑이 증폭될 것이다.

남녀 간에 성격이 다르면 잘 산다는 말을 오해하지 않기를 바란다. 그것은 현실적으로 상호 보완하여 조화로운 삶에 도움이 된다는 것이다. 하지만, 이에 부가하여 상호 이해와 공감되는 부분이 커야 성격이 다른 서로의 모습이 보완이 되고 마음이 맞아 상호간의 애정에 도움이 된다.

같은 이익단체(회사, 기관)에 속한 경우에도 물질적인 이익이 서로 같기 때문에 설사 생각이 다르더라도 같은 편이 되어 주지만, 생각의 이해도가 다르면 그 마음의 깊이는 깊어질 수가 없다.

세대 간에 갈등이 있는 것은 서로 간에 이해 관계(물질적 득실)의 차이 때문에 발생하는 경우도 있지만 근본적으로 서로에 대한 생각의 공감이 부족하기 때문이다. 세대 갈등을 해소하려면 서로 간의 마음에 대한 이해가 더 필요하다.

세대 간의 갈등, 종교 갈등, 정치 갈등 등등을 해소하기 위해서는 상호간의 공통점을 찾고 공감대를 확장하고 소통을 늘여야 한다. 그렇게 유사성을 증폭해야 비로소 서로 간의 갈등을 해소할 수 있을 것이다.

구체적인 생각이나 철학은 다를 수 있다. 그러나 그 기저에 있는 기저 철학은 서로 공감할 수 있어야 한다. 예를 들어 '평화롭고, 자유롭고, 공평하고, 정직하고' 등과 같은 기저 철학은 개념의 정의가 서로 같아야 하고 그 가치에 대하여 서로 간에 공감해야 한다.

이러한 토대 위에서 의견 차이는 인간의 관계를 발전적인 방향으로 이끌어줄 것이지만 그렇지 않은 의견 대립은 이해관계를 위한 다툼과 전쟁, 원한과 복수 등으로 점철되어 가기가 쉽다.

우리의 삶과 비즈니스에서도 마찬가지이다.

기저의 게임 규칙Rule을 견지한다면 그것은 스포츠 게임처럼 즐길 수 있다. 그렇게 스타가 된 선수는 그 과정의 노력과 뛰어난 감각에 대하여 존경받고 갈채 받을 것이다. 그러나 반칙으로 이긴 승자는 그렇지 않다.

'수단 방법을 가리지 않는 경쟁'이 아니라 '공감하는 관계와 소통'을 통해서 우리는 서로 윈-윈win-win하며 함께 큰 발전을 이룰 수 있는 것이다.

제2장 물질 에너지와 바이오 에너지

앞에서 설명하였듯이 바이오 에너지는 일반 물질 에너지에 대비되는 것을 말하며 일반적으로 일컫는 친환경 에너지를 뜻하는 것이 아니다. 또한 인체 내에서 사용되는 에너지, 즉 ATP가 Phosphate기와 분리되며 발생하는 생체 에너지를 의미하는 것 또한 아니다.

만일 이러한 친환경 에너지 혹은 생체 내의 생화학적인 에너지와 혼동을 일으킨다면 이름을 life-energy, bio-active energy 등으로 바꾸어 불러도 무방할 것으로 생각된다.

1. 에너지(파동)의 개념적 특징

물질이 붕괴되어 에너지가 된다는 것은 입증되었다. 그래서 세상은 모든 게 에너지이지만 여기에 시공까지 포함시키면 파동이 된다. 즉 우주는 물질과 시공으로 이루어져 있다고 하지만 '물질＋시간＋공간' ＝파동이며, 혹은 '에너지＋시공'＝파동이다.

이 말은 '우주는 곧 파동'이라는 말과 같다. 파동을 시간과 공간과 에너지가 융합된 것으로 보면 본래의 파동 특성의 입장에서 더 많은 것을 설명할 수 있게 된다.

시공도 개념이지만 '분리된' 에너지(입자)라는 것도 개념에 불과하다. 즉 파동설과 입자설로 싸우지만 입자는 개념에 불과하다는 것이다. 시간이 따로 존재하고 공간이 따로 존재하는 것이 아니라 어떤 입자가 공간에서 시간당 일정한 변화율을 갖는 것을 파동이라고 부른다. 시간만 존재한다는 것은 개념에 불과하고 공간 또한 마찬가지이다. 그렇다면 우리가 움직임 없는 입자라고 보는 물체들도 사실상 관념에 불과하다. 모든 물체는 움직이고 있다. 태양이나 지구도 움직이고 있으며, 여기에 소속되어 있는 모든 물체도 움직이고 있다. 외적으로 움직이지 않고 붙어 있는 것으로 보이는 물체들도 내적으로는 격동의 움직임을 가지고 있다. 그 속에 소속되어 있는 분자들이 각종 방향으로 진동vibration 또는 회전spin을 하며 수많이 움직이고 있는 것이다. 또한 그 분자에 소속된 전자와 그 전자에 소속된 미립자들 또한 엄청난 속도로 움직이고 있다.

그러므로 움직이지 않는 정지된 입자란 없다. 이 세상의 모든 것은 파동으로만 존재하며 그 파동들의 관계가 우주이다. 우리가 입자라고 오인하는 것은 대규모 그룹의 파동이 합쳐져서 외적으로 마치 정체된 듯 보이는 것이지만, 그것은 일시적으로 그렇게 보일 뿐 내적으로는 엄청난 파동의 집약체이며 근본적으로 파동으로 구성되어 있는 것이다.

파동이란 어떤 힘의 field가 빠르게 이동하는 것을 의미한다. 그 힘의 field는 적어도 인간의 인지로는 입자가 아니며(쿼크 이하의 작은 존재는 입자로서 인지할 수 없다), 그저 힘의 필드field, 에너지 장energy 場 등으로 설명할 수 있을 뿐이다. 그런 관점에서 자기력선 등의 의미를 이해할 수 있다.

시간·공간을 떠나서 존재하는 파동은 없으며, 우주에서 파동만이 실재한다. 파동은 속도의 속성을 갖고 속도란 변화한다는 의미이기 때문에, 이에 따라 파동으로 이루어진 모든 존재하는 것은 상태가 변한다.

그 변화에는 방향과 법칙이 있는데, 물질 에너지는 자연 법칙에 따라 엔트로피를 증가시키며 변화하고, 바이오 에너지는 엔트로피를 감소시키는 방향으로 변화한다.

바이오 에너지로 이루어진 나라는 존재는 필연적으로 파동이다. 시간과 공간을 포함하고 있지만 내가 영향을 미칠 수 있는 범위 안에 있는 시간과 공간만이 나와 직접 연결되어 있다. 지금 여기 내가 느낄 수 있는 시공이 나의 일부를 이룬다. 동시에 나 자체가 시공을 포함하는 파동의 존재이므로 시공 자체가 나의 일부를 이룬다. 따라서 시공에 연관되는 나는 주변의 시공에 영향을 미치며 함께 변화한다.

나는 변화하는 존재이지만 시공 또한 나와 떨어져 있는 절대자는 아닌 것이다. 지금 여기 내가 영향을 미칠 정도의 시공 속에 다이내믹하게 움직이는 이 에너지의 집합이 바로 나이다.

유전적 진화의 시간을 거치면서 수억 년의 지속적 노력으로 DNA와 단백질을 만들고 조직 세포를 만들어 왔다. 지금 여기의 내가 '나'

이지만, 파동의 지난 궤적과 앞으로 갈 궤적 또한 큰 의미에서는 나이다. 우리는 서로 홀론으로 관계를 맺고 지속적으로 발전해 온 것이다. 나라는 개체성의 입장이 아니라 좀 더 큰 홀론의 입장에서 보면 우리는 서로 크게 구분됨 없이 함께 발전해 온 사이인 것이다.

파동은 상호 관계를 맺고 영향을 주고받는다. 그 영향권이 '지금 여기'라는 개념이다. 그래서 지금 여기가 소중하다. 상호 영향을 주지 않는 미래라는 개념은 실재가 아니고, 현재가 되어 느껴지기 전에는 그저 관념에 불과할 뿐이다.

관념이란 누군가의 생각에서 그려지는 상대적인 것으로 관점에 따라서는 다르게 인식될 수도 있는 것을 말한다. 시간도, 공간도, 움직이지 않는 에너지 입자도, 모두 관념일 뿐이듯이 미래도 관념일 뿐이다. 모든 것을 알고 있는 절대자가 있다면 무엇이 운명처럼 실재하는지 말할 수도 있을 것이다. 그러나 적어도 인간에게는 미래는 실재가 아니고 관념이다. 우리에게는 지금 여기 지나가는 이 파동의 집약들이 실재이다. 이것은 인간에게 실재로 인지되며 상호 영향을 주고받게 되고, 내가 인간이기에 이런 영향을 통하여 이것을 실재라고 말할 수 있게 되는 것이다.

'지금 여기'란 결국 파동들이 상호 관계를 맺고 영향을 주고받는 방식이기에 의미가 크며 여기에 집중할수록 에너지를 증폭시킬 수 있게 된다. 왜냐하면 유사한 파동은 상호 영향을 미칠수록 증폭되기 때문이다.

2. 파동(에너지)의 음양 특성

물질에서 +−란 결국 입자의 전자기적 특징에 기인한 것으로 전자가 (−) 특성을 갖는 것은 (−) 방향의 극성을 갖기 때문이다.

전자를 잃으면 양이온이 되는 이유는 (−) 극성의 입자가 떨어져 나오면 남은 물질은 그만큼 (+) 극성을 가지게 되기 때문이다.

(+), (−)라는 것은 중력장이나 자기장 field처럼 특정 방향의 에너지 휨 특성을 의미하는데, NS극처럼 다른 극끼리는 당겨 들어오거나 (인력, 중력) 같은 극끼리는 밀고 나가는(척력) field를 형성한다. 이 속성으로 인해 모든 물질은 변화 과정에서 +− 속성을 보이게 되는 것으로 생각된다.

두 전하를 갖는 물질이 만나 쌍소멸하게 되면 회전력이든 인척력이든 간에 운동 에너지는 사라지게 되고 외적으로 운동성이 표출되지 않는데, 이런 경우에는 +−의 극성이 없어지는 것으로 인식된다.

에너지 혹은 파동에서의 +−극성은 주로 진행 방향과 관계가 있다. 파동은 공간을 진행하며 운동하는 속성을 갖는데, 이것의 방향은 진행 방향에 대하여 시계 방향으로 회전하며 진행하는 것과 그 반대 방향의 두 가지로 크게 구분될 수 있다. 기본적으로 파동이 진행할 때 자기 자신의 운동 방향 혹은 그로 인해 유도되는 주변의 회전 방향은 나선형으로 발생한다. 나선형의 한 방향을 +라 한다면 반대 방향으로 회전하는 것을 −라 부르자. 왜 회전하며 진행하는가? 우주에 가득 찬 에너지 field의 방해 혹은 상호 영향에 의해 진동하기 때문에, 나선형 직진을 하는 게 아닐까 하는 생각을 해 본다. 모든 작고 빠른 존재들은 마찬가지일 것이다. 그래서 파동처럼 움직이는 것으로 보이고 양자 역학이 성립한다(필자의 의견임).

이와 같이 파동은 그 진행 방향에 따라 +−의 두 가지 특성으로 대변될 수 있다. 물질 에너지는 엔트로피를 증가시키기 위하여 다른 극끼리 서로 끌어당기는 경향성을 보이며, 바이오 에너지는 반대로 엔트로피를 감소시키기 위하여 같은 극끼리 서로를 끌어당기는 경향성을 갖는다. 역으로 바이오 에너지는 서로를 끌어당기기 때문에 엔트로피를 감소시키게 되는 것이라고 설명해도 무방할 것이다.

물론 파동은 진동수·파형·파장 등 독특한 자신만의 특성을 갖는다. 또한 수많은 파동의 다발이 미립자라고 생각한다면 그 특성의 어울림의 정도에 따라 미립자의 양태는 그 수를 헤아릴 수 없을 정도로 많을 것이고, 그 미립자를 기초로 구성된 전자나 원자 같은 작은 입자의 세계도 마찬가지로 여러 가지 다양한 특성을 가질 것이다. 그러나 가장 근원적인 특성은 +−의 방향성이며, 이것은 동양철학에서 말하는 음양 특성과 유사한 개념이라고 생각된다. 궁극적으로 음양이 서로 어울리는 양태에 따라 삼라만상의 변화가 시작된다는 동양의 역학 사상은 파동의 +− 반응도에 따라 수많은 물질의 양태를 낳는다는 사고와 유사하다고 볼 수 있겠다.

또한 우리 주변의 공간이 x, y, z 방향의 관념적 프레임이 아니라 다이내믹한 에너지로 물질에 영향을 주고받으며 직접적으로 상호 교류하는 참여자로 인식한다면 이제 우리 주변의 공간에 대한 평가가 달라지게 된다. 지구 대기 안에 공간이 텅 비어 있지 않고 기체 분자로 가득하다는 것을 과거에는 누가 믿을 수 있었겠는가? 바람이 분다는 것은 어떤 기운의 움직임이 아니라 실제로 기체 분자들이 떼를 지어 에너지를 가지고 이동하는 과정이라는 것을 어떻게 인지할 수 있었겠는가? 그때의 인식 프레임은 '알 수 없는 기운의 미스터리한 움직임'일 뿐이었다.

이제 공간이란 기체뿐 아니라 미지의 에너지로 꽉 찬 역동적 에너지 장이라는 인식 프레임으로 기존 사고를 대체해 보자. 그러면 공간은 물질 에너지뿐만 아니라 바이오 에너지 등 미지의 에너지가 공존하며 서로 관여하는 다이내믹한 필드Field, 場가 된다. 물론 그 바이오 에너지 등은 물질에 집약된 에너지와 비교 할 수 없을 만큼 작아서 측정이 쉽지가 않다. 하지만 우리 주변의 공간에 과거에 측정할 수 없었던 기체로 가득하다는 것을 지금 알고 있고, 또한 수많은 전파와 주파수로 가득하다는 것을 안 지는 얼마 되지 않는다. 요즈음 현대 과학은 우리 주변에 아주 미세한 배경 복사 등도 존재하고 있음을 밝혀내고 측정하고 있다.

마찬가지로 바이오 에너지도 좀 더 정밀하게 측정 가능한 날이 머지않아 올 것이다. 바이오 에너지는 지구 곳곳 많은 곳에 널리 분포하는데, 위치마다 그 밀도가 달라서, 특히 강도가 강한 곳에서는 지금도 측정이 가능하다고 한다. 이러한 바이오 에너지가 자체적인 음양 특성, 그리고 이를 기초로 하는 수많은 파동 특성을 속성으로 우리 삶속에서 지속적인 영향을 주고받고 있는 것이다. 게다가 그 바이오 에너지는 우리 자신을 구성하는 하나의 에너지이기도 하다. 마치 물질 혹은 물질 에너지가 그렇듯이 말이다.

〈음양 특성과 동양철학〉

바이오 에너지는 아직 미지의 세계이다. 그런데 물질 에너지는 많이 알려져 있다.

물질 에너지 자체는 (+)와 (−)가 있다. 그 물질 에너지가 미립자가 되고 원자가 되고 삼라만상이 되므로 천지간의 모든 것은 (+)와 (−), 즉 음양이 있다.

바이오 에너지도 일종의 에너지로서 엔트로피 감소 속성을 제외하면, 다른 면에서는 물질 에너지와 유사한 특성을 갖는다. 따라서 바이오 에너지를 이해할 때 마찬가지로 음양론을 생각해 보는 것도 의미가 있겠다.

동양철학의 음양오행론에서는 근본적으로 모든 에너지에 깃들은 물질의 음양 특성에 주목한다. 음양론은 어떤 상태에 정定특성이 있으면 이에 대비되는 부否특성이 있다는 것인데, 이러한 이진법으로 삼라만상을 해석하고 운세, 궁합, 심지어 의학에도 적용하여 왔다.

그런데 우리나라에서는 음양론보다 천지인 사상이 더 뿌리가 깊다. 여기서 천지라는 것은 음양과 같은 의미인데, 여기에 '인'이라는 또 다른 하나의 개념이 추가되어 있다. '인'은 바이오 에너지를 뜻한다고 필자는 생각한다.

바이오 에너지도 궁극적으로는 에너지이고 ＋－의 방향성을 가질 수밖에 없어 음양 특성을 갖지만, ＋－로만 설명하기에는 독특한 파동의 상호 당김과 어울림을 갖기 때문에 그냥 하나로 독립시켜 '인'이라고 표현한 것으로 보인다.

상대적으로 '천지'라는 개념은 물질 에너지의 음양 특성을 말하는 것이다. 그러므로 천지인이라는 개념은 '물질 에너지'의 '음양' 특성과 '바이오 에너지'의 생명의 '관계' 특성을 표현하고 싶었던 것으로 보인다. 사람 '人'이라는 한자 자체가 두 존재가 서로 연관을 맺고 있는 것을 형상화한 것이 아닌가.

인사이 빠진 음양론은 유물적으로 흘러가기 쉽지만, 천지인 사상에서는 근원을 파악하는 데 있어 인간과 생명을 물질과 동일한 수준으로 중요시한다.

3. 변화의 방향과 파동 특성

1) 우주, 생명의 변화 방향

우주의 모든 존재는 변한다. 미시적인 상호 운동 관계는 빨리 변하는 것처럼 보인다. 전자electron는 찰나의 순간에 수많은 위치 변화를 하지 않는가.

그러나 거시적인 것은 느리게 변하는 것으로 느껴진다. 산천은 장구한 시간을 가지고 천천히 변하는 것으로 생각되지만 그 산천을 구성하는 미시적인 세계는 수시로 변한다는 것을 알고 있다. 따라서 모든 존재는 미시적으로 끊임없이 변한다. 변하지 않는 것이 있다면 그것은 우주가 아니고 존재가 아니다. 우주 공간에 텅 빈 진짜 무無의 세계가 있다면, 그래서 아무것도 변하는 게 없다면, 그곳은 세월도 거리도 의미가 없을 것이다.

우리는 시간을 돌이킬 수 없는 것이 아니라 변화를 돌이킬 수 없는 것이다. 비슷하게 돌이킬 수 있다고 말할 수 있겠지만(쏟은 물을 다시 담는 것처럼) 그것은 또 다른 변화를 한 것이지 돌이킨 게 아니다.

변한다는 것은 통계적으로 비가역적이며, 설사 상태를 되돌린 것처럼 보여도, 엄밀하게 정확히 일치하는 복귀는 할 수 없다. 변증법처럼 사이클을 돌면서 어떤 방향으로 진행해 간다는 의미일 수는 있겠다. 사계절이 순환하고 되돌아온다. 모든 변화는 대부분 순환하는 것으로 보인다. 그러나 올 여름은 작년 여름과 똑같지 않고, 되돌아온 게 아니라 또 다른 여름으로 변한 것일 뿐이다. 모든 것은 변하지만 일정한 법칙에 따라 순환한다. 타임머신처럼 되돌아가는 게 아니라 일정한 규칙으로 순환Cycling한다는 의미이다.

이 사이클을 좋은 쪽으로 할 수 있다면 그것이 진화일 것이다. 인류가 그랬던 것처럼 더 나아지도록 노력하는 축적이 쌓여서 어느 순간 진화를 이룬다. 안 바뀐 것처럼 보이고, 때로 퇴보한 것처럼 보여도 지속적으로 의지를 가지고 노력한다면 작은 진화의 시간들이 반복적으로 찾아온다.

우주에 변화하지 않는 존재는 없으므로 존재한다는 것은 변화한다는 것을 의미한다. 그리고 살아있다는 것은 의지를 가지고 존재함을 의미한다.

변한다는 것은 시간에 따라 다른 무언가가 있다는 것이고, 의지가 있다는 것은 물질의 기본 경향성에 역행하여 엔트로피를 감소시킬 수 있다는 것이다.

기본적으로 생물체란 에너지를 얻고 이 에너지를 통해서 자신의 조직을 만들고 활동을 하고 2세를 만들어내는 존재를 말한다. 그 과정이 모두 일반적 물리현상과 반대로 엔트로피를 감소시키는 익숙하지 않은 양태를 보이는데, 그래서 이런 과정에서 나타나는 일련의 속성을 표현할 때 생명체가 '의지' 혹은 '의도'가 있다고 한다. 바이오 에너지는 생명체의 주의가 집중될 때 증폭되어 그 기능을 발휘할 수 있을 정도로 커지게 되는데, 이 같은 주의의 집중이 곧 '의지' 혹은 '의도'와 연결되는 것이다.

우리는 과거에 집착하지만 과거가 변하지 않고 그대로 있어 온다면 그것은 삶이 아니며 나아가 존재의 의미도 없는 것이다. 우리의 삶은 항상 변화하며 그것이 발전적으로 변하도록 애쓰는 것이 생명체이다. 여기서 발전적이라 함은 육체적 정신적 니즈needs에 부합하여 만족하게 되는 상태, 행복한 상태를 말한다.

이런 순환의 규칙성을 연구하여 음양오행의 동양철학이 발전했다. 하지만 여기에 큰 영향을 미치는 것이 생명의 의지이다. 그 의지의 기원은 우주 공간에 가득한 바이오 에너지이며, 바이오 에너지의 +ㅡ 파동 특성에 따라 상호 당기고 밀어내며 수많은 생명현상을 일으킨다.

물질 에너지는 엔트로피를 증가시키며 바이오 에너지는 엔트로피를 감소시키는 반대 작용을 하지만, 근본적으로 에너지라는 동질성을 갖기에 서로 어울리고 융화하여 아름답고 다양한 오케스트라를 만든다. 그것이 생명체이며 생명체의 경향성이다.

2) 허수에 비유되는 파동 특성

입자가 실수의 세계라면 파동은 허수의 세계에 비유할 수 있다. 또는 현실로 느껴지는 세계를 실수 세계라 한다면 측정이 어려운 미립자의 세계를 허수의 세계에 비유할 수 있겠다.

수학에서 이야기하는 허수란 무엇인가? 자기를 두 번 곱해서 (ㅡ)가 나오는 수를 허수라고 한다. 그런데 두 번 곱해서 (ㅡ)가 나오기 위해서는 우리가 알고 있는 일반적 '수'로는 안 된다. 양수를 두 번 곱하면 양수가 되고, 음수를 두 번 곱하면 양수가 된다. 두 번 곱한다는 말의 뜻은 여러분도 잘 알다시피 A라는 숫자를 A배 만큼 양을 키운다는 뜻이다. 여기에 부호의 의미는 (+)인 경우는 앞으로, (−)의 경우는 뒤로 간다는 것을 의미한다. 즉, A가 양수인 경우에는 앞으로 A의 A배 만큼 간다는 뜻이고, A가 음수인 경우에는 뒤로 A만큼 간 수를 A배 만큼 다시 반대 방향(결국 +방향)으로 가게 한다는 뜻이다. 결과는 같다.

그런데 A를 두 번 곱해서 뒤로 가는 결과를 얻기 위해서는 A가 한 번은 양수, 한 번은 음수가 되는 이중성을 가져야만 가능하다. 이것은 오랜 동안 수학적인 공상으로만 여겨져 왔다.

그러나 양자 역학은 한 입자의 움직임이 이와 같은 이중성을 갖는다고 주장하고 있고(그 유명한 토마스 영Thomas Young의 이중슬릿의 실험과 쉬뢰딩거Erwin Schrodinger의 고양이 패러독스), 그 이유는 미립자의 세계, 즉 파동의 세계가 갖는 특수성에 기인한다고 말하고 있다. 물론 납득하기는 어렵지만 실험은 그렇게 해석된다고 한다.

물질을 이루는 근간인 미립자가 파동성을 갖는다는 것을 이해하면 미립자의 세계는 허수虛數의 세계처럼 모호하고, 그것들의 결합으로 구성되어 감지되는 물질 세계가 실수實數처럼 명확한 실재로 느껴진다. 우리는 모든 것의 근원을 이해하고 받아들이는 것이 아니라, 우리의 감각을 통해 느껴지고 인지되는 것만을 받아들이고, 이것은 과학적으로 입증된 실수(현실)의 세계이다.

그러나 우리가 그토록 믿는 과학은 보다 근원적인 허수의 세계에서는 그 근본 이론과 가설까지도 흔들리면서 혼란스러워하고 있고 갈팡질팡하고 있다. 우리의 일상 감각으로 받아들이는 세계관과는 다른 관점에서 허수의 세계를 바라보아야 하는 이유는 기본적으로 한 입자가 이중성을 갖는다는 점 때문이다.

물질의 개념이 극 미립자의 세계로 가면, 곧 에너지와 파동으로 이어진다는 것을 우리는 알고 있으며, 이로 인해 입자와 파동이 잘 구분이 안 가고, 물질은 두 가지 속성을 다 갖는 양면성의 존재라는 것을 알고 있다. 파동이 입자와 파동의 특성 각각으로 설명되어지는 아이러니는 사실 한 숫자가 +이면서 동시에 −가 되어야 성립하는 허수의 세계와 비슷한 개념이 녹아져 있다. 분명히 하나의 수인데 두 가지 속성, 즉 양쪽성을 갖는 것은 우리의 측정의 한계 때문이지만, 그 모순을 우리는 받아들일 수밖에 없다. 이 세상은 어차피 관측자의 프레임으로 인식하는 것이기 때문이다.

하나의 수(사실)가 한 번은 (+), 한 번은 (−)라는 가정은 논리적으로 오류인 것이지만, 양자 역학에서 이와 같은 양쪽성을 인정한다. 극한의 미시 세계에서는 불확정성 원리에 의해, 그리고 우리 측정 방식의 한계로 인해 정확한 측정이 불가능하다.

따라서 인간의 인지력을 중심으로 설명하려면, 논리적 모순인 '허수'의 개념을 도입할 수밖에 없게 된다. 이것이 현재의 상황을 설명하는 데 효과적이라면, 괴로운 선택이지만 수용할 수밖에 없다. 여기에서 시사하는 것은 입자를 쪼개고 쪼개면 결국 회색지대Gray zone에 해당하는 영역, 즉 측정이 어려운 한계 영역으로 들어가게 될 것이며, 이때에는 허수적 특성을 인정해야 할 수도 있다는 것이다.

마찬가지로 상상의 날개를 펼쳐 본다면 물질 에너지가 실수인 것으로, 바이오 에너지는 허수인 것으로 추정해 볼 수도 있다. 하지만 현재의 단계에서는 두 에너지의 동질성을 확언하기 어렵고, 두 가지를 구분하는 것이 이해와 설명에 편리할 것이므로 그런 입장을 견지하고자 한다.

약간의 근거를 들 수도 있다. '바이오 에너지가 물질 에너지의 하나의 양태에 불과한 것은 아닐까?'라는 주제를 생각해 보자.

부족한 실험 데이터이지만 일반 물질 에너지가 바이오 에너지와 상호 전환되거나 이중성을 갖는다는 것은 지구 어디에서도 유사한 사례를 찾기 어렵다. 오히려 일반 물질 에너지가 많은 곳은 바이오 에너지가 모이지 않는다. 예를 들어 용암덩어리에 무슨 바이오 에너지가 있겠는가? 바이오 에너지는 물질 에너지의 변형도 아니고 상호 전환되는 특성을 갖지도 않는다고 보는 것이 더 타당하다. 적어도 현재까지의 제한된 데이터로 보면 그렇다.

다시 말하자면 우주는 물질 에너지, 바이오 에너지 두 가지로 구성되어 있으며, 시간과 공간은 두 종류 에너지의 파동 하나하나가 상호간에 변화하고 관계를 맺는 방식이라고 인식하는 것이 현상을 설명하기에 더 유리하다.

물론 제3의 에너지도 여기에 참여하고 있을지 모르지만 그것은 논외로 하고 우리는 지금 바이오에너지에 좀 더 집중하기로 한다.

4. 바이오 에너지의 속성

바이오 에너지의 가장 큰 특성은 아래의 세 가지이다.

① 바이오 에너지는 엔트로피를 감소시키는 반反물질적 속성을 가지며, 같은 성질끼리 상호 끌어당기는 특징을 띤다.

② 바이오 에너지는 에너지의 일종으로 파동 속성을 가지며, 그것을 바탕으로 다양한 특성을 발현하고 상호 영향을 주고받는다. 또 그 에너지 분포 밀도가 장소나 부위에 따라 다르다. 바이오 에너지는 ①항의 성질을 바탕으로 홀라키적으로 구조화되어 더 강하게 집약된 상위 홀론(정신, 혼)의 지배를 받아 집중되고 작용하며 컨트롤된다.

③ 바이오 에너지는 에너지(혹은 파동)의 일종으로 ①항을 제외하면 물질 에너지와 유사한 파동 특성을 갖는다. 그로 인하여 물질 에너지와 상호 작용함으로써 물질에 영향을 미친다. 바이오 에너지는 그 에너지 레벨이 물질 에너지보다 훨씬 작지만, 이로 인하여 물질 에너지를 컨트롤하여 생명현상을 발현시킨다.

물질 에너지가 그렇듯 바이오 에너지도 파동의 기본 특성인 맵시·강도·파형 등의 특성을 갖는다.

또 물질 에너지가 ＋－ 음양 두 가지 속성으로 구성되듯이 바이오 에너지도 ＋－ 두 가지 방향성을 갖게 되며, 자신과 유사한 특성의 바이오 에너지끼리는 상호 뭉치고 다른 특성의 에너지는 밀어내는 경향성을 보인다. 물질 에너지와는 반대의 현상이다.

하지만 이 파동의 특성은 ＋, －의 여러 파동이 모여 발현시키는 복합 특성이므로 바이오 에너지마다 약간씩의 반응성 차이를 보인다. 따라서 바이오 에너지는 상호 관계적인 측면에서 서로 잘 부합하는지 아닌지 고려하여 이해해야 한다.

수많은 파동 다발이 만드는 아름다운 오케스트라 같은 바이오 에너지의 파동 형태는 기본적으로 서로 유사하면 끌어당기는 속성을 보이는데, 이것을 '끌어당김의 법칙'이라고 한다. 마음이 간절히 원하면 그런 바이오 에너지를 모아 그 방향으로 갈 힘이 커지게 된다. 이렇게 바이오 에너지는 같은 것끼리 당겨서 친화하려는 속성 때문에 무질서도를 감소시키는데, 이것은 곧 에너지가 골고루 퍼지지 않고 부분적 불균형을 심화시키게 됨을 의미한다.

이런 엔트로피 감소 특성 때문에 생명체는 자연적으로 이루어지는 것과는 다르게 자신이 의도한 방향으로 가려는 것으로 인식되고, 다른 말로 표현하자면 발전과 진화의 속성을 갖게 된다.

〈바이오 에너지의 홀라키적 계층 구조〉

앞에서 세상은 우리가 그냥 에너지라 불러왔던 물질 에너지와 새로운 개념인 바이오 에너지로 구성되었다는 가설을 생각해 보았다.

즉 물체에 영향을 미치며 물체와 본질이 같은 물질 에너지와, 영혼에 영향을 미치며 영혼과 본질이 같은 바이오 에너지, 두 가지 종류이다.

물질 에너지가 모여 미립자가 되고, 이것이 모여 전자·원자가 되며, 이것이 모여 분자가 되고, 이것이 모여 물체·물질이 되고, 이것이 모여 지구가 되고, 이런 혹성들을 거느린 태양계라는 시스템이 있고, 이런 시스템이 모여 은하계가 되고, 우주가 된다.

마찬가지로 바이오 에너지가 모여 세포의 응집 에너지(기 또는 백)가 되고, 이것이 모여 다세포기관의 응집 에너지가 되고, 이런 기관·조직이 모여 동식물의 응집 파동체(혼)가 되며, 이것이 집약되어 궁극적으로 스피릿(브라만, 영)이 된다.

여기서 바이오 에너지가 군을 이루어 일차적으로 형성된 집약체(홀론)를 '백魄'이라 부른다. 이것이 다시 집약되어 강하게 뭉친 것(상위 홀론)을 '혼魂'이라 한다. 혼보다도 상위의 홀라키적 홀론은 '영靈'이라 한다.

이것은 상대적인 개념이다. 인간에게 있어서 혼은 자신의 정신 혹은 자의식을 말하며, 백은 세포(혹은 조직기관)에 깃들어 있는 바이오 에너지를 말한다. 그러나 세포의 관점에서 볼 때에는 세포의 자의식이 혼이며, 세포를 구성하는 단위 조직체(핵, 미토콘드리아 등)에 깃들인 바이오 에너지를 백이라 부른다. 또 인간에게 영(스피릿)은 신·하느님·브라만을 의미하지만 우리를 구성하는 세포에게 영(스피릿)은 자신이 소속된 인간을 의미한다.

이렇게 바이오 에너지의 생명 에너지 구조가 영靈·혼魂·백魄인데, 백은 기氣로도 불리는 것이고, 혼은 나라는 존재에 나타난 작은 신(자아)이며, 영Spirit은 온 생명에 나타난 큰 신(범, 브라만)이라 생각될 수 있다.

사람의 바이오 에너지 구조를 정精·기氣·신神이라고도 부르는데, 이때 신은 혼이요, 기는 백이고, 정은 기저의 바이오 에너지로서 육체를 단련하면서 그 구조 안에 함께 축적되는 것이다.

그렇게 물질과 영혼은 바이오 에너지를 매개로 상호 작용하게 된다. 따라서 바이오 에너지에 대한 수련은 영혼을 수련하는 길에서 매우 중요한 과정이 된다. 이러한 수련은 영혼을 고양시키는 중요한 방법으로 과거부터 동양에서는 중요시해 왔다. 한국의 선도 수련이나 단전호흡 수련, 요가 호흡 수련 등은 모두 기저의 원리가 비슷한 측면이 있다 하겠다.

고대 인도인들은 사람의 '숨'을 의미하는 '프라나prana'[1]를 생명의 기운, 생명 그 자체, 우주의 근본 원리라고 보았다. 우파니샤드에서는 숨을 우주의 원리인 브라흐마와 아트만이라고 했다. 아타르바베다 Atharvaveda[2])에서는 숨이 세상의 지배자, 여신이라며 찬양한다. 이렇게 숨을 우주의 근본 원리로 보는 시각을 미루어볼 때, 프라나와 바이오 에너지 개념의 상호 유사성을 느끼게 한다. 이런 배경에서 인도에 호흡을 중심으로 하는 요가나 명상 수련이 발전한 근원적 토대를 이해할 수 있다.

혼이라는 표현은 오해의 소지가 있지만 어쨌든 바이오 에너지가 강한 힘으로 집약된 상태이다. 그러므로 혼은 쉽게 사라지지 않는다. 바이오 에너지의 집약체인 우리의 혼은 진화를 꿈꾸며 최소한 현재의 항상성을 유지하고자 하는 특성을 발현하고, 이런 배경으로 자기 복제를 통한 지속성을 추구한다. 자의식이 극단적으로 엔트로피가 증가하는 상태인 '죽음'으로부터 스스로를 회피하려고 하기 때문이다.

혼은 홀론으로 영(스피릿)의 속성을 가지고 있으며 엔트로피가 감소되면 점점 더 집약되어 역량이 늘어나고 맑고 현명해져 간다. 이렇게 엔트로피가 감소하는 것을 정신의 진화라고 하며 그렇게 가서 궁극적으로는 영, 스피릿, 브라만에 합체되고자 한다.

---

1) 힌두 철학에서 모든 생명체를 존재하게 하는 힘.
2) 고대 인도 브라만교 경전의 하나. 리그베다·야주르베다·사마베다의 세 베다와 함께 제4의 베다로 일컬어진다. 재난과 나쁜 일을 없애고 쾌락과 행복을 얻기 위한 주문 따위를 모은 것으로 기원전 10세기에서 기원전 8세기에 성립되었다.

⟨바이오 에너지의 파동 특성과 상호 관계⟩

바이오 에너지는 결국 물질 에너지처럼 아주 작은 입자의 움직임, 즉 파동이라고 판단되고, 이것은 양자 역학으로 해석될 수 있을 것이다. 그래서 이 책에서는 바이오 에너지와 바이오 파동이라는 표현을 같은 개념으로 혼용하고, 물질 에너지와 물질 파동이라는 표현도 같은 개념으로 혼용할 것이다.

바이오 에너지가 파동이므로, 이것도 역시 양자 역학의 파동 특성, 즉 일정한 패턴(파형)의 파동 움직임, 증폭, 상쇄, 회전 방향성, 공명, 산란 등의 속성을 가질 것이라 추정해 볼 수 있다.

바이오 에너지는 정신과 물질 에너지를 매개하지만, 에너지의 일종으로 상당 부분은 물질 에너지의 파동 특성과 유사한 측면이 있기 때문에 일단 물질 에너지의 성질에서 시작하여 바이오 에너지를 연구하면 혼의 특성을 추정하는 단서를 구할 수 있을 것으로 생각해 본다.

물질로 구성된 뇌라든가 신경 등은 물질 에너지 중에서도 매우 예민하고 감도가 높은 구조를 갖는다. 일반적으로 바이오 에너지는 그 에너지 레벨이 매우 낮기 때문에 직접적으로 물질에 영향력을 행사하기 어렵지만, 이렇게 예민한 구조에는 작은 에너지로도 작용이 가능하여 뇌를 움직여 생각하게 하고, 신경에 작용하여 신체를 작동시키는 등의 기능을 수행하게 된다. 이렇게 생명체는 바이오 에너지를 매개로 물질 에너지를 컨트롤하고 움직일 수 있게 된다.

바이오 에너지와 관련하여, 그간 정신과학학회 등에서 '기氣'라고 일컬어지는 에너지에 대한 과학적인 측정과 분석을 연구해 왔으며 상당 부분의 증거자료Evidence와 연구 결과를 확보하고 있는 상태이니 그 내용을 참조하면 좋을 것이다. 특히 바이오 에너지가 물질 에너지와 상호 영향을 주고받는 유사성이 있다는 점을 감안하여 물질 에너지의 파동 역학적 특성으로부터 유추하면 바이오 에너지 이해에 더 도움이 될 것이다.

이러한 인식의 바탕에서 물질 에너지가 엄청나게 집중된 것이 물체이고, 바이오 에너지가 오묘하게 집중된 것이 생명체의 정신이라면, 물체는 쉽게 없어지지 않고(질량보존) 모여서 우주를 이루듯 생명체의 정신도 쉽게 없어지지 않고 모여서 스피릿(브라만)을 이루며 우주의 특성에 따라 관계함으로써 존재하고, 변화함으로써 인식되는 것이라 생각할 수 있을 것이다.

유심론적인 입장에서 일체유심조一切唯心造라는 말을 생각해 보자. 세상의 모든 것은 마음이 인식한 대로 보이는 것이다. 유심론적 기초에서는 모든 것은 가역적으로 바꿀 수 있는 것이며, 자신의 인식으로 세상을 보는 것이 자유롭다. 그런 관점에서 어떤 한 생명체가 인식하는 세상은 그 자신이 그려놓은 캠퍼스일 뿐이며, 그것은 그런 면에서는 환상(꿈)과 비슷하다.

그러나 이것은 마음이 인식하는 세상에서만 적용되는 것이다. 물질 세계는 이와 달라서, 물리적으로는 엔트로피 증가의 법칙 때문에 부서진 것은 돌이켜지지 않는다. 또 한편으로, 꿈은 자신과 대상에 쌍방향 영향을 주지 않지만, 우리의 세상은 수많은 생명체 및 물질과 서로 관계로 묶여 있기 때문에 쌍방향에 상호 영향을 준다는 점에서, 우리는 그것을 꿈이 아닌 현실이요 실재라고 부른다. 유심론은 '나'라는 개체성의 입장에서 현상을 설명하는 것 같다.

그러나 '나' 자신만의 관점에서 세상을 바라보면 안 되고 크게 보고 이해하려고 노력해야 한다. 그 이유는 세상이 다양한 '나'들이 이루는 관계의 네트워크이기 때문이다.

이렇게 관계가 중요하게 된 근본적인 원인은 파동이 서로 영향을 미치고 상호 반응하는 관계적 속성을 갖기 때문이고, 우주가 그 파동으로 구성되어 있기 때문이다. 그래서 우리의 인식론도 관계 중심으로 형성될 수밖에 없다.

우리는 관찰과 실험을 근거로 하는 과학적 세계관으로 세상을 이해하고자 하며, 이것이 현재 가장 합리적인 인식 체계를 제공한다. 이 관점에서는 우선적으로 관찰한 결과가 중요하며, 이에 대한 가장 그럴 듯한 해석이 따라오는 것이므로, 사람은 관찰자 중심의 인식 체계를 형성할 수밖에 없고 다른 선택지는 없다.

하지만 관찰자 중심이라 하여도, 자기라는 개체성에 매몰되면 독단적이 되므로, 주관적 관점에서 탈피하여 객관적인 입장에서 상호간의 관계를 인식하려고 노력해야 한다.

관계란 인식자와 대상의 관계, 대상들의 상호 관계, 인식자들 간의 관계 등을 말한다. 절대 객관은 물 자체의 세계로서 인간이 인식할 수 없으므로, 상대적 객관, 즉 관계 중심으로 전체적으로 통찰하는 관점을 유지해야 한다. 우주에 대한 인식은 자신이 관찰자로서 갖는 한계를 인정하고 물질세계와 인식 프레임 간의 관계 중심으로 바라보는 것이다.

물질은 강력한 힘을 가지고 서로 반응하며 주로 물리 법칙에 따라 움직인다. 정신(마음)도 상호간에 영향을 미치며 바이오 에너지의 원리에 따라 활동한다. 그런데 이 정신은 신경의 영향을 통해 정교하게 물질에 영향을 주고, 물질도 감각기관을 통해 정신에 영향을 미친다.

그러므로 정신과 물질 또한 서로 관계를 맺고 상호 작용한다는 측면에서 이해해야 할 것이다.

마음과 물질은 다소 다른 로직logic을 가지고 작동하지만 서로 간에 영향을 미침으로써 생명현상을 발현한다. 물질 에너지가 구조를 구축하여 세포나 기관Organ, 신체를 이룬 것처럼 바이오 에너지가 집약체를 구축하여 단세포의 마음을 이루고 그것이 모여 전체성으로 다세포 동물의 마음을 이룬다. 마음은 육체적 감각에 대하여 바이오 에너지가 반응하는 것을 통하여 느끼고 인지한다. 또한 마음이 바이오 에너지를 움직여 아주 예민한 뇌세포나 신경세포를 작동시키게 하면 이에 따라 뇌세포가 활동하고 육체가 움직인다. 물질 에너지와 바이오 에너지는 서로 다르면서도 또한 유사한 측면이 많은 것이며, 이렇게 상호 작용 및 협력함으로써 생명현상을 구현한다.

물질 에너지는 엔트로피 증가의 법칙 때문에 (+)(−)가 합쳐져서 중성으로 가려고 한다. 반대로 바이오 에너지는 엔트로피 감소 경향에 따라서 (+)는 (+)끼리, (−)는 (−)끼리 뭉치려고 한다. 좋은 기운은 좋은 기운끼리 뭉쳐 있으려고 하지, 결코 나쁜 기운과 섞이려 하지 않는다. 끌어당김의 법칙이요 유유상종의 특성인 것이다.

수련시 특정한 계율戒을 주는 것도 마찬가지로 어떤 분위기에 오로지 몰입해 있어야, 그 마음 상태에 부합하는 기운이 따라오고 증폭되기 때문이다. 우리의 영혼과 마음이 씨앗seed이 되어 이에 유사한 기운이 와서 모이고 증강되어 마음이 성장해 가는 것도 같은 이치 때문일 것이다.

모든 바이오 에너지의 목적은 엔트로피를 감소시키는 진화를 통해서 깨달음을 얻어 극한의 행복 상태로 가는 것인데, 그러려면 좋은 기운으로 집약시켜 자신의 기운을 맑고 강하게 해야 한다.

반면 모든 물질 에너지의 목적은 안정화를 이루는 것인데, 그것은 모든 것이 균등해지고 에너지 불균형이 없는 상태가 되는 것이다. 그러면 물질 에너지는 더 이상의 격변이 없게 된다.

전자 바이오 에너지의 경향은 본능이라고 부르고, 후자 물질 에너지의 경향은 자연 법칙(이치)이라고 부른다.

바이오 에너지는 물질 에너지보다 약하여 물질 에너지의 힘을 직접적으로 거부하기가 어렵다. 신체가 아프면 정신도 아프며, 아픈데도 정신력으로 안 아픈 듯 마음먹는 것은 쉽지 않다. 특히 큰 아픔인 경우에는 더욱 그렇다.

그러나 바이오 에너지는 엔트로피를 감소시키는 특성을 이용하여 물질 에너지를 컨트롤할 수 있다. 처음엔 쉽지 않다. 바이러스처럼 간단한 생명체로서 단백질에 깃들지만 점진적으로 그 에너지를 증폭시키고 더욱 엔트로피를 감소(진화)시켜서 세포를 만들고 생명체를 만든다. 그리고 이 바이오 에너지가 지배한 단백질 구조나 생명체를 움직여 환경을 변화시킨다. 처음엔 아주 미약하지만 그 강도는 점점 커지고 확장된다. 엔트로피는 점점 감소하며 이 과정에서 생명체의 기능을 진화시키기 때문이다. 수련을 통하여 점점 강화된 바이오 파동의 집약체는 점점 물질 에너지, 즉 신체에 대한 통제력을 향상시켜 갈 수 있게 된다.

〈바이오 에너지의 우주 분포와 밀집도〉

그런데 그 바이오 에너지 또는 기氣는 이 넓은 우주 공간에 왜 유독 지구에만 존재하는 것인가? 다른 우주 공간이나 혹성들에도 골고루 퍼져 있다는 가설이 자연스럽지 않은가?

그러나 아직도 외계인의 종적이 확증된 바는 없다고 알려져 있다. 이 드넓은 우주와 수많은 행성에 바이오 에너지가 복사 에너지처럼 퍼져 있다면 설사 좀 다른 환경이어도 생명체를 발현시켰어야 하지 않을까? 지구에서는 심해나 사막의 혹독한 환경에서조차도 생명체가 존재하는데 말이다.

어느 정도 가능한 환경이면 생명체가 끈질기게 존재하는 것을 지구에서 관찰할 수 있다. 그러나 지나친 고온 고압, 저온 저압의 조건에서는 바이오 에너지가 수용체를 형성하여 물질을 컨트롤할 수 없으며, 수용체를 쉽게 구성하기 어려운 성분으로만 구성되는 곳에서는 생명의 발생이 안 되는 것 같다.

물질 에너지가 우주에 범용적이며 지구에만 존재하지 않듯이, 바이오 에너지도 지구에만 존재하지 않는 범우주적인 것이라면 생명체의 발현 방식도 같은 특성으로 이루어져야 하며 지구상에서 생명 발현이 되는 공통 조건의 영향을 받을 확률이 높다.

즉 바이오 에너지가 잘 수용되는 탄소 유기물 조직으로 되어 있고, 적정한 온도와 압력 조건 등도 필요하고, 주변에서 쉽게 생명현상에 필요한 원료 성분을 얻을 수 있는 조건이어야 한다. 바이오 에너지는 상대적으로 미약하므로 어느 정도 스스로 집약될 환경이 필요한데, 지구에 인접한 행성에서는 그런 환경이 흔하지 않은 것으로 생각된다.

이론적으로 이 우주 어디에선가는 그런 어느 정도의 환경을 갖춘 행성은 있을 것이고, 그렇게 바이오 에너지가 움직여 자신이 깃들 물질의 집을 짓고, 스스로를 집약시키고 생명현상을 발현한 외계 생명이 있을 것이다.

우리 인류 혹은 지구 온 생명은 적어도 주변의 행성들 중에서는 매우 발달된 진화를 이룬 생명체라는 생각이 든다. 바이오 에너지의 초기 집약체인 바이러스나 세포의 단위에서 고등 동물의 단계까지 오는 것은 쉽지만은 않은 여정이라고 생각되기 때문이다.

그렇다면 우리 인류도 이 높은 수준에 맞게 좀 더 인류 공통의 가치를 위해 협력하고 함께 행복할 수 있는 세상을 만들기 위해 더 애써야 하지 않을까 생각된다. 그렇게 함으로써 스피릿spirit 혹은 브라만Brahman을 지향하는 범우주적 기여도를 높여갈 수 있을 테니까 말이다. 이토록 진화되고 발전된 생명체가 아직도 이익을 위해 거짓말을 하고 동물처럼 전쟁을 하고 상대를 괴롭히는 일을 하는 경우가 많다는 것은 부끄러운 일이 아닌가.

⟨바이오 에너지와 건강⟩

바이오 에너지가 정신의 지배를 받으므로 우리는 프로그램대로 사는 게 아니라 자신의 의지를 가지고 사는 것이다. 환경과 상호작용하며 어느 정도 영향을 받긴 하지만 말이다. 이 바이오 에너지는 육체·생명체 내의 물질 에너지에 영향을 미치고 이 물질 에너지가 전기화학적 신호를 통해 생명현상을(엔트로피 감소를) 발현시킨다.

이렇게 바이오 에너지(氣)가 생명체의 온몸에 퍼져 있고, 때로 온몸보다 좀 더 큰 영역까지 확장되어 퍼져 있다. 또한 에너지 파동이므로 가만히 있지 않고 파동처럼 에너지 다발들이 흐르고 순환하고 있다. 이 바이오 에너지는 균형이 중요하다. 균형이 무너지면 한의학에서 얘기하는 건강 이상을 초래하게 된다. 바이오 에너지는 즉각적으로 손을 쓸 수 없기 때문에 한약재나 침 등을 이용하여 간접적인 방법을 쓴다.

이것은 육체를 구성하는 물질 에너지에 부가하여 그 육체를 통제하고 움직이게 하는 바이오 파동이 결합되어 생명체가 존재하기 때문에 나타나는 현상이다. 바이오 파동은 물질 에너지(파동)와 밀접하게 영향을 주고받으며 물질 에너지를 움직이도록 신경계에 영향을 미치고 있다. 바이오 파동은 살아있는 모든 세포에서 물질 에너지에 깃들어 있고 이것이 떠나면 그 세포는 죽음을 맞이하게 된다.

〈바이오 에너지의 연구와 측정〉

이러한 바이오 에너지는 겨우 인체의 신경을 움직이는 전기 신호를 조율할 수 있을 정도의 작은 에너지이기에 자유롭게 측정되지 않아 그 실체를 밝히기 어려웠다.

하지만 동양에서는 예민한 인체감각으로 그것을 느껴 왔으며, 그것을 기氣·프라나 등으로 불러왔다. 한국에서도 여러 방법으로 측정하고 입증해 왔으며, 그 자료는 한국정신과학학회의 기氣 관련 자료에서 얻을 수 있다.

또한 과학의 발전으로 최근 외국에서도 바이오 에너지의 존재에 대해 다양한 측정이 이루어진 것으로 안다. 특히 러시아가 이 분야에서 앞서가고 있는 것으로 알려져 있다. 그 연구 성과는 분명하게도 기는 존재한다는 것이고, 우리 건강과 생활에 다양하게 영향을 미치고 있다는 것이다.

다만 이것은 측정하기에 너무나 작은 에너지라서 정교한 시험이 어렵다는 점이 한계이다. 일반 물질 에너지 하나하나가 너무나 작아서 측정의 한계에서 고민하는 양자 역학과 비슷한 실정이라고 할 수 있겠다. 그러나 양자 역학에서 파동(물질 에너지)의 존재를 명확히 입증하는 것처럼 바이오 에너지도 파동 존재 자체로서는 이미 입증되었다고 생각한다. 그 구체적 반응성 연구는 아직 부족하고 가야 할 영역이 많지만 말이다.

과학계에서는 물리학적으로 설명이 어렵다는 이유로 아직 공식적으로는 그 존재를 인정하지 않고 있다. 따라서 이것이 아직 과학계의 정설은 아니지만, 이런 가설을 바탕으로 여러 정신현상을 설명하면 쉽게 이해가 되는 훌륭한 인식의 프레임이라는 사실은 명확하다. 허술한 다른 이론과는 비교할 수 없을 만큼 바이오 에너지에 대한 입증 자료는 많다.

바이오 에너지는 물질 에너지에 영향을 미치지만 물질 에너지는 아니다. 또 상대적으로 물질 에너지보다는 집약도가 낮아서 밀도가 낮고 측정이 어려우며 입자성이 없고 파동성이 강하여 작고 미소한 반응성을 보인다. 기감이 예민한 사람일수록 주변의 바이오 에너지를 잘 감지하는데, 타고나는 사람도 있고 자기 개발에 의해 감지력이 높아진 경우도 있다. 그러나 우리는 기본적으로 바이오 에너지로 구성되어 있기 때문에 다른 바이오 에너지를 느끼고 반응하는 것은 선천적 능력에 속하는 것이다. 다만 잘 개발이 안 되어 있을 뿐이다.

이제 우주는 물질 에너지와 바이오 에너지로 가득하게 구성되어 있다는 인식의 프레임을 갖고 현상들을 관찰하기로 한다.

물질 에너지는 우리가 물리학 법칙으로 알고 있는 일정한 원리대로 움직이는데, 그 원리는 기본적으로 엔트로피 증가를 바탕에 둔다.

바이오 에너지는 '스피릿'의 원리에 따라 움직이는데, 스피릿은 그 특성이 물질의 원리와는 달리 자의식이 있고 자유롭고 창의적이며 엔트로피를 감소시켜 생명이라 여기는 존재적 특성을 갖는다.

물질 에너지와 바이오 에너지는 상호 연관을 갖는데, 바이오 에너지는 물질 에너지보다 상대적으로 매우 약한 신호를 보낼 힘을 갖지만 엔트로피를 감소시켜 물질 에너지를 지배하기도 하며 그렇게 우주에 의미를 부여한다.

'스피릿'이 어떤 형태로 우주에 녹여져 있는지 우리는 모른다. 세포가 '나'라는 인간을 구성하지만 '나'의 생각과 자의식을 잘 모르리라 생각되는바, 세포는 내 기분과 생각과 거기서 나오는 호르몬의 영향을 받으며 자신의 삶을 그저 열심히 살고 있을 것이다. 그런데 만일 세포 하나하나가 인간 자의식과의 일체감이 극대화된다면(이것을 '체화'라고 한다), 엄청난 능력 향상과 진화가 이루어지게 될 것이다.

그렇게 확장해서 본다면 스피릿, 영, 신 또는 브라만이란, 온 생명과 같이 거대한 물질 속에 고루 녹아들어 존재하거나, 또 하느님이나 부처님처럼 실체가 있을 수도 있겠지만, 그저 하나의 '원리'처럼 물질 에너지나 바이오 에너지를 컨트롤하는 일종의 관계성을 구축하는 네트워크일 수도 있다. 그것 자체가 물질 에너지나 바이오 에너지의 특성이고, 그 두 에너지의 무한히 많은 집합과 관계가 우주라고 본다면, 그 또한 가능한 인식의 프레임일 것이다.

우리는 그러한 신 혹은 스피릿에 대하여 지금 잘 모르더라도, 수련을 통해 더 잘 이해하고 일체감을 증진시켜 갈 수 있다고 본다.

5. 바이오 에너지의 철학적 이해

서양에서 주로 물질 에너지에 대한 이론을 발전시켜 왔다면 동양에서는 정신적인 현상과 바이오 에너지에 대한 연구가 발달되어 왔다. 따라서 바이오 에너지는 한편으로는 동양철학적인 입장에서 리뷰해 보면 도움이 될 것으로 생각된다.

〈삼태극 사상과 천부경〉

천부경의 기본 사상은 세상은 삼태극으로 구성되어 있다는 것이다. 삼태극이란 천지인天地人, 삼재三才를 의미하는데, 다시 말하면 음·양(천지)과 혼(인)을 뜻한다.

천부경의 일부 내용을 발췌해 본다. 해석은 사람마다 다소 차이가 있지만, 필자의 시각에서는 다음과 같이 이해된다.

一始 無始 一

　하나(어떤 것＝우주의 시초, 무극·태극)가 시작한 것처럼 보여도 시작이 없는 것이다.

析三極 無盡本~

　이것이 분화하여 삼태극(천지인)으로, 다함이 없는 근본이 되니 ~

　(중략: 삼태극 수의 변화로 수많은 만물에 활용되는데~)

本心 本太陽昻明

　근본의 마음(브라마, 스피릿)이 태양처럼 높게 비추니

人中天地 一

　인(바이오 에너지, 마음)이 천지간 가운데 만물에 깃든다.

—終 無終—

(그러므로) 하나(어떤 것)가 끝나는 것처럼 보여도 끝이 없는 것이다.

인(바이오 에너지, 영혼)이 빠져 있는 음양론은 유물론적이다. 하지만 인(영혼백)이 개입하면 드디어 우리의 입장에서 설명이 가능하게 된다. 예를 들어 위아래라고 하면, 위가 양이고, 아래가 음이지만, 보는 사람에 따라서는(거꾸로 보는 사람이 있다면) 음양이 바뀐다. 좌우든 원근이든 뭐든 보는 입장에 따라 reference frame이 달라진다. 이 상대성을 음양으로 표현한다.

절대 음이나 절대 양은 없으며 무엇이 있어야 상대적으로 다른 무엇이 음이 되든 양이 되든 한다. 그런데 그것을 어떤 관점에서 어떻게 보느냐에 따라 다르며, 그 기준은 결국 '인(영혼)'인 것이다.

인간은 영이 깃들은 혼이라는 의미로 영혼(영+혼)이 있다고 표현된다. 하지만 정확히 말하자면 '인'은 바이오 에너지와 연관된 것으로 영(브라만, Spirit), 혼(아트만, Soul), 그리고 백(기)으로 구분된다.

이 세 가지가 삼위일체가 되어 우주 섭리 속에 내가 존재하게 되고, 우리가 자신의 관점을 가지고 인식하며 다양한 관계 속에 살아가게 된다고 생각한다.

〈무극과 태극〉

무극이란 어떤 실체가 있는 것이 아니라 태극이 있기 이전에 존재했을 태극과 전혀 다른 존재를 의미하는 것 같다. 즉 없다가 아니라 지금의 존재(천부경의 '일(一)')가 아닌 실체가 없는 무언가, 그러나 존재하는 무언가를 의미한다. 질량 보전의 법칙처럼 무에서 나오는 유는 없는 것이며, 예를 들어 실체가 (+), (−)로 있는 전자파라면 합친 0의 상태는 +−를 머금고 있는 존재이지 없는 것은 아니라는 뜻이다.

빅뱅 이전이 무극이라는 현재의 우주의 포텐셜potential을 가진 어떤 존재체였다면, 빅뱅 이후에 삼태극, 즉 +− 그리고 인스으로 구성된 우주가 시작되고 현재에 이르러 우리가 우주라고 인식하는 모습이 되었다고 볼 수 있겠다.

우주의 시작이 빅뱅이라고 하지만, 한편으로 그것은 시작이 아니라 그저 큰 사건 또는 큰 변화인 것이다. 그래서 시작한 것으로 보이지만 사실은 시작이 없는 것이라고 천부경에서는 말한다. 시작이란 시간의 개념을 포함하고 있지만, 이미 시간이란 우주라는 공간과 구분된 절대적인 것이 아니라 우주의 운동에 의하여 영향 받는 상대적인 것, 즉 우주의 일부라는 것을 생각해 보면 우주에 시작과 끝이란 없다. 우주와 구분된 절대적 시간이 없으므로 시작과 끝이라는 시간적 개념이 우주를 심판할 수 없고 우주는 시간과 함께하는 존재 양식이 된다. 그러므로 시작도 없고 끝도 없다. 종말의 날이라는 것도 있을 수 없고 다만 좀 더 큰 변화가 있는 날이 있을 뿐이다.

숫자가 쌓여(수의 변화로) 만물을 이룬다는 것은 양성자수가 원자 특성을 규정하고, 원자의 관계가 분자를 규정하고, 분자의 관계가 만물을 규정되는 것처럼, 단순한 하나가 셋으로 나뉘고, 그 셋의 조합이 만물의 특성을 구성한다는 뜻이다. 그리고 모든 삼라만상은 소멸하지 않는다. 다만 천지인의 이치에 따라 변할 뿐이다.

바이오 에너지에 대하여 이 원리를 적용해 본다면, 내 세포 하나하나에 작은 마음일지언정 자체적 마음이 있고, 그것이 모여 나에게도 마음이 있고, 어쩌면 은하계도 마음이 있고 우주의 마음이 스피릿이거나 하느님, 부처일 수 있겠다. 그 마음은 크기와 성숙도가 다를 뿐 근본이 같으니 범아일여梵我一如요 우리는 하나다. 그리고 그 바이오 에너지는 소멸하지 않는다. 다만 변할 뿐이다. 질량·에너지 보존의 법칙에 따라 소멸되는 것은 없다.

공간이라는 것 자체가 우주를 구성하는 개념이라고 생각한다면 시간과 공간과 입자와 마음이 모여 상호 작용하는 그 자연이 우주이지 특정 공간이나 물질이 우주는 아닌 것이다. 예수가 승천하고 부처가 해탈하여 간 곳도 결국은 더 큰 스피릿이 있는 곳, 더 큰 마음이 있는 곳이며, 그곳은 우주의 어떤 특정 위치가 아니라 우주에 녹아 있는, 구태여 시공간의 의미를 두어 설명할 필요가 없는 그러한 스며듦으로 존재하는 범凡의 개념으로 이해해야 할 것이다. 필자는 그렇게 생각해 본다.

〈풍수, 인체와 바이오 에너지〉

바이오 에너지는 분포의 차이는 있으나 모든 곳에 깃든다. 꼴 에너지(형상 에너지)는 꼴·관상·수상·풍수·외모 등을 일컫는데, 형태에 따라서 이렇게 기운이 서리는 특성의 차이를 설명하는 것이다.

만물에 바이오 에너지가 있다면 무생물에도 깃들어 있다는 말인가? 무생물에도 미미하게 바이오 에너지가 남아 있겠지만, 작은 무생물의 바이오 에너지는 너무나 작아서 감지하기 어렵다. 그러나 큰 산맥 지역 등에는 바이오 에너지 혹은 기氣가 많이 있는 곳과 그렇지 않은 곳이 있다.

그것은 형태학morphology과 연관이 있고, 그 재질과 연관이 있다고 본다. 어쩌면 형태와 재질의 구분은 결국 거시적(예: 산 형태) 혹은 미시적 구조(예: 분자나 원자의 구조=재질)의 문제로 근본이 크게 다르지 않다.

이런 배경에서 사람이 사는 환경 주변의 지형지물에 깃든 바이오 에너지(기) 흐름을 연구하며 풍수지리가 나온다. 또한 사주니 관상이니 궁합이니 하는 것도 결국은 상호 영향을 미치는 바이오 에너지의 관계 특성에 기초한 연구인 것으로 생각된다. 너무 나쁘거나 자신에 맞지 않는 사주·풍수·궁합 등은 인간이 극복하기에 많은 에너지를 써야 하는 불편함이 있을 수도 있겠다.

하지만 과도하게 여기에 집착하지는 않기를 바란다. 매우 흉하거나 상호간 상극의 극단적 상황만 아니라면 우리 자아의 힘으로, 그 집약된 바이오 에너지의 힘으로 해쳐나갈 수 있으리라 믿기 때문이다.

무생물보다 생명체에 기가 많은 이유는 무엇인가? 그것은 아마도 생명체의 유기물질 구조와 연관이 있는 것으로 생각된다. 바이오 에너지는 물질 에너지와 화합하지만, 그 물질 에너지 혹은 물질은 바이오 에너지와 상호 화합이 좋은 구조가 있고 아닌 것이 있을 것이다. 생명체의 유기물 구조는 바이오 에너지가 깃들기 좋은 장소이고, 이에 따라 생명체에는 보다 많은 바이오 에너지가 집약되어 스며들게 되는 것이라고 생각된다.

그렇다면 우리 인간의 신체 내에서 바이오 에너지 분포는 어떠할 것인가?

의지·감성·감정·사고 등 중요한 정신 작용의 모든 것이 두뇌에서 일어나고 있다는 것이 현대 뇌과학에서 밝혀지고 있다. 이와 관련해서 본다면 인체의 바이오 에너지의 분포는 뇌를 포함한 특정 부위에 좀 더 집중되며 신체 일반에 균일하게 분포하는 것은 아니라는 것을 알 수 있다.

동양에서는 상단전(뇌 부분), 중단전(가슴 부분), 하단전(아랫배 부분)에 바이오 에너지가 밀도 높게 분포하는 것으로 보아 왔으며, 인도에서도 차크라Chakra라고 해서 특정한 부위에 바이오 파동이 더 중요한 기능을 하고 있다고 말하고 있다.

따라서 바이오 에너지는 온몸의 세포에 깃들어 있지만 보다 집약되어져 있는 'Soul'이라고 불리는 집약체는 특정 부위에 좀 더 밀도 높게 자리 잡고 물리적 신체기관과 화합하며 작동하고 있다고 보아 할 것이다.

〈바이오 에너지: 인간과 동물〉

기본적으로 다른 포유류의 영혼 수준이 인간에 비해 상대적으로 낮지만 어마어마한 차이로 많이 떨어지는 것은 아니다.

그런 IQ의 차이를 내는 것은 인간의 근본 속성 이외에도 인간이 가지고 있는 언어와 문자, 그리고 교육시스템이 중요한 영향을 미치는 것으로 생각된다. 이것은 늑대가 키웠다는 인간인 늑대소년의 IQ가 현저히 떨어지는 것을 보면 알 수 있다.

그러므로 포유류 등 동물의 수준을 너무 낮게 보고 무시하면 안될 것이며 고기를 먹더라도 동물 복지를 신경 써야 할 것으로 생각된다.

삶이라는 것은 우리 인간이 나 자신 그리고 이웃의 인간과 관계를 맺으며 살아가는 것이다. 하지만 좀 더 확장해 보면 나 자신은, 또 동식물을 포함한 다른 생명체들과 관계를 맺으며 살아가는 것이며, 또한 무생물적인 자연환경과도 관계를 맺으며 살고 있는 것이니, 이런 모든 관계가 소중하고 의미 있는 것이다.

제3장 바이오 에너지와 사이언스 명상

1. 나란 무엇인가?

1) 학습 지능과 타고난 지능

물질이 학습을 통해서 현재 생명체의 지능을 획득하여 무에서부터 현재 생명체들의 단계에 이르기까지 얼마나 많은 시간이 걸릴 것인가? 현대 과학에서는 유전자를 통해 기저의 특성은 유전되지만 기억과 지능은 유전되지 않는 것으로 파악하고 있다.

갓 태어나 이제 겨우 눈을 뜨고 사물을 인지하는 아기 노루는 그 즉시 위험을 피하려 하고 상황에 너무나 빠르게 대처한다. 이미 어느 정도 이 세상을 알고 있었다는 듯이 말이다. 이러한 삶의 본능은 어디에서 오는 것일까?

새로운 생명이 너무나 빨리 세상을 이해한다는 사실은 단지 본능으로 설명하기에는 충족되지 않는 의문이 남는다.

막 태어난 노루가 생존을 위해 도망가고 숨는 현상과 더불어, 태어난 지 몇 달 안 된 사람의 아기가 자신의 상황에 반응하는 것을 보라. 태어남과 동시에 무생물이었던 존재가 진화를 시작했다고 보기에는 성취 속도가 너무 빠르지 않는가?

이미 타고나는 게 너무 많고 깨우침의 속도가 너무 빠르다. 처음부터 새로 바이오 에너지가 움직여서 한 영혼을 창조하여 새로운 시작을 이루었다고 보는 것은 무리이다. 어느 정도 기본을 깨우친 존재 누군가가 들어와서 삶을 시작하는 것이라는 설명이 더 쉽게 납득이 간다. 그런 측면에서 윤회의 개념을 부분적으로는 받아들이게 된다. 어느 정도 기초는 이루어진 상태의 바이오 에너지, 혹은 반숙된 영혼이 들어온 것이라고 생각하는 게 자연스럽지 않을까?

2) 바이오 에너지와 신체의 결합

이렇게 영혼이 아기에게 깃든 것이라면 그 시작은 아마 태아 시기의 어떤 단계에서부터였을 것이다. 초기 태아에 깃든 바이오 에너지 결합체는 태아의 성장과 더불어 점점 증폭되고, 아기로서 태어날 때쯤에는 앞에서 언급한 바와 같이 상단전·중단전·하단전 세 군데에서 강하게 육체와 묶여 생명을 위한 다양한 생리현상을 컨트롤하고 있을 것으로 생각된다. 단전별로 특성을 생각해 보면 다음과 같은 유추가 가능할 것 같다.

㉠ 상단전으로 묶인 정신은 그 묶임이 잘못되면 정신이상이나 기억상실 등 병이 올 수 있으며 만일 상단전의 묶임이 해제되면 식물인간이 되어 영혼이 몸에는 아직 묶여 있어도 작동이 안 되는 상태가 된다. 수면 시에는 상난선에 묶인 정신이 육체에 대한 묶임에서 다소 풀려나 이완의 휴식을 갖는다. 이 정신은 알파파를 내는 휴식 상태를 통해 맑고 밝은 상태로 발전시킬 수 있으며 신체가 이완되면서 정신은 깨어 있는 상태가 최적의 현명함을 발휘할 수 있는 상태이다.

㉡ 중단전으로 몸에 묶인 바이오 에너지는 대개 감성에 많은 영향을 미치며 이런 측면에 중점을 두어 자아를 지칭할 때에는 정신·의식이라는 표현 대신에 주로 마음이라고 부른다. 이것은 생명과 직결되어 심장과 허파를 가동하고 생명을 유지시킨다. 또한 따뜻한 마음과 사랑, 자비의 원천이기도 하고 인간성의 원천이기도 한다. 중단전의 묶임이 해제되면 생물학적으로 죽는다. 이것은 영혼이 육체를 완전히 떠난 상태를 의미한다.

㉢ 하단전에 묶인 바이오 에너지는 보통 '기'라 부른다. 정력과 정열의 원천이 되며 흔히 말하는 사람의 에너지를 키우는 곳이고 바이오 에너지를 창출하고 온몸에 공급하는 밥솥 또는 발전소 같은 곳이다. 이것은 주의 집중을 통해서 증강되며 이것이 증강되면 점차로 중단전, 상단전에도 에너지를 공급하여 자기 발전과 진화의 동력이 된다. 호흡에의 주의 집중 수련인 하단전 호흡이나 요가가 수련의 첫 단계가 되는 것도 그런 이유이다. 이 묶임이 해제되면 살아서 정신은 있어도 무기력해지고 심하면 몸의 활동이 불가능하여 뇌가 육체를 자유롭게 컨

트롤하지 못하는 상태가 되며, 심하면 몸이 아프거나 장애적인Disabled
상태가 된다.

반면 식물의 경우에는 특별히 단전이라고 불리는 바이오 에너지
밀집 부위가 없다. 거의 모든 부위에 바이오 에너지가 골고루 퍼져
있어서, 나뭇가지를 잘라 꺾꽂이를 하면 그 부위가 전체에 대한 홀론
이 되어 새로 생명현상이 발현된다. 이 점이 식물/하등 생물과 고등
동물과의 큰 차이점 중 하나이다. 인간은 삼단전 부위에 바이오 에너
지가 강하게 집약되어 있고, 이를 통하여 전체를 컨트롤하는 보다
진화된 시스템을 보유하고 있는 것이다.

2. 나의 연속성

1) 생명은 어디로 가는가?

바이오 에너지의 집약체인 생명체는 최소 DNA 단위로 판단하고
행동하며 생명을 유지하려고 하는 것 같다. DNA가 핵 껍데기로 보호
되어 있는 게 바이러스이고 세포로 싸여서 그 이상의 일정 기능을
할 수 있도록 발전된 것이 박테리아 혹은 미생물 아닌가.

그렇다면 그렇게 독립적일 수 있었던 우리 세포, 그 작은 단위 생명
체들이 결집하고 서로 의존하여 다세포 동식물로서 유기적 구조체를
이루고 살아가는 것이다.

이때 하위의 정보가 단위 세포의 DNA에 남는다면 상위의 홀라키

적 존재로서 동물이나 인간이 갖고 있는 정보는 뇌에 남게 된다.

문제는 생명체가 죽은 다음에는 어떻게 되는가 하는 점이다. 기억 저장소였던 뇌는 죽음으로써 이미 그 작동을 멈추었는데, 우리의 사상·생각·마음 등은 어디로 가는가?

하나의 세포가 생존하고자 엔트로피를 감소시키는 것을 가능하게 하는 근원을 바이오 에너지라고 부른다면, 그들이 모여서 만들어낸 마음·자의식을 '나의 혼'이라고 부른다. 우주가 물질 에너지와 바이오 에너지로 구성되었듯 나는 나의 물질 에너지의 집약체인 '신체'와 바이오 에너지의 집약체인 '혼'으로 구성된다. 그런데 그 세포가 멸하면 그 핵심 정보의 수용체인 '혼'은 어디에 남아 있을 곳이 있을까. 환생을 주장하는 사람들은 어떻게 그 과거 정보가 혼에 남아서 환생하고 윤회한다는 것일까?

우리의 사고와 기억은 여러 개의 세포 생명체들의 집합으로 생겨나는 일종의 영상 같은 것이고 전체 구조가 멸하면, 즉 죽으면 그것은 머무를 곳이 없이 사라지게 되므로 잊히는 것이다. DNA를 통해 자식에게 유전된 기본적 정보 이외에 홀라키적 인간이 보유한 정보·사고·기억은 사라질 수밖에 없을 것이다.

그러면 나 자신이라고 일컬을 수 있는 자의식·마음 등도 사라지게 되는가? 만일 최소한의 자의식은 남는다면 그것은 도대체 어디에 남을 수 있는가?

위에서 바이오 에너지는 집약되어 세포가 되고 다시 집약되어 인간이 된다고 했다. 이 집약적 바이오 에너지는 쉽게 흩어지지 않고 자기 동질성을 유지하며 세포를 통제하고 컨트롤한다. 마치 원자핵이 쉽게 붕괴되지 않듯이 인간이 가진 바이오 에너지(파동 집약체)는 상당한 결집력으로 집약된 상태로서 죽어서도 짧은 시간 내에 흩어지지는 않을 것이다.

죽음으로써 뇌세포에 저장된 단순 기억은 사라지지만 강하거나 임팩트 있는 기억은 자신에게 체화되어 기억이 아닌 잠재의식 혹은 자의식의 형태로 남는다. 그 자의식은 홀라키적 존재인 강력한 바이오 파동 집약체에 녹아져 있다. 이 파동 집약체를 '혼'이라고 부른다.

물리적 에너지로 구성된 신체의 모습이나 세포 단위의 정보인 기억은 윤회로 이어지지 않을 것이다. 즉 윤회가 있고 환생이 있더라도 똑같은 모습으로의 환생은 불가능하다. 자신을 구성하는 세포 또한 같은 세포일 수 없으므로 그 세포 단위로 저장된 기억도 같을 수 없다. 그저 자의식만 남아 유전하는 것인데, 기억이 없고 물리적 모습도 없는 자의식이라는 것은 어차피 피아의 구분이 어려운 것이다. 그것이 나든 너든 별 차이가 없어지는 것이다.

2) 죽음으로써 잃는 것

사람이 죽을 때 두려워하는 것은 무엇인가? 단순히 죽는 순간의 고통만을 두려워하는 것이 아니라 죽음으로써 잃는 것과 죽은 뒤의 불확실성을 두려워하는 것일 텐데, 무엇을 잃으며 또한 잃지 않는 것은 무엇일까?

㉠ 현재의 기억(또는 감성): 그런데 어차피 현재의 기억은 살아 있어도 시간에 따라 잊히는 것이다. 우리는 어린 시절의 기억의 단편 일부 외에는 다 잊고 있다. 더구나 그 느낌·감정 등 나라고 말할 수 있는 마음이

담긴 디테일Detail은 많이 잊힌다. 아마 몇 백 년을 산다면 초기 기억의 마음은 거의 다 잊고 사람도 변하여 바뀐 사람이 되어 있을 것이다. 게다가 나의 환경과 지인이 바뀐다면 결국 기억은 집착해야 할 나의 정체성identity은 아니다. 기억 상실을 하더라도 나는 나인 것처럼 기억이 나를 대변할 수는 없다.

기억은 뇌세포에 저장되어 있다. 신이 내 영혼을 살짝 바꾸었다면 그 기억을 이용하여 거의 같게 작동될지도 모른다. 당신은 어찌 알아채겠는가? 기억으로 사람의 정체성을 정의 내린다면⋯. 나와 너가 어찌 구별될 것인가? 기억으로 사람을 구별하는 것은 의미가 별로 없으므로 기억에 너무 집착할 이유가 없다.

ⓛ 현재의 판단력: 이것도 역시 바뀐다. 어릴 때와 지금은 물론 다르지만 청년기와 중장년기도 다르다. 때때로 그때 그게 정말 나였나? 아니면 꿈이었나? 싶을 정도로 낯선 자기 주관을 가지고 행동했던 경우도 많고 그만큼 낯선 의사결정과 판단도 많다. 나이가 먹으면 그 판단력도 무뎌지고 기억처럼 잊히고 바뀌어 간다.

ⓒ '나'라는 존재 자체에 대한 의식(자의식): 기억과 판단이 없는 '나'라는 존재란 무엇일까? 결국 뇌세포에 저장된 기억과 판단력의 기반이 없어진 상태에서의 '나'라는 존재에는 스스로를 인식하는 '자의식'만 남게 된다. 현재 상황에 둘러싸인 나, 나의 육체, 기억, 판단의 인식론적 기초는 죽음으로써 사라지지만, 그런 것들을 비워낸 후 우리에 깃들어 있는 혼 혹은 개체로서의 자의식은 사라지지 않는다. 불교에서는 이런 자의식을 아뢰야식이라고 부른다.

기억은 기본적으로 뇌세포에 저장되므로 죽으면 육체에서 분리된 영혼Soul은 기억을 유지할 수 없다. 다만 강하게 결집된 '기' 에너지나 영혼에까지 각인될 정도의 강렬한 기억·지혜·깨달음 등은 죽은 후에도 무의식에 기록되어 한동안 유지되는 것 같다. 단순히 배운 지식이나 기억은 의미가 없다는 뜻이 되며 정말 영혼을 다해 체득되고 꿈에서조차 유지되는 그런 깨달음·지혜만이 영혼에 담겨 있게 된다.

죽음으로써 모든 기억은 사라지는 것처럼 보이지만 사라진다는 표현이 정확한 것은 아니다. 현재의 틀에 집착하여 그대로 유지되기를 기대하고 바라본다면 사라지는 것으로 보인다. 그러나 모든 것은 변화하며 존재한다는 좀 더 융통성 있는 시각으로 본다면, 우리의 행적과 이로 인해 발생된 자신의 특성은 주변의 다른 바이오 파동에도 영향을 미치고, 내가 다시 인간의 몸으로 스며들 때에도 남아서 영향을 미치게 된다. 이렇게 은은하게 변화되어진 나의 정보는 주변에 영향을 미치고 사라지지 않고 남아서 인연의 끈을 만들게 된다. 그러므로 사라지는 것은 고정화된 현재의 상태이며, 다이내믹하게 변화하는 존재 특성과 관계는 그렇게 변화하는 방법을 통하여 이어진다. 그 변화 속 지금 여기를 인식하는 능력을 자의식이라 한다.

다음 생에서 다른 육체에 깃들이게 되는 순간 그 뇌세포에 다시 새로운 기억이 담기며 일관성을 갖는 자의식인 영혼이 물질 에너지 (뇌, 신경세포)의 도움을 받아 논리적 인식을 시작한다.

그 영혼은 그가 전생에서 경험한 단순 기억이 아니라 그 시간을 통해 정말로 깊이 깨달은 깨달음, 이해력, 강화된 바이오 에너지, 마음의 특성 등이 자기 정체성을 가지고 자의식으로 남아 새로운 삶에 영향을 미치는 것이리라.

3. 생명의 출생과 순환

1) 마이크로 세포의 세계

세포에도 바이오 에너지가 있고 이를 통해 '기'라고 부르는 작은 마음이 깃든다. 그들은 그 마음과 바이오 에너지를 통하여 생존을 위한 시스템을 꾸려간다. 그것도 인간의 세상처럼 쉽지만은 않은 삶이리라. 2세를 낳는 것도 그 마이크로 시스템micro system의 작동 과정이며 세포 단위의 정보를 복제를 통하여 이어갈 수 있도록 한다. 정자와 난자는 그 복제 시스템의 정수로서 해당 시스템(홀라키적 영혼)의 많은 정보를 차세대에 넘겨준다. 이것은 마이크로 세계에서 바이오 에너지를 통한 작은 마음들의 노력의 총화이다

2) 생명의 탄생

기의 엔트로피 감소 작용, 그 본질적 특성으로 인해 생명체는 계속 생겨난다. 바이오 에너지(기)는 자기 복제하는 특성이 있다. 기의 축적은 동질성의 바이오 에너지를 증폭하는 것으로, 이런 특성이 기본적으로 세포 분열과 같은 자기 복제를 일으키고, 생명은 홀라키적 홀로그램 체계를 통해 일부에 전체의 정보를 녹여낸다.

그러므로 신체 일부 및 이에 속한 기를 잃는다 해도 영혼은 변함이 없다. 치명적으로 단전을 훼손당하지 않는다면 말이다. 주관이 되는 기는 혼이다. 혼은 신체를 떠나도 다음의 적당한 환경에서 다른 탄생하는 태아에 깃들어 세포 홀론 단위의 자기 복제를 시작한다. 물론

새로운 태아의 기氣로 깃들면 부모의 기의 영향을 받아 세포의 자기 복제 과정에서 부모를 닮는 부분이 생긴다. 그러나 본질은 자신 혼을 기초로 하는 자기 인식이다.

생명의 기본 재료는 바이오 에너지이고 그것의 근본 속성은 '스피릿Spirit, 영, 브라만'이다. 이러한 속성을 바탕으로 하고, 이에 부가하여 이 세상을 살면서 만들어진 나의 바이오 에너지 혹은 혼의 특성에 따라 내가 어떤 태아의 바이오 에너지와 가장 잘 융합되는 상태인지가 결정되고, 그렇게 잘 맞는 태아 중 하나의 생명체로 환생할 가능성이 크다고 볼 수 있을 것이다.

그것은 같은 속성끼리 인력이 작용하는 바이오 에너지 고유의 끌어당김 법칙에 의한 것이다. 좋은 '업', 선행을 한다는 것의 의미는 나의 혼과 바이오 에너지를 그렇게 좋은 특성으로 가꾼다는 의미이니, 단순히 기부금이 높다고 그런 바이오 에너지가 커지기보다는 함께 가슴 아파하고 노력하고, 그런 삶속에서 좋은 바이오 에너지가 커지고 자신의 혼이 업그레이드upgrade된다고 보아야 할 것이다.

그런 면에서 윤회란 나와 똑같은 얼굴과 성격과 생각을 가진 존재가 다시 태어나는 게 아니라 본인의 자의식과 일관성consistency을 가진, 그러나 다른 것은 리셋reset된 존재로 환생하는 것이라 보는 것이 자연스럽다.

환생하여 가는 곳은 지구 아닌 어떤 행성도 가능하겠지만, 끌어당기는 동종의 바이오 에너지가 많은 지구에 다시 올 확률이 아무래도 높지 않을까 생각해 본다. 또 그곳이 매우 행복한 곳이고 나의 조건도 좋은 상황이라면 천국이라 부를 수도 있고, 반대면 지옥이라 부를 수도 있을 것이다.

자의식이 서로 다른 개별적 혼Soul이라는 것은 영Spirit이라는 큰 범주에서는 너나 나나 별반 다를 것이 없는 것이니 혼은 개체성과 전체성이 공존하는 홀론이다. 다시 말하면, 우리는 같은 'Spirit영'의 속성을 가지고 있는데, 바이오 에너지의 작용으로 지금의 존재(육체, 즉 세포들 집단)에 투영된 자의식이 곧 나의 'Soul혼'이고 금생을 살고 있는 것이리라.

3) 바이오 에너지 보존의 법칙과 순환

우주가 끊임없이 팽창하는 것이 아니라 빅뱅 이후 일정 시간이 흐르면 다시 수축하며 거시적으로 순환할 것이라고 보는 관점처럼, 동양철학적 사고는 모든 것이 순환한다는 것을 전제로 한다.

마치 올해의 가을이 가면 내년에도 또 다른 가을이 오듯이 말이다. 올해 가을과 내년 가을은 디테일이 서로 다르지만, 한편으로는 '가을' 고유의 특성, 즉 근본적인 동질성을 가지고 순환하지 않는가?

인간도 한 삶을 산 이후 완전히 사라진다고 보기 보다는, 많은 것은 변화하지만 근본적으로 동질적 자의식을 가진 존재로서 순환한다고 보는 것이 순환의 관점이다. 이렇게 인간의 큰 순환 과정을 윤회라고 부른다.

색즉시공色卽是空이라고 하는 말은, 모든 것이 현재 보이는 것과 다르게 변한다는 뜻이지 결코 존재가 의미 없고 허무하다는 뜻이 아니다. 유한한 것은 현재 보이는 상태이며 보이지 않는 가능성potential을 포함한 존재는 무한하며 다만 항상 변할 뿐이다. 그리고 그것이 우주라는 곳의 존재 양식이다. 다이내믹하게 변하며 결코 정체되지 않는 것이며, 그렇다고 완전히 소멸하거나 완전히 새로 생겨나는 것도 아니다.

우주는 그저 시간이라는 개념을 통하여 감지되는 총체적 존재의 변화 양식이다. 현재의 상태에 집착하지 않고 변화를 부정적으로 생각하지 않으며, 또한 그 변화를 기꺼이 받아들인다면, 우주는 변화하지만 각 구성체는 절대 사라지지 않고 무한히 존재하는 가치로운 것이다.

마치 아기가 변화하여(성장하여) 어른이 되고 그래서 과거의 모습과 달라졌다고 그가 사라진 것이 아니듯이, 우주의 변화를 긍정하는 순간 우주는 허무하거나 무의미하지 않으며 우리가 잘 가꾸어 가야 할 가치 있는 세상이 된다.

인간도 죽음으로써 변화하는 것이지 사라지는 것은 아니다. 좀 큰 변화이지만 우리를 구성하는 물질 에너지나 바이오 에너지, 그 어떤 것도 에너지 보존의 법칙에 의해 보존되며 무한히 존재한다. 우리의 바이오 에너지 집약체도 나름의 변화 메커니즘에 따라 현재의 물질, 즉 신체로부터 분리되더라도 어떤 정도로의 변화인지는 알 수 없으나 그 변화가 있을지언정 완전히 사라져 '무'가 되는 것이 아니며, 또 하나의 가능성으로 우주 한 부분을 차지하게 될 것이다.

죽은 후 바이오 에너지는 자연 속으로 흩어지지만 더 강하게 집약된 바이오 에너지 집약체인 혼Soul은 좀 더 오래 존재할 것이다. 혼의 집약도 혹은 진화도에 따라 비교하자면, 단세포의 Soul은 바이오 에너지에 가까우므로 오래가지 못하고 흩어지며 다세포 혼은 좀 더 오래가고 고도화된 인간의 혼은 더욱 오래가며 스피릿 단계로 가면 시간을 초월하여 우주와 함께할 것이다.

인간의 혼은 스피릿을 향해 진화하든 흩어져 세포 단위의 '기'로 변화하든 역동적으로 변화하게 된다. 그러나 변화라는 우주의 특성을 존재의 특성으로 받아들인다면 변화하는 존재로서의 혼은 우주와 함께 영원하다. 우주와 파동 자체가 시간을 머금고 있기에 우주라는 존재를 인정하는 순간 무엇이든 시간과 관계없이 불멸한다. 다만 끊임없이 변할 뿐이다.

윤회라는 것은 결국 그 변화의 다른 표현일 뿐이다. 내 전생이 있었다 하더라도 전생 속에서 얼굴도 체질도 성격도 지식도 다른 나라는 것이 지금 변한 나와의 동질성이 무엇이고 대체 어떤 의미가 있는가? 그렇게 항상 변화하는 특성보다는 본질이 되는 자아, 자의식에 좀 더 관심을 가질 필요가 있다.

윤회 전후의 일관성은 오직 바이오 에너지가 구성한 Soul이 갖는 자의식 특성 하나라고 말할 수 있을 것이다. 자의식은 지식이나 기억이 아니라 그저 내가 있음을 인식하는 것이다. 이것은 곧 영혼 자체의 힘의 크기요, 맑은 정도에 따라 그 수준이 다르게 나타난다.

따라서 그 자의식의 수준을 고양시키는 것이 스스로를 진화시키는 것이다.

4) 생명체의 삶

우리가 만일 죽지 않고 천 년을 산다면 유아기, 그러니까 천 년 전의 기억과 마음과 자아는 대부분 잊히어지고 변화하여 천 년 후에는 매우 다른 존재가 되어 있을 것이다.

이와 마찬가지로 우리의 혼은 죽은 후에도 지속되지만, 현재의 나의 혼과 똑같지는 않고, 다른 기억과 다른 생각을 가지고 변화할 것이다. 아마도 다른 생명체로 윤회하며 스피릿(영)과 합일되기까지는 그렇게 변화하여 존재하는 것이 혼일 것이다.

우리가 운동을 하여 근육세포를 단련하는 것은 한편으로는 세포의 기를 단련하는 것이다. 그럼으로써 세포의 기의 활력과 능력을 배가시킬 수 있다. 마찬가지로 우리는 바이오 에너지와 혼을 단련해야 하고 그럼으로써 정신적 변화를 긍정적인 방향으로 이끌어갈 수 있다. 이때 가장 좋은 방법이 명상이 될 것이다.

또한 우리가 일을 하는 것은 세포의 '기'를 살려갈 수 있도록 음식을 조달하고 세포가 휴식할 수 있는 주거를 확보하고, 그리고 자신과 사랑하는 사람들이 힐링할 수 있는 상황을 만들기 위함이다. 하지만 일이나 무언가 가치 있는 것을 추구하는 것 자체가 그 과정 속에서 우리의 정신적 소양을 닦게 하고 마음을 성장하게 하고 영혼을 진화시킨다. 그러므로 이제 우리는 일을 어떻게 할 것인지를 생각해야 한다. 어떻게 하면 그 과정을 통해 혼을 진화시킬 것인지를 생각해야 한다. 이를 위해 필요한 것이 건전하고 올바르게 일하는 것이다. 잘못된 방식으로 일을 하는 사람은 명상에 들기도 어렵고 그런 나쁜 기가 꽉 찬 사람은 혼을 진화시키기 어렵다.

4. 우주(공간, 시간, 에너지)에서의 나

1) 시간 속의 나

시간이 흐르면 바로 직전에 잃어버린 시간이 아쉽다고 생각하는 것은 시간이 절대적으로 존재하는 무언가라고 믿기 때문이다.

시간은 절대적인 것이 아니며 다만 변화를 읽는 방법일 뿐이고 변화한 본질은 나와 나의 주변의 존재들과 그 관계인 것이다. 다시 말하자면 당신이 잃어버렸다고 아쉬워한 것은 지난 시간이 아니라 변하기 전의 어떤 무언가인 것이다.

그런데 변하는 것이 자연스러운 우주의 이치라는 것을 이해한다면 시간이 흐르는 것을 아쉬워할 것이 아니라 우리의 현재 삶을 더 행복하고 의미 있게 누리며 살며, 또한 더 낫게 변화되도록 개선하기 위해 다이내믹하고 역동적으로 가꾸어 가는 데에 에너지를 써야 할 것이다.

2) 물질 에너지와 나

나의 신체는 물질로 구성되어 있다. 이것은 내 영혼과 바이오 에너지가 깃들어 있는 집인 셈이다. 반면에 물질을 추구하는 것은 영혼의 고양과는 별 관련이 없다. 영혼을 구성하고 있는 바이오 에너지는 물질 에너지와는 근본이 다르기 때문이다.

그러므로 자신이 하는 일이 돈(물질)을 얼마나 벌 수 있느냐에 과도하게 큰 의미를 두지 말고 그 과정 속에서 영혼이 수련되고 좋은 기가 충만되도록 마음을 먹고 철학을 가지고 일하도록 하는 게 중요하다. 돈을 벌지 말고 봉사와 희생만 하라는 뜻은 아니다. 우선시되어야 할 것이 돈이 아니라 우리의 영혼과 좋은 기를 나에게 채우고 주변을 채우도록 하는 것이라는 뜻이다.

그러기 위해서 더 많은 고민을 해야 하고 더 어려운 길을 걸어야 할 수도 있다. 그러나 우리는 우리의 인생살이와 일을 통해서 스스로 좋은 영혼으로 진화하고 주변과 좋은 관계를 맺어 함께 좋은 기운을 누리게 될 때 스피릿(영)의 발전에 기여하게 되는 것이다.

우리는 행복을 추구하며 이에 필요한 무언가를 하려고 애쓴다. 그런데 중요한 것은 그 무언가가 무엇이냐가 아니라, 그 무언가를 '어떻게 해 나가느냐'이다. 무언가를 하는 대상은 대부분 물질에 대한 것이다. 그런데 그것을 '어떻게 하느냐' 하는 과정은 대개 정신(바이오 에너지)에 관련된 것이기 때문에 그 '어떻게'를 통하여 정신적 발전을 이룰 수 있다는 것이다.

바이오 에너지는 행복을 좇아 엔트로피를 감소시키며 변화한다. 행복이란 마음이 누리는 것이며 물질 에너지(물질)와 바이오 에너지(정신) 간의 관계, 혹은 바이오 에너지 간의 관계에서 오는 느낌이다. 어리석은 자는 물질 자체를 소유함으로써 행복을 느끼지만, 곧 그 물질을 사용하며 느낄 느낌에 대하여 행복을 느낀다.

그리고 자기와 주변을 이해하고 그 관계 속에서 행복을 느낀다.

마지막으로 그 모든 것에서 탈피하여 자아를 넘어 근원(Spirit)에 일치함으로써 자유로워지는 것을 궁극적 행복이라 한다.

3) 관계의 의미

우주는 시공을 포괄하는 파동으로 구성되어 있다고 말했다. 이 물질 파동과 바이오 파동은 서로 영향을 주고받으며 오케스트라와 같이 다양한 우주의 모습을 형성한다. 이 우주는 절대 공간, 절대 시간, 절대 입자 같은 것은 없으며, 오로지 파동들의 상대적 관계만이 있을 뿐이다.

우리의 인식도 상대적인 인식의 프레임 속에서 가능하며, 인식하는 모든 운동, 상황도 상호간의 관계에 대한 것뿐이다. 그러므로 우주에서 가치 있는 것은 결국 파동들의 상호 관계를 변화시키는 것이며 그렇게 아름답게 꾸며가는 것이다.

우리 인간들 생물 간에도 관계가 중요하다. 신체를 키우고 물질적으로 성장하는 데에는 약육강식의 논리가 필요하다. 그러나 반대로 정신세계의 성장을 위해서는 상부상조, 상생의 논리가 중요하다. 약육강식의 상극론은 물질을 키우지만 정신을 피폐화한다. 반면 상생의 마음은 물질적으로는 손해 볼 때가 있겠으나 우리의 정신세계는 진화시킬 것이다.

카네기Dale Carnegie의 '인간관계론'에서 인간의 본질은 관계적 존재라고 한다. 카프라Frank Capra의 '현대 물리학과 동양 사상'에서도 모든 것은 상대적이며 그들 사이의 관계가 중요하다고 했다. 물리학에서도 상대적인 관계없이는 존재의 위치와 운동이 규정되지 않는다.

세포들이 서로 관계를 맺고 유기적으로 작동하여 생명체를 꾸려가듯이 인간도 사람과 사람, 사람과 자연과의 관계가 중요하며 이것이 더 큰 스피릿(영)을 이루는 기본적 본질이 된다.

4) 수련과 깨달음: 바이오 에너지를 진화시키는 과정

이렇게 우주 속에서 내가 좋은 관계를 맺고 발전해 가기 위하여 나의 정신이 맑아야 하고 바이오 에너지가 점점 튼튼해져야 한다. 그것을 닦아가는 과정이 수련이다.

수련하면 혼이 단단해지고 커지고 맑아(Smart)질 수 있는데, 이것을 영혼의 진화라 한다. 생명체의 외적 기능, 육체적 기능만이 진화하는 것이 아니라 영혼 자체도 진화하는 것이다. 우리의 영혼은 홀론으로 브라만을 닮아 있고 그 재료도 같다. 그러므로 내적 잠재성을 잘 최적화optimizing하여 진화할 수 있는 씨앗seed은 이미 내부에 가지고 있다. 마치 모든 물들이 최종적으로 바다로 흘러 대양을 이루듯이 진화와 순환의 과정을 통해 스피릿을 지향하며 간다.

많은 종교에서는 절대적인 신을 신봉하면서도 자신의 수양도 병행하여 깨달음을 위한 수련 방법을 안내하고 있다.

물物과 영혼을 잇는 매개체가 바이오 에너지인 '기'이기에 기의 수련이 곧 영혼의 수련을 매개한다는 접근이 단전호흡 수련이고(도가의 수련), 영혼 자체를 수련하는 것이 부처님의 명상 수련법이며, 예수님이 안내하신 기도祈禱 수련법이다.

수련 방법 중에서 몇 가지를 간단히 소개하려고 하는데, '바이오 에너지(기) 수련 기초'와, 명상의 첫걸음인 '의식과 생각 이해하기', 그리고 조금 더 나아가 '불가의 수련'에 대한 간단한 내용이 그것이다.

⟨바이오 에너지 수련의 기본⟩
호흡하기 전에 몸을 풀고 요가를 하는 것은 호흡을 편하게 하기 위함이다. 호흡이 편안해야 파동을 낮추고 그런 상태가 되어야 바이오 에너지를 나에게 흡수시키는(공명, 일체화하는) 엔트로피 감소를 이룰 수 있다. 무리한 힘을 들이게 되면 제대로 일체화가 되지 못하고 부작용이 일어나게 된다.

동작을 통해 호흡에 필요한 근육을 발달시키고 기의 순환을 원활히 하며 온몸에 퍼져 있는 나의 기, 혼과 새로 영입하는 우주의 기를 자연스럽게 일체화할 수 있는 것이다. 기는 피부나 온몸으로 느끼고 교류할 수 있는 것이지만, 대개 손바닥·발바닥·항문은 기를 방출하기 쉬운 곳이고, 코를 통한 호흡이 기를 받아들이기 가장 쉬운 곳이기에 보통 호흡 수련을 많이 한다.

호흡을 통해 우주의 바이오 에너지를 받아 내 몸 안의 기운을 각성 시키고 활성화activating시킬 수 있게 된다. 하지만 호흡보다 더 중요한 것은 주의를 집중하는 것이다. 주의를 집중할 때 바이오 에너지가 모여들며 그 힘이 증폭되기 때문이다. 집중하지 않는 호흡은 물질 에너지의 대사 측면에서 산소를 효과적으로 공급하는 과정일 뿐이다.

어떤 주제에 대해 생각을 한정하고 집중하고 있으면 어느새 그것에 대한 작은 솔루션들이 모여지고 답을 찾아가게 되는데, 이것은 내 뇌 속의 수많은 세포의 기를 활성화시켜 에너지를 모으기 때문이다. 명상의 과정 속에서 체내의 바이오 에너지는 통일되고 자신의 영혼과 세포의 기(특히 뇌 세포의 기)는 순수한 소통 상태로 되어 가장 맑은 상태를 유지시키는 것으로 생각된다.

〈의식과 생각 이해하기〉

대뇌가 하는 생각은 끊임없는 자기 판단이다. 이것은 의식 또는 마음과는 다르다. 의식은 생각 이전의 있음Being을 인지하는 상태를 말한다. 생각 없이 그저 의식만 깨어 있는 상태란 현재를 있는 그대로 바라보는 것을 의미하며 객관적 관조를 의미한다.

관조하는 것은 그저 현재를 바라보는 것, 알아채고 그냥 느끼는 것을 말한다. 지금 '○○○하구나~', '○○○하고 있구나~' 하고 느끼는 것이다. 이것은 호흡에 집중하거나, 화두·동작·느낌 등에 집중하거나, 자기 암시(행복·자존감·감사 등에 대한 암시)를 하면서 한다.

반면 대뇌에서 발현되는 생각은 신경세포의 물리적인 작용에 기초하여 작동하며 생존을 위한 주관적 상상에 기초한다. 그래서 생각이란 두뇌의 허상, 즉 가짜 의식이라고 하고, 나의 가짜 생각은 과거의 업보(즉 기의 특성), 지금의 기억·욕구·상상 등에서 창출된다. 인류학적 환상에 불과한 가짜 나로부터 벗어나야 한다. 유리한 것을 아름답게 받아들이는 집단 심리학적 고정 관념에서도 벗어나자. 적극적으로 자기 암시를 통해 이러한 가짜 생각을 버리는 훈련을 할 수도 있고, 그저 판단 없이 고요히 관조(바라보는 것)하는 것만으로도 그 집착에서 벗어날 수 있다.

〈불가의 수련〉

부처님의 수련을 생각해 보자. 부처님은 선정으로는 영원하지 않다는 판단으로 고행을 선택하셨는데, 금욕주의(영, 육 이원론적 육체 학대)는 고苦를 증가시키므로 고통에서 해방되지 않는다는 것을 깨달으시고 사색하여, 연기라는 개념, 즉 '모든 것(제법, 이치)은 무아이다. 생生

과 사死처럼 서로 연관되어 같이 일어난다'는 결론에 이르셨다. 제법무아諸法無我에서 무아란 '자기 독립성 혹은 정체성(자기 동일성 체계)이 없다'라는 뜻이며, 따라서 불변의 정체성을 갖는 것은 없음(空)을 뜻한다. 예를 들자면 내가 산책하는 게 아니라 나는 산책 속에만 있는 것으로 정체성이 없다. 즉 불변의 나라는 존재가 있어 바로 오늘 산책하는 게 아니라, 오늘 산책하는 존재가 바로 나라는 것이다. 마치 파동 속에 이미 운동의 개념이 포함되어 있는 것과 같다. 나는 나의 인생을 사는 것이 아니라 나와 나의 인생은 분리가 되지 않는 것이다. 주어가 술어를 하는 게 아니라 주어는 이미 술어 속에 있는 것을 뜻한다. 술어 속에 있다는 것은 내가 무언가(또는 누군가)와 관계를 통해 영향을 주고받는 과정에서 존재한다는 뜻이다. 따라서 나와 너는 상호 있음으로 존재한다. 여기에서 상대방을 소중히 여기고 사랑하는 대자대비의 개념이 생겨난다.

부처가 마지막에 한 말은 "모든 것은 방편이었다. 자등명 법등명自燈明 法燈明하라"는 것이었다.

불교 수련의 계정혜戒定慧 중에서, 계는 사실상 이리저리 방황하고 자신의 편리함을 추구하는 마음을 잡기 위한 방편이었을 것이다. 사고의 굴레를 벗어야 해탈할 수 있는데, 엄격한 계에 속박되는 것은 초기에 도움을 줄 수 있을지언정 그 자체가 진리의 길은 아니다. 어떤 부분에서도 성취를 얻으려면 고난과 인고의 정진 노력의 기간이 필요하다. 이것을 위한 마음잡기일 뿐 규율과 계는 그 이상은 아니다.

후진국이 처음 경제를 일으킬 때에는 규율과 통제가 필요할 수 있지만, 그 다음은 창의성과 자유에 기반을 둔 개성이 선진 경제 구조를 일으킨다. 현대 경영학적 트렌드trend에서도 읽히듯 기본을 구축하고 나면 그때는 창의성과 자기 영혼의 목소리에 귀를 기울이는 것이 중요한 것이다.

태권도도 입문 시에는 초식이 중요해도 고수가 되면 초식보다는 상대의 눈빛을 읽고 대응하는 감각과 자유로운 동선의 몸짓이 중요하듯이 어느 단계가 되면 자유가 중요한 것이다. 그러니 오직 자신의 자의식과 스피릿을 중심으로 수련하되 초기 단계를 지나면 형식과 틀에 너무 구애될 필요는 없다. 우리의 삶속에서, 일하는 과정 속에서 수련하듯 마음을 닦는 것도 가능해지는 것이다.

5. '참 나'로 살기

우리 생명체 속에 자리 잡고 있는 우주의 근원을 '진아眞我, Purusa'라고 하는데, 인간의 지식과 지혜도 진아에 의해 만들어진다고 볼 수 있다. '진아'란 스피릿이 투영된 참된 자아로 개별적 편협성과 한계성에서 벗어난 맑은 영혼 혹은 자의식을 말한다. 우리가 명상을 하는 것도 '참된 나'를 깨달아 진아로서 살아가기 위한 것이다.

1) 무엇을 위해 어떻게 살 것인가?

바이오 에너지는 엔트로피를 감소시키는 성향을 갖는다. 이 속성 때문에 단백질이 합성되고 세포가 생기고 조직이 생겨난다. 이렇게 발전된 생명체는 더욱 엔트로피를 감소시키는 경향으로 가려하고,

그것은 곧 육체와 정신의 추가적인 진화를 의미한다.

정신적으로 진화한다는 것은 수련과 깨달음을 통해 '스피릿', '영', '브라만'으로 회귀한다는 것을 뜻하며, 스피릿은 또 '혼', '자의식', '아트만'을 통해서 디테일Detail을 구현하고자 한다. 그것이 자신의 미션(命)이고, 이를 위해 '나'로서 세상에 왔다가 이 삶을 살아가는 과정을 통해 남과 인연을 맺으며 행복을 나누다가 떠나는 것이다. 사람은 행복해지려는 과정 속에서 살며, 행복해지기 위하여 또한 발전하고 진화하고자 한다.

세포가 태어나 주변 세포와 건강한 관계를 맺고, 이러한 총체적 작용을 통해 조직과 육신이 행복한 활동을 하게 하고, 이를 통해 세포도 자신의 삶을 누리다 떠나는 것처럼 한 차원 높은 조직체인 인간도 관계를 맺고 기여하다가 죽으면 삶의 흔적을 남기고 자의식으로 돌아간다.

깨닫고 진화한다는 것은 반드시 동양철학적인 수련을 통해서만 가능한 것은 아니다. 세상의 이치를 깨닫고 실천하는 슈바이처나 소크라테스, 아인쉬타인 같은 깨달음도 특성의 차이는 있을지언정 역시 훌륭한 깨달음일 것이다. 보다 근본적인 것을 생각하고 궁구하며 노력하는 삶을 통하여 우리는 진화하는 것이다.

진화는 곧 지속될 수 있는 행복의 상태를 의미한다. 혹시 현재가 행복한가? 그래서 더 이상의 행복의 상태는 필요 없는가?

그러나 곧 현재의 행복도 사라질 것이다. 현재의 물질적 환경이 유지된다 하더라도 우리의 마음은 곧 싫증을 내고 처음의 행복은 퇴색되어 간다. 따라서 지금의 느낌을 지속하기 위해서라도, 또 더 나은 행복을 위해서라도, 정신적으로 진화해야 하는 것이다. 최상의 행복은 행복이라는 개념 자체를 잊고 스스로 자유로워지는 것이다. 그것은 어떤 것에 집착하지 않고 굴레도 없으며 스스로 우주에 녹아들어 존재하는 것이니 그것은 스피릿, 영, 브라만과 합체가 되는 것을 의미한다. 이렇게 자기라는 개체성에 구속되지 않고 객관의 마음으로 자유롭게 사는 것을 깨달음의 삶, '참 나'로서의 삶이라고 한다.

행복과 진화는 과정 속에 함께하는 것이기 때문에 굳이 선후를 따질 필요가 없다. 행복하기 위하여 진화가 필요하고 진화를 위하여 행복이 필요한 것이다. 깨닫고 진화하기 위해 살아갈 때 우리는 작은 행복들이 주는 에너지가 필요하다. 그리고 이 작은 행복을 위해서는 반대로 가는 시간이 필요하다. 예를 들어 어떤 일을 하며 많은 에너지를 쓴 뒤의 숙면이 달콤하고 산악 등반 후의 성찬이 맛있듯이 말이다. 무언가 가치 있는 일을 추구하며 열심히 살아가고, 그 과정에서 발생하는 피곤과 갈증을 반대편의 휴식과 힐링의 시간으로 풀어간다면 삶이 행복할 것이다.

또한 삶을 어떻게 살겠다는 간절한 미션 혹은 꿈이 있어야 한다. 그것이 더 높은 차원의 갈증이 되어 우리를 자극하고 그래서 그것을 위한 활동에 더욱 집중하며 살아가는 과정에서 우리는 진화하고 발전하게 된다.

2) 어떤 일을 할 것인가?

인생의 꿈은 무슨 일을 하느냐가 아니라 어떻게 일을 하느냐로 선정되어야 한다고 말한 바 있다. 이 부분은 충분히 이해한다고 생각하고, 이제 '어떻게' 사느냐 하는 큰 꿈을 그려놓고, 구체적으로 어떤 일을 하면 그 '어떻게'와 잘 부합되게 살아갈 수 있을지를 생각해 보자. 당신의 나이와 관계없이 당신이 '어떻게' 살아갈 꿈을 이루기 위한 매개체로서 '어떤 일'을 추진하고 있다면 당신은 훌륭한 삶을 사는 것이다. 상황에 따라 그 일은 굳이 돈벌이가 좋은 일이 아니어도 좋다. '자신과 함께하는 관계들을 위한 가치로운 무언가'이면 된다.

〈일의 선택〉

'일'이란 엔트로피를 감소시킴으로써 무언가 가치 있게 하는 것이다. 우리는 일을 통하여 가치를 구현하며 스스로 의미를 부여 받는다. 그리고 그 가치는 자기 자신이 스스로 부여하는 것이다. 즉 자신의 철학과 미션과 비전에 부합하는 것이 가치로운 것이다.

일과 관련하여 보통 자기가 하고 싶은 일을 하라고들 한다. 그래서 가슴 뛰게 하는 일을 가치 있는 일이라고 판단하게 된다. 그것이 가장 이상적이다. 그러나 실제로 그렇게 자기가 하고 싶은 일을 찾기는 쉽지 않다. 하기 싫은 일은 찾기 쉬울 수 있으나, 하고 싶은 일은 많지 않다. 왜냐하면 취미가 아니고 돈을 벌어야 하는 일이기 때문에 대부분의 일이 힘들게 느껴지고, 하고 싶은 일이 많지 않은 것은 어쩌면 당연한 것이다. 그렇다면 현재 하고 있는 일에서 '어떻게'를 좀 바꾸어 자신의 가치관에 맞는 삶을 그려보는 것은 어떨까.

사람이 태어날 때에는 누구나 하고 싶은 무언가를 가지고 태어난다. 우리는 그것을 명命(미션)이라고 한다. 우리는 그 명의 일을 할 때 해원이 되고 업을 풀어내고 행복과 보람을 느낀다.

그런데 아이러니하게도 우리는 그 일이 무언지 모른다. 그래서 지천명은 50이 되어서야 이룬다고 말해진다. 50년이나 산 후에야 내가 무얼 하러 태어났는지 깨닫는다는 것은, 다시 말하자면 결과론적으로 살아보고 난 후에, '아, 나의 평생의 업이 이거구나' 하고 깨닫는다는 말이다.

하지만 요즘은 좀 달라진 것 같다. 옛날에는 수명이 길지 않았기 때문에 50살이 되어서 무언가 의미 있는 새로운 일을 시작하기 어려웠고, 그래서 지금까지 내가 살아온 이 길이 내가 이 세상에 기여하는 '나의 미션이었구나' 하고 느꼈을 것이다. 그런데 지금은 수명이 훨씬 길어졌고, 건강 상태도 많이 좋아져서 50이 아니라 60, 70에도 새롭게 도전하시는 분들이 많아진 것 같다. 새로운 미션(命)을 만들어 갈 수 있게 된 것이다. 특히 완전히 새로운 일을 벌이는 것보다도 지금까지 해 온 일을 좀 더 다르게 해 보는 건 어떨까? '어떻게'를 수정해서 하잘것없이 보였던 일을 가치 있는 일로 바꾸는 것이다.

3) '참 나'로 살기: 바른 관계를 맺도록 일하며 명상하고 힐링하기

그럼 이제 생각해 보자. '왜?'냐는 근본적인 질문을 하면 가치는 항상 '무엇'에서 나오지 않고 '어떻게'에서 나온다. 따라서 단순히 어떤 일을 하는 것이 명命의 실현은 아니고 일을 어떻게 하느냐가 '명'인 것이다. 그렇게 보면 일의 세부 디테일Detail과 그 실행 과정의 'How to'가 중요한 것이다. 따라서 우리는 시시때때로 맑고 밝은 마음으로 돌아가려고 노력해야 하고, 살아가는 과정 과정에서 미션(命)의 방법론으로 살려고 노력해야 할 것이다. 그리고 굳이 새로운 일을 찾지 않아도 현재의 일에 내 소울Soul을 입혀서 하고, 올바르게 하며, 그렇게 최선을 다하면, 그 과정에서 '명'을 이루며 '참 나'로서 살아갈 수 있을 것이다. 상세한 How to의 방법론에 대하여는 제1부 '비즈니스 명상'에서 상세히 설명하였다.

　물질 에너지와 바이오 에너지가 서로 어울려 있는 이 소중한 환경 속에서 서로를 존중하며 도와주고 아름다운 관계를 나누며 함께 'How to'의 삶을 살자. 그럴 때 비로소 의미 있는 삶이 열리고 개체성에서 벗어나 '참 나'로서 살아가는 길이 펼쳐질 것이다.

　하지만 인생의 과정 속에는 수많은 유혹과 흔들림이 깃들어져 있다. 자신의 소울Soul을 가지고 올바르게 살고 이것을 통해 진화하려고 해도 수시로 방해꾼들이 찾아온다.

　이것을 이겨내기 위하여 스스로 수련이 필요하다. 어떤 것이든 좋다. 자신에게 잘 맞는 수련법, 힐링법, 자기 관리법을 가지고 가야 한다. 이를 통하여 일에 대한 소울Soul 있는 방법론을 지키면, 맑은 마음으로 평생을 두고 살고 싶은 삶을 살 수 있을 것이다. 그렇게 함께 가치 있게 일하고, 아름답게 관계를 맺으며 인생을 통해 서로 발전해 가는 삶을 살아가기를 기원한다.

　필자는 진리가 저 높은 곳, 산 위에 있다고 생각했었다. 그래서 그곳을 향해서 정진하는 것이 인생이라고 생각했다. 그래서 산으로 올라가는 길과 올라가면 무엇이 있는지 이곳저곳 물어보고, 참으로 여러 군데를 기웃거렸었다.

　'대도무문大道無門'이라는 말이 있다. 진리가 무슨 문을 열고 들어가는 곳에 있지 않다는 말이다. 진리는 바로 곁에 있다. 파동 속에 이미 에너지와 시간과 공간의 개념이 녹아져 있듯이, 우리의 삶속에 이미 진리가 녹아져 있다. 바이오 에너지의 집합체로서 인간 영혼은 기본적으로 엔트로피를 감소시키는 과정을 통해 발전과 진화를 지향한다. 그것은 '일'이라는 How to를 통하여 실현된다. 여기서 일이란 돈 버는 일만을 뜻하는 것이 아니라 세상을 가치 있게 하는 모든 활동을 말한다. 일 속에서 가치를 실현하는 것이 '나'라는 존재이며, 그 과정에서 How to를 통해 나를 비롯하여 나와 관계 맺는 다수의 행복을 가꾸어 갈 수 있다. 그러니 앞으로 남은 시간은 작은 일이라도 가치 있게 일하며, 힐링하며, 자신을 돌아보는 명상을 하며, 그렇게 나는 살아가고 싶다.

사이언스 명상의 요약

공간은 에너지끼리의 상호 영향 정도를 매개하고, 시간은 변화의 정도를 의미한다. 즉 시간과 공간과 에너지는 그 자체가 우주를 구성하는 일부이다. 시간과 공간은 파동에 녹여져 있으며 우주에서 실존하는 것은 파동뿐이다. 파동(에너지)은 공간과 시간의 함수로 다이내믹하게 항상 변화하는 것이며, 그들 간의 관계와 조합에 따라 다양한 실재를 만들어낸다.

파동은 물질 에너지와 바이오 에너지의 두 종류가 있다. 또 에너지는 (+)와 (−)가 있으며, 물질 에너지는 다른 극끼리 서로 당겨서 엔트로피를 증가시키는 반면, 바이오 에너지는 같은 극, 같은 성질끼리 서로 당겨서 증폭한다. 그래서 바이오 에너지는 끌어당김의 법칙이라는 것이 존재하고 엔트로피를 감소시키며 진화한다.

물질 에너지가 미립자·원자·분자·물질로 발전하는 것처럼 바이오 에너지는 에너지의 집약 상태에 따라 기, 단세포 생명체, 다세포 생명체, 고등 생명체, 온생명, 스피릿으로 발전된다. 우주와 파동은 항상 변화하는 것이므로 생명체도 늘 변화하는 것이니 지금의 모습을 유지하려고 집착할 필요는 없다. 한 생명체가 죽는다는 것은 하나의 큰 변화일 뿐이다. 죽어도 바이오 에너지는 보존되고 그 결집체도 상당 기간 유지되는 것으로 추정된다.

개인의 소울soul이 큰마음이라고 할 수 있는 스피릿spirit과 일체가 되면 그것을 깨달음이라 표현한다. 이것은 나에게 갇힌 편협한 사고에서 벗어나 객관의 마음으로 '참 나'로서 자신을 바라볼 수 있음을 의미한다. 진실로 그렇게 되기 위하여 바이오 에너지의 수련으로 기를 강화해야 한다. 굳건한 에너지 없이 잠시 객관이 된 것같이 느껴지는 상태는 곧 해제될 수 있기 때문이다.

인간은 무언가 가치 있게 하는 활동을 통하여 이 세상을 더 살 만하게 만들고 행복하게 만든다. 그것이 바이오 에너지의 속성으로 엔트로피가 감소되는 세상이요 진화되어 가는 세상이다. 일이나 가치로운 활동을 통해 인간은 서로 도와서 편의성과 행복을 키워내고, 따뜻한 관계를 만들며 함께 발전해 가는 것이다. 행복의 꽃밭을 일구며, 종국에는 단지 그 꽃밭 자체로 녹아드는 삶의 길을 걸어가는 것이다.

© 서광용

1판 1쇄 인쇄__2020년 12월 10일
1판 1쇄 발행__2020년 12월 20일

지은이__서광용
펴낸이__양정섭

펴낸곳__경진출판
　　　　등록__제2010-000004호
　　　　이메일__mykyungjin@daum.net
　　　　사업장주소__서울특별시 금천구 시흥대로 57길(시흥동) 영광빌딩 203호
　　　　전화__070-7550-7776　팩스__02-806-7282

값 14,000원
ISBN 978-89-5996-789-6 03190